北方民族大学重点科研项目：民族地区政府购买服务评估问责体系的构建研究（项目编号：2017MYB01）

经济管理学术文库 • 管理类

公共服务购买中的政府责任研究

A Study on the Responsibility Model of Government in Purchasing Public Service

彭 婧／著

图书在版编目（CIP）数据

公共服务购买中的政府责任研究/彭婧著. —北京：经济管理出版社，2020.12
ISBN 978-7-5096-7224-2

Ⅰ. ①公… Ⅱ. ①彭… Ⅲ. ①公共服务—政府采购制度—研究—中国 Ⅳ. ①D630.1 ②F812.2

中国版本图书馆 CIP 数据核字（2020）第 109295 号

组稿编辑：杨国强
责任编辑：杨国强 张瑞军
责任印制：黄章平
责任校对：陈晓霞

出版发行：经济管理出版社
（北京市海淀区北蜂窝 8 号中雅大厦 A 座 11 层 100038）
网 址：www. E-mp. com. cn
电 话：(010) 51915602
印 刷：北京虎彩文化传播有限公司
经 销：新华书店
开 本：720mm × 1000mm/16
印 张：15.5
字 数：253 千字
版 次：2021 年 1 月第 1 版 2021 年 1 月第 1 次印刷
书 号：ISBN 978-7-5096-7224-2
定 价：98.00 元

目　录

绪　论

一、问题的提出与意义

20 世纪 70 年代末，西方国家在传统福利国家模式走向衰落和新公共管理运动的影响下，以英国率先发起“撒切尔革命”为标志，西方各国陆续开始了一场广泛的、持续了大约 30 年的新公共管理运动。新公共管理运动中所体现的一系列价值观念（包括尊重个人权利、公共服务供给的多元化、竞争性的市场化运动、更有效的公共服务等）是对政府管制和政府干预的全面反思，反思的结果之一就是“回归市场”——在公共服务中引入市场竞争机制，以此提高公共服务质量和公共管理水平。在“回归市场”的多重路径中，“公共服务购买”由于其较弱的意识形态色彩以及减轻财政支出的压力被越来越多的国家所追捧，这种通过市场来提高效率的假设被改革者们所广泛接受。从世界范围看，以出售国有企业为主体的民营化已成“残花”，而民营化的另一种主要类型——政府购买公共服务，却持续地绽放出光彩，尽管也有“逆向外包”的倾向，但实质上是对公共服务购买理性反思的结果，并没有改变未来政府购买公共服务的总趋向。[①] 可以说，“公共服务购买”是新公共管理运动中持续时间最久、应用最为广泛、影响度最高的一项政府职能改革。以英国、美国、新西兰、澳大利亚为代表的西方国家率先拉开了政府购买的序幕，“高回应”“高效率”“竞争性”成为了政府公共服务输出的标准定位。截至 20 世纪 90 年代后，

① 杨欣. 公共服务合同外包中的政府责任研究［M］. 北京：光明日报出版社，2012.

政府购买公共服务达到了高潮，逐步取代了传统福利国家的公共服务提供方式。政府购买的范围几乎覆盖了教育、医疗、儿童福利、养老、毒品和酒精治疗、精神健康，甚至监狱管理等内容。发展中国家和部分欠发达国家在经验借鉴及社会福利制度发展的背景下，也逐渐步入了政府购买服务的行列中。由此，政府购买公共服务逐渐成为世界各国回应新的环境变化和社会需求而进行的战略性的重大变革。

与西方国家不同的是，中国政府购买服务的产生除了海外的示范效应，更重要的是，随着经济体制的转轨和社会结构的全面转型所带来的中国的政府治理模式、社会管理体系的结构性调整、社会组织的专业化优势，以及不断增长的社会需求等因素，促使政府开始积极寻找社会改革的替代性策略，政府购买服务应运而生，并先后经历了实践起步阶段和制度建构阶段。[①] 中国政府购买公共服务的实践起始于 20 世纪 90 年代。2003 年，南京市鼓楼区推出社会组织为独居老人提供“居家养老服务网”。2004 年，上海市政府购买了社会组织为社区矫正人员、药物滥用人员，以及部分社区青少年提供的社会服务。2005 年，江苏无锡将全市的社会养老机构、环卫清洁、结核病防治等十多项公共事业转为实行政府购买。2007 年，深圳市政府培育了“社联社会工作服务中心”等社会工作机构，在医疗卫生、社会矫正、社区建设、外来务工人员服务等方面推进购买公共服务。2010 年，北京市通过社会建设专项资金购买了 300 余项社会组织公益服务项目。一些中央政府部门在具体公共服务领域也做出了政府购买方式的尝试。2005 年，国务院扶贫办和江西省扶贫办提供 1100 万元财政扶贫资金，启动了“非政府组织与政府合作实施村级扶贫规划试点项目”，通过公开招投标程序购买公共服务。2006 年，国家发展改革委为指导建立政府购买城市社区公共卫生服务的试点，联合相关部委下发了《关于城市社区卫生服务补助政策的意见》，通过服务购买的形式来提高财政资金的使用效率。2010 年以后，在深化行政体制改革、转变政府职能的要求下，中国政府开始注重通过基本的社会制度安排来实现社会维持的功能。2012 年 7 月，《国家基本公共服务体系“十二五”规划》由国务院正式发布，其中对“社会服务”“基本公共服务”“公共服务”做了说明，首次较为系统地勾勒出了中国基本公共服务的各项

① 吕纳. 公共服务购买中的政府与社会组织互动关系研究 [D]. 上海大学博士学位论文，2013.

制度性安排，为公共服务购买的制度建构奠定了基础。[①] 2013 年 7 月 31 日，李克强总理主持召开国务院常务会议，在这次会议上专门讨论了推进政府向社会力量购买公共服务的议题，进而通过政府购买公共服务推进政府职能转变、改善社会治理现状。2013 年 11 月，《中共中央关于全面深化改革若干重大问题的决定》审议通过，其中提出，“要全面正确履行政府职能，加强中央政府宏观调控职责和能力，加强地方政府公共服务、市场监管、社会管理等职责。推广政府购买服务，凡属事务性管理服务，原则上都要引入竞争机制，通过合同、委托等方式向社会购买。加快事业单位分类改革，加大政府购买公共服务力度”。2016 年 6 月 27 日，国务院专门成立了政府购买公共服务工作领导小组，以加快推进改革的步伐。在中央政策的推动下，各级政府在养老、医疗、教育、就业等多个领域开展了政府购买服务，财政支出持续增长。在中央政策的推动下，政府购买服务预算、政府采购财政支出持续增长（见图 0–1、图 0–2）。

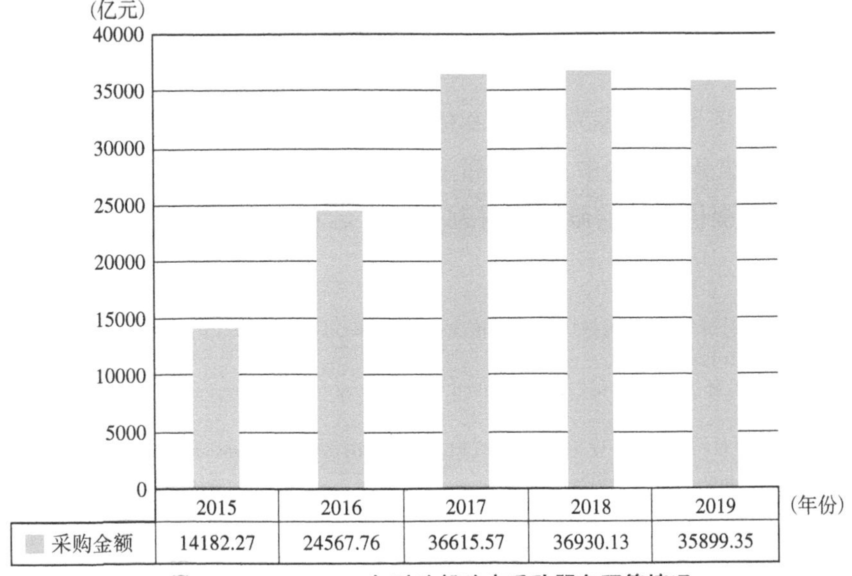

	2015	2016	2017	2018	2019
采购金额	14182.27	24567.76	36615.57	36930.13	35899.35

图 0–1　2015~2019 年财政部政府采购服务预算情况

数据来源：根据中华人民共和国财政部网站发布的历年财政部年度部门预算报告整理得出。http：//gks.mof.gov.cn/redianzhuanti/。

① 国务院. 国务院关于印发国家基本公共服务体系“十二五”规划的通知（国发〔2012〕29 号）[Z]. 2012.

图 0-1 的数据显示，2015~2019 年，全国政府采购服务的增幅显著，分别为 36.6%[①]、26.4%[②]、26.1%[③]、72.9%[④]、45.4%[⑤]。2016 年和 2017 年财政部政府采购服务的预算以 73%和 49%的幅度增长。[⑥] 2018 年[⑦] 和 2019 年[⑧] 有小幅回落，并开始趋于稳定。说明政府购买服务的预算总量和规模已经趋于稳定水平，政府购买服务的推广工作基本完成。2012~2018 年全国政府采购服务支出的情况来看，全国政府采购服务的金额是逐年稳步增长的，增幅较大的是在 2017 年和 2018 年，这主要得益于 2016 年 6 月 27 日国务院专门成立了政府购买公共服务工作领导小组，加快了推进政府购买公共服务改革的步伐，如图 0-2 所示。

图 0-2 的数据显示，2017 年服务类采购规模为 8901.6 亿元，比上年增长 83.1%。服务采购规模占全国政府采购规模的比重为 27.7%，服务类采购规模占比首次超过货物类。财政部在《2017 年全国政府采购简要情况》中还提到了由于政府购买服务改革的深入推进，促进服务类采购需求增加，带来采购规模大幅增长，服务采购范围由保障自身需要的服务不断向社会公众提供的服务快速拓展。[⑨]

2018 年服务采购规模为 12081.9 亿元，占全国政府采购规模的 33.7%，增幅为 35.7%。服务类采购中，财政部首次列出了保障政府自身需要的服务和政府向社会公众提供的公共服务分别为 5705.5 亿元和 6376.4 亿元，占服务类采

---

① 财政部. 财政部 2012 年度部门预算及情况说明［EB/OL］. http：//www.gov.cn/gzdt/2012-04/24/content_2121284.htm，2012-04-24.

② 财政部. 财政部 2013 年度部门预算［EB/OL］. http：//www.mof.gov.cn/gkml/caizhengshuju/，2013-04-16.

③ 财政部. 财政部 2014 年度部门预算［EB/OL］. http：//www.mof.gov.cn/gkml/caizhengshuju/201404/t20140416_1068231.htm，2014-04-18.

④ 财政部. 财政部 2015 年度部门预算［EB/OL］. http：//search.mof.gov.cn/was5/web/search，2015-04-17.

⑤ 财政部. 财政部 2016 年度部门预算［EB/OL］. http：//www.mof.gov.cn/gp/xxgkml/bgt/201604/t20160415_2510102.htm，2016-04-15.

⑥ 财政部. 财政部 2017 年度部门预算［EB/OL］. http：//www.mof.gov.cn/gp/xxgkml/bgt/201704/t20170407_2576478.htm，2017-04-07.

⑦ 财政部. 财政部 2018 年度部门预算［EB/OL］. http：//www.mof.gov.cn/gp/xxgkml/bgt/201807/t20180720_2969075.html，2018-07-20.

⑧ 财政部. 财政部 2019 年度部门预算［EB/OL］. http：//www.mof.gov.cn/gp/xxgkml/bgt/201908/t20190826_3373769.htm，2019-08-26.

⑨ 财政部国库司［EB/OL］. http：//gks.mof.gov.cn/zhengfucaigouguanli/201809/t20180930_3033022.html，2018-09-06.

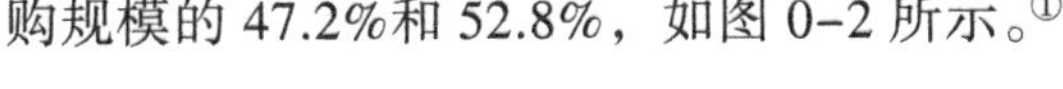
购规模的 47.2%和 52.8%，如图 0-2 所示。①

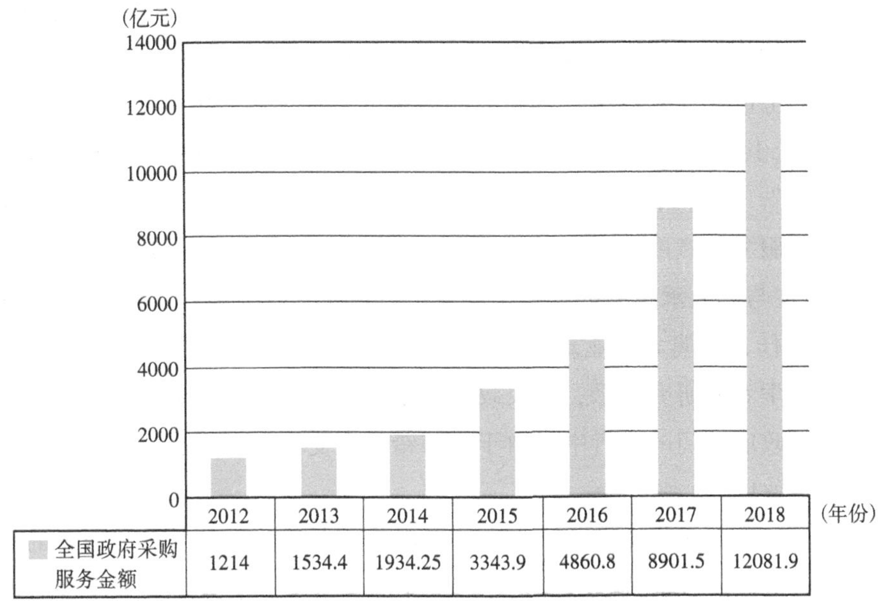

	2012	2013	2014	2015	2016	2017	2018
全国政府采购服务金额	1214	1534.4	1934.25	3343.9	4860.8	8901.5	12081.9

图 0-2　2012~2018 年全国政府采购服务支出情况

注：表内所引用的数据为 2012~2018 年全国服务类采购同口径规模的比较。

数据来源：根据中华人民共和国财政部网站，国库司发布的历年全国政府采购简要情况整理得出。http：//www.mof.gov.cn/index.htm。

由此，2016 年以后，中国的公共服务购买正式进入了由政府高层推动、以转变政府职能和促进社会公平为目标、面向城乡居民的制度建构阶段。截至目前，政府购买公共服务主要在地方政府层级进行。在中央政府的积极推动下，一些地方政府已将政府购买公共服务作为政府职能改革的主要目标之一，如北京市政府、上海市政府、无锡市政府将其视为“十二五”期间重要的制度创新而加以推进。在欠发达的西部地区，也出现了非营利性组织承包地方政府委托的居家养老、城市保洁等公共服务，并呈现出不断增长的趋势。政府购买公共服务的内容不仅包括扶贫、助残等救济性社会服务，还涉及了养老、教育、公共卫生等民生类的诸多公共服务项目。②

① 财政部国库司［EB/OL］. http：//gks.mof.gov.cn/tongjishuju/201909/t20190903_3379360.htm，2019-09-06.

② 彭婧，张汝立. 论政府购买服务的发展演进［J］. 北方民族大学学报，2014（6）.

然而，政府购买服务财政支出的持续增长却并不必然带来公共服务满意度提升的结果。随着改革激情的渐渐平复，被认为具有诸多优势的政府购买公共服务，在大力推广后，却并没有在所有的公共服务购买项目中平衡展现这些优势，公共服务购买在一些国家和地区的实践中大放异彩，却在另一些尝试中遭遇瓶颈，“公共服务购买”并没有在所有的公共服务领域创造出公共服务供给的“乌托邦”。政府购买在某些地区或项目中得以长足推进，如上海市政府购买社区养老服务满意度较高使得财政资金的使用效率也得以提升，以及美国的A-76项目在与私人承包商的合作中创造了可观的财政结余。[①] 而在另一些项目中却绩效不佳，如澳大利亚新南威尔士州“新学校”项目财政资金受损，[②] 以及国内部分学者的研究显示，中央政府出于改善公共服务质量之初衷的政策愿景，在各级政府部门的执行中却由于供需错位而受挫，未能有效发挥政府购买应有的社会效用。

国内部分学者的研究显示，中央政府出于改善公共服务质量之初衷的政策愿景，在各级政府部门的执行中却由于供需错位而受挫，未能有效发挥政府购买应有的社会效用，公共服务由于公众满意度不高而屡屡成为公众“不称心的礼物”之怪象，如表0-1所示。

表0-1　近年来政府购买公共服务满意度的研究情况

主要作者	主要的研究结论	发表年份
隗苗苗	通过对北京市政府购买养老服务的实证调研后发现，政府购买养老服务政策的执行效果较差，老人的满意度较低[③]	2013
区晶莹	通过构建政府契约化购买居家养老服务满意度模型，采用多级模糊综合评价法对乡镇政府购买服务满意度进行了实证测评分析，结果显示老年人对政府购买服务的总体满意度为“一般”，其服务仍有可提升的空间[④]	2013

① 唐迪，余运江等. 政府购买社区养老服务的满意度研究——基于上海调查数据的实证分析［J］. 西北人口，2017（3）；［美］唐纳德·凯特尔. 权利共享：公共治理与私人市场［M］. 孙迎春译. 北京：北京大学出版社，2009.

② 崔军等. 政府购买服务绩效评价研究［R］. 中国社会组织网，http：//www.chinanpo.gov.cn/700104/92493/index.html，2015-12-28.

③ 隗苗苗. 公众参与与政策执行——以北京市政府购买养老服务为例［D］. 北京师范大学博士学位论文，2013.

④ 区晶莹，高雅婧，俞守华. 乡镇政府契约化购买居家养老服务满意度实证分析［A］. 2013年全国农业系统工程学术年会论文集，2013.

续表

主要作者	主要的研究结论	发表年份
杜荣胜	政府购买服务项目大都没有进行充分需求评估，尤其缺乏服务受众的有效参与，政府往往只考虑自身的中心工作和财力水平而编制，这种情况下，政府购买服务在种类的多元化、服务目标的专业化与服务的目标定位上都与公众实际需求有一定的差距①	2014
钱海燕	在对合肥市政府购买养老服务的财政支出进行效率评价后发现，享受服务人员数量和服务满意度都存在投入冗余和产出不足问题②	2014
王珂	根据对武汉市政府购买服务公众满意度的实证分析显示，被调查者对政府购买公共服务满意度“较满意”和“很满意”之和为 11.5%，偏向于感觉“一般”为 37.2%。满意度平均值为 1.735（“很满意”值为 5），得出了社会公众对当地政府购买公共服务满意度都不高的结论③	2016
吉鹏、李放	研究表明：政府购买养老服务在服务感知质量维度，对服务人员提供养老服务的可靠性程度评价最高，对服务人员的移情性评价最低；在养老服务组织维度，对养老服务组织提供的社区养老服务环境的舒适性较为满意，对供给服务的公平性评价最低，服务输送过程中有时会存在差异和歧视；在政府部门与政策维度，服务对象对政府当前的购买范围最为满意，对于购买的透明性最不满意，即政府在选择养老服务组织合作对象时有没有进行公开、公正、透明的筛选，保障服务对象的知情权等方面还存在很多问题。经过加权后政府购买养老服务满意度综合得分为 77 分，介于一般与比较满意的状态，凸显当前地方政府购买养老服务实践中仍有许多问题亟待解决，服务对象的综合满意度不高④	2017
储亚萍、何云飞	在政策实施初期，政府资金的大量投入是满意度大幅度增长的关键，但目前随着提供商数量增多、居家养老服务行业市场规则的完善，资金对服务满意度的贡献率会逐渐降低、停滞，甚至阻碍满意度的提高，而取而代之的是效率⑤	2017
滕萱、黄廷权、吴小红	通过调查重庆市公共卫生服务项目的知晓情况和满意情况，居民对政府购买公共卫生服务的满意度不高，为 59.1%。政府购买公共卫生服务供给与需求之间存在差距，从老年人保健、慢性病保健、卫生监督协管、儿童保健这几项来看存在严重的供需偏差。除了服务态度外，居民对接受服务的便利程度、技术水平和防病治病改善健康的效果的满意度都低于 70%。要准确了解居民所需，满足所需的诉求，才能提高满意度⑥	2018

① 杜荣胜. 政府购买公共服务问题和对策研究［J］. 财政研究，2014（6）.

② 钱海燕，沈飞. 地方政府购买服务的财政支出效率评价——以合肥市政府购买居家养老服务为例［J］. 财政研究，2014（3）.

③ 王珂. 政府向社会组织购买公共服务满意度研究——以武汉市为例［J］. 华东经济管理，2016(2).

④ 吉鹏，李放. 政府购买养老服务满意度指标构建与实证评价——基于江苏三市的调研数据［J］. 人口与发展，2017（3）.

⑤ 储亚萍，何云飞. 政府购买居家养老服务满意度的影响因素研究——基于国内四市的调查［J］. 东北大学学报，2017（7）.

⑥ 滕萱，黄廷权，吴小红. 重庆市公众对于政府购买公共卫生服务的知晓及满意度调查［J］. 中国卫生事业管理，2018（5）.

续表

主要作者	主要的研究结论	发表年份
赵紫光	新疆玛纳斯县为了改善政府动物防疫服务质量、提高防疫水平，开展了政府购买动物防疫服务的试点工作。作者以新疆玛纳斯县 5 个养殖乡镇为调查区域，以肉羊养殖户为调查主体，从微观视角调查肉羊养殖户的满意度，进而考量玛纳斯县政府购买动物防疫服务的实施效果。研究主要得出以下结论：玛纳斯县 5 个乡镇肉羊养殖户总体满意度偏低。其中养殖户对免疫档案的填写满意度 > 服务频次的满意度 > 防疫员服务态度满意度 > 安全防护宣传满意度；农户对政府防疫政策宣传的满意度高于对防疫员行为的满意度①	2019

资料来源：笔者根据近年来中国知网的相关文献整理得出。

实践中，政府购买公共服务在某些项目中得以长足推进，在另一些项目中却停滞不前，停滞不前的主要原因并非政府必须垄断这些项目的提供，而在于政府责任难以落实。新西兰的教育券模式在个性化教育服务方面成效显著，澳大利亚养老服务券的使用提升了家庭养老的服务质量。中国政府的居家养老服务券（养老助残卡）的使用在一定程度上远离了公共服务的初衷。中国部分城市公交市场化改革不断出现大量失败与回潮的案例，但香港的巴士服务市场化却进行得非常成功。从中国现有的公共财政记录和统计资料看，准市场模式下对提高效率和效益的期望过高，政府购买公共服务中存在着“供应商垄断”，在社会需求未能得到持续有效满足的情况下，政府购买支出的金额却越来越大，公共服务购买中的政府责任状况令人堪忧。②

政府出于提升公众公共服务满意度和公共服务质量之初衷的购买行为，由于政府所购服务的内容、类型、方式等与社会需求不相符，以及政府对服务提供者难以有效监管等困境，在某些领域和地区政府购买的服务却成为了公众“不称心的礼物”，在一些公用事业领域甚至出现了“逆向外包”的现象。中国近年来在城市公共交通领域、社区医疗卫生领域、基础教育领域、城市自来水管理等领域的市场化改革中频繁出现“一卖了之”的现象，造成了公共服务质量下降、社会责任和公共利益缺失等后果。根据王浦劬等学者的调研，中国政府在实施政府购买公共服务的过程中，仍然存在内部化购买、购买程序不公

① 赵紫光. 玛纳斯县养殖户对政府购买动物防疫服务满意度调查［D］. 石河子大学硕士学位论文，2019.

② 周俊. 政府购买公共服务的风险及其防范［J］. 中国行政管理，2010（6）.

开、购买标准不清晰等问题。具体来说，主要表现为：

（1）内部化购买是指服务提供者与政府之间存在着利益关系，政府的内部化购买极易导致寻租或者腐败现象的发生。如一些社会组织、行业协会或商会的独立性较弱，在政府购买公共服务的过程中完全“听命”于政府，并被业界比喻为“二政府”，更容易在招标过程中取胜，但服务质量无法得到有效监管，使得所购买服务成为公众“不称心的礼物”。

（2）政府所购买的服务并非公众需要的。在服务购买过程中，主要由政府和服务提供者为公众需求代言，作为服务生产终端消费者的社会公众在购买过程中基本“失声”，导致政府所购买的服务成为公众“不称心的礼物”的尴尬现象。

（3）“服务质量”不受监督的问题。一些地方政府在购买公共服务的过程中，仅注重招投标环节和资金支付环节，忽视了服务生产环节的重要性，缺乏对服务提供者所提供公共服务效果和公共服务质量的有效监管，导致服务质量低下，最终也使得所购服务成为公众“不称心的礼物”。[①]

如何正确认识并利用公共服务提供中的市场机制，并不是一个简单的问题。2015 年 11 月 20 日，习近平总书记在中央财经领导小组会议上提出了“供给侧结构性改革”的设想。党的十九大报告中再次提出要深化供给侧结构改革，以此提高公共服务供给体系中较低的质量和效率。供给侧结构性改革不但是推进公共服务领域改革、转变政府职能的必由之路，也为政府购买服务的发展指明了方向。即扩大公共服务的有效供给，提高公共服务供给结构对公众需求变化的适应性和灵活性，以满足社会需求。[②] 但从当前公共服务市场需求和供给的角度看，政府购买公共服务在执行过程中却存在不容忽视的供给缺陷，如供需错位、供给偏差、供给不均和竞争缺乏等问题，阻碍了改革的进程，这与一些政府部门的责任缺失密切相关。[③] 厘清政府购买责任关系是提升公共服务购买质量的关键所在。

---

① 陈建国. 政府购买公共服务过程管理研究——以北京市为例［J］. 理论探索，2012（4）.

② 彭婧. 如何避免政府购买服务成为公众“不称心的礼物”？——基于政府责任视角的分析［J］.中央民族大学学报（哲学社会科学版），2018（1）.

③ 吴帆，周镇忠，刘叶. 政府购买服务的美国经验及其对中国的借鉴意义——基于对一个公共服务个案的观察［J］. 公共行政评论，2016（4）.

公共服务市场化意味着政府管理的变革和政府职能的转变，政府在这个过程中的驾驭和管理能力尤为重要。市场化并不是政府责任的“卸载”，政府成为“精明买主”对成功实现公共服务购买至关重要。国内外的理论和实践的经验均表明，公共服务购买是利用市场化的方式弥补政府的不足，在政府购买公共服务的过程中，由于作为服务承接方的进入，政府、公众、服务提供者三者间的关系使得政府的责任变得更加多样化与复杂化。近年来，在公共交通、医疗卫生领域的市场化改革面临全面责难和质疑的时候，我们正面临着“倒洗澡水把婴儿一起倒掉”的风险。通过对目前一些公共服务购买失败案例的梳理可以看出，政府在公共服务购买过程中的责任缺失，才是产生问题和困境的主要根源。政府采取“责任卸载”和“一卖了之”的简单做法，对公共服务的生产过程疏于管理，当服务购买出现问题时则又简单接管回归政府垄断，导致公共服务购买不仅没有发挥其应有的优势，还因政府的管理能力低下而遭到否定。市场化本质上是提升质量、降低成本的效率机制，也是中国政府改革的主流方向。这一系列现象使得人们必须客观审视市场化趋势下政府的作用与政府的职能定位。萨瓦斯指出，在政府购买公共服务中，政府扮演着多重角色，每一种角色都对政府的合同管理能力提出了要求，包括对公共物品和服务需求进行有效确认的能力，政府能够以最小成本获得最大收益的购买能力，政府能够对所购买公共服务进行有效的检查和评估的能力，以及能够适时适量对服务提供者进行支付的能力。① 如何扮演好政府角色，有效实施公共服务购买，成为了目前中国政府责任的一大挑战。②

在上述背景下，本书的理论意义和实践意义如下：

本书的理论意义在于：目前关于公共服务购买中的政府责任研究少有系统深入的实证研究成果，本书的研究有利于政府责任研究的理论创新和政府职能理论的完善。具体来说，本书以公共服务购买中的政府责任为研究主体，选择典型案例，在以下三个方面力求突破：

（1）探讨“市场化”是否削弱了公共服务的公共性，导致政府购买服务难

① ［美］E.S. 萨瓦斯. 民营化与公私部门的伙伴关系［M］. 周志忍等译. 北京：中国人民大学出版社，2002.

② 彭婧. 中国公共服务购买中的政府责任研究——以 B 市为例［D］. 北京师范大学博士学位论文，2016.

以满足公众需求的现象，即公众满意度难以提升这一现象背后的政府责任的缺失问题。

（2）对政府购买公共服务中的政府责任进行界定，明确政府责任的概念和内涵，在一定程度上扩展政府责任的理论研究。

（3）研究政府、服务提供者、公众之间的三方互动关系，对目前我国公共服务供给的政府责任关系作出理论概括。

本书的现实意义在于有助于政府应对近年来频发的政府责任履行不当对公共决策和执行形成困扰的难题。通过实证研究剖析公众对政府购买服务的感知与差距，推进服务型政府的建设和行政改革目标的实现。具体来说，包括以下几个方面：

（1）通过对中国目前的政府购买公共服务的实践进行调研，评价和总结中国政府在购买公共服务中的责任现状与存在的问题。

（2）完善公共服务供给中的政府责任体系，有利于促进提高公共服务供给的质量和效率、减轻财政支出压力、回应社会需求。

（3）政府购买公共服务中对于政府责任的明确界定和实现，有助于政府社会政策的有效实施，也有助于非营利组织和私人部门在公共服务供给中发挥作用。

（4）通过分析中国公共服务体制上的特殊问题，以及研究西方发达国家公共服务体系中的得失，对推进我国政府公共服务改革、促进公共服务在效率和公平上的完善提出可行的建议。

二、文献综述

在新公共管理运动的影响下，各国先后进行了不同程度的行政改革，这股浪潮在英美两国率先兴起，随后席卷世界其他国家。此次改革主要以实现政府职能的“市场化”为目标，进而推动政府管理方式和政府职能的转变。公共服务购买作为“市场化”的主要实现形式，由于其较弱的意识形态色彩以及减轻财政支出的压力被越来越多的国家所追捧。学术界对政府购买责任的研究也一度以遵从“效率至上”的市场价值优先为标准定位。然而，随着改革激情的渐渐平复，被认为具有诸多优势的政府购买公共服务，却并没有在实践中平衡展现这些优势，市场价值优先引发公共性消沉，忽略了公平、参与、责任、道德等公共价值，[①] 导致公共服务购买在一些国家和地区的实践中大放异彩，却在另一些尝试中遭遇瓶颈。[②] 由此，关于公共服务购买责任研究的问题逐渐引起国内外学者关注。

（一）国内外政府购买公共服务的研究现状

从20世纪70年代中期开始，以英国、美国为代表的西方国家普遍陷入了社会公共服务需求持续扩大、公共财政支出急剧增长与政府提高公共服务效率低下之间的矛盾，全球经济的普遍性衰退又使得西方各国政府“雪上加霜”，难以继续维系庞大的公共服务项目，执政党面对公众的诘责，纷纷开始大规模地削减福利支出，开始探索私有化的服务提供方式，这场波及全球的改革被称为新公共管理运动，政府购买公共服务成为其中最主要的政府职能改革，相关的研究成果较为丰硕。与西方国家不同的是，中国政府购买服务的产生除了海外的示范效应，更重要的是在经济体制转轨和社会结构转型背景下应运而生的。[③] 中国政府购买实践始于20世纪90年代，相关的研究主要集中在2004年以后公用事业市场化中关于政府责任的讨论上，这些研究对厘清中国政府购买责任问题的研究起到了铺垫作用。2010年以后，国内学界开始逐步出现政府购买公共服务中关于政府责任的讨论。通过梳理国内外的研究成果，主要有如下进展：

1. 公共服务提供与政府责任的关系研究

政府向社会提供公共服务与政府责任之间经历了一个漫长的、不断强化和明确的过程。卢梭最早在《社会契约论》中为政府责任提供了思想基础，认为政府必须履行“契约”中所规定的对公众的责任，政府代表的公共意志必须有

---

① 郑谦. 公共物品供应和生产的分离与“俘获”的发生——对地方“政绩工程”的另一种分析路径[J]. 上海行政学院学报，2011（11）.

② 公共价值的内涵在公共管理领域和经济学领域有所区别，主要体现在随着公共管理理论的发展，期望政府关注公平、参与、责任、道德、民主等要素，即本书中所研究的公共价值。而经济学领域的公共价值则侧重于关注成本、效率、效益、价格等要素。

③ 吕纳. 公共服务购买中的政府与社会组织互动关系研究［D］. 上海大学博士学位论文，2013.

益于全社会。[①] 萨缪尔森关于公共物品的定义及其生产所需最佳资源配置等问题的研究是开创性的[②]，经济学家们继而对公共物品和服务由私人提供的可能性论证做了大量工作。[③] 这些观点不但对西方政治学中政府合法性研究产生了重要影响，也对政府职能提出了明确的要求，基于实现政府责任的公共服务理念日益得到学者们的认可。实践中，20 世纪以来，多党轮流执政国家为了获得更多选票，各党派不断推出对公众更具吸引力的公共服务计划。加之新自由主义经济学的推波助澜，西方各国逐步在“福利国家”的建立中首开了政府责任的先河，构建完善的社会保障制度和健全的公共服务体系逐渐成为政府的职责所在。20 世纪 70 年代后，在新公共管理运动的启发下，西方各国用效率和效益等企业价值目标重塑了政府部门的管理机制。[④] 然而，这种“企业家”政府由于对公共服务核心价值的忽视，在 20 世纪 90 年代后广受诟病，以登哈特为代表的公共行政学家开始对政府责任的内涵予以重新审视。登哈特在《新公共服务：服务，而不是掌舵》一书中对政府公共服务理念的界定具有里程碑式的转变。他认为公共服务中的责任问题并不简单，公共行政官员应该承担为公众服务和向公众放权的职责，公共管理者应成为负责任的行动主体。[⑤] 政府责任的界定也由“经济、效率与效益”等注重实现市场价值的经济指标转变为“实现公众应有权利”的公共价值取向。[⑥] 西方公共行政学者们对公众权利、公众参与的追求表明公共价值已成为了政府提供公共服务的主导价值取向。[⑦]

---

① ［法］卢梭. 社会契约论［M］. 北京：商务印书馆，2010.

② 公共物品理论是研究公共服务供给方式的基础，保罗·萨缪尔森在 1954 年及 1955 年发表了两篇著名的论文“The Pure Theory of Public Expenditure”“Diagrammatic Exposition of a Theory of Public Expenditure”。这两篇文章开启了公共物品的规范性研究，对政府如何进行有效的资源配置等关键性问题求解，也决定了经济学理论界此后的研究路径。

③ 科斯（Coase）从经验的角度论证了诸如“灯塔”之类的公共物品和公共服务存在由私人提供的可能；布坎南的“自愿解”提出只要公共产品或服务的提供给每个社会成员带来好处，自愿提供公共服务就存在达成合作解的可能性；德姆塞茨（Demsetz）从理论上证明了公共服务在竞争的市场中能够被私人有效提供。

④ ［美］戴维·奥斯本，特德·盖布勒. 改革政府：企业精神如何改革着公营部门［M］. 上海：上海译文出版社，2006.

⑤ ［美］罗伯特·B.登哈特，珍妮特·V. 登哈特. 新公共服务：服务而不是掌舵［M］. 北京：中国人民大学出版社，2010.

⑥ ［美］菲利普·库珀. 同制治理——公共管理者面临的挑战与机遇［M］. 竺乾威，陆毅，陈卓霞译. 上海：复旦大学出版社，2007.

⑦ Janna J. Hansen. Limits of competition：Accountability in government contracting［J］. The Yale Law Journal，2003，112（8）：2465-2507.

一般认为，国内最早研究政府责任问题的学者是张成福教授，他的观点："政府只有在真正履行责任时才具有合理性与合法性，政府应积极地回应、满足和实现公众的正当要求，承担起道德的、政治的、行政的、法律上的责任"对之后涌现的责任政府理论研究热潮产生了重要影响，政府责任由此也成为国内学界评价政府职能不可或缺的要素之一。[①] 2000 年以后，行政法学家开始对政府责任的主体、受体、构成、方式、程序等进行了较为细致的分析。[②] 这一阶段的主要成就在于政府责任研究在法学、行政学、政治学领域逐渐展开。学界就强化政府责任理念基本达成一致，现代政府不仅应承担传统意义上的消极责任，还应承担道义上或政治上的"积极责任"。[③] 2002~2006 年，国内政府责任的研究开始从社会契约论、人民主权论的维度入手，热衷于讨论政府责任与社会公正、法治政府、服务政府及责任政府的互动影响关系，并对政府职能和行政决策、官员问责等内容提出了明确的取向和要求。[④] 由此，公共价值取向逐步凸显。随着市场经济的发展，这些研究为政府职能的转变奠定了理论基础。但此阶段研究的焦点主要集中在对政府责任类型的划分与内涵的界定上，并未对政府责任的实现及不同领域政府责任的特殊性进行更为深入的探讨。2004 年以后，随着国内公共服务市场化的推进及改革遭遇的困境，逐渐有学者开始从公共性的视角探讨中国民营化中存在的问题。[⑤] 政府责任在公共服务改革中的定位和作用研究逐步成为"主角"，也由此推动了公共服务均等化研究、公共服务绩效管理研究的发展。[⑥] 这种研究的热潮一直持续到 2010 年左右，政府购买公共服务也发展成为了公共服务市场化的一种主要形式。[⑦]

2. 公共服务购买中政府责任的评价研究

责任的概念是目前公共管理学术领域关注的焦点之一，无论学者还是执政者，都希望构建一个可被广泛接受的、易于理解的且能够平衡效率与民主之间

---

① 张成福. 责任政府论 [J]. 中国人民大学学报，2000（2）.

② 葛先园. 政府购买基本医疗服务后对第三人的法律责任 [J]. 行政论坛，2016（3）.

③ 蒋劲松. 责任政府新论 [M]. 北京：社会科学文献出版社，2005.

④ 蔡放波. 论政府责任体系的构建 [J]. 中国行政管理，2004（4）.

⑤ 王乐夫，陈干全. 我国政府公共服务民营化存在问题分析——以公共性为研究视角 [J]. 学术研究，2004（3）.

⑥ 姚尚建. 国内责任政府研究的历史与现状 [J]. 学术交流，2006（4）.

⑦ 尚虎平，于文轩. "职能革命"、管理绩效带动政府责任实现——卡梅隆政府公共机构改革的行政学意涵及对我国的启示 [J]. 公共管理学报，2011（10）.

矛盾的解决方案。一些学者深入探讨了多变的环境因素与建立一个易于理解的责任机制之间的相关复杂性。他们的研究为充实及解释政府责任概念提供了基本的框架。[①]其中涉及从地方政府的责任角度对合同管理、政府与服务提供者的契约关系的效果评价，以及对政府责任、公共服务运营效率和性能测量值之间的关系进行详细说明。[②]还有一部分学者以侧重产出的政府购买绩效评估为代表，对合同评估、非营利组织管理、公众满意度、财政弹性进行效果评价。[③]方法上，西方学者擅长运用多学科交叉建构模型，注重测定竞争与服务成本、服务质量间的关系变动。虽然关于政府责任的争论远没有结束，但现有的文献对政府责任的评价已能够为当前和今后的研究建立一个坚实的基础。[④]尤其是对“公众权”的权重指数在各类评价研究中普遍呈现上升趋势，作为服务对象的公众及其真实意愿的表达已成为公共服务购买中政府责任的关键所在，虽然西方学者们普遍对政府责任的实现状况并不乐观，但难掩其中的公共价值要素明显优先于市场价值要素的研究趋势。[⑤]

公共服务购买作为目前中国公共服务市场化的一种主要实现形式，对其中政府责任的测度、评价研究主要起源于对“政府公共服务外包目标迷失”“政府购买需求错位”等现象的观察。学者们从行政法学、经济学、公共管理学等视角，主要运用扎根理论、委托代理理论、交易成本理论对政府探讨政府履行职责程度，具体的研究方法上以比较研究法、案例分析法、文献研究法等为主，对政府公共利益的实现情况加以分析和讨论。[⑥]学者们指出，在缺乏竞争、周

---

① Koppel J. World rule: Accountability, legitimacy and the design of global governance [M]. Chicago: University of Chicago Press, 2010; Acar M, Robertson. P. Accountability challenges in networks and partnerships: Evidence from educational partnerships in the United States [J]. International Review of Administrative Sciences, 2004, 70 (2): 331-344.

② Dunn D, Legge J. U.S. local government managers and the complexity of responsibility and accountability in democratic governance [J]. Journal of Public Administration Research and Theory, 2001, 11 (1): 73-78; Stephen Page. Measuring accountability for results in interagency collaboratives [J]. Public Administration Review, 2004, 64 (5): 591-606.

③ Kimberly N. Brown. “We the people”, Constitutional accountability, and outsourcing government [J]. Indiana Law Journal, 2013, 88 (4): 1347-1403.

④ Stephen Page. Measuring accountability for results in interagency collaboratives [J]. Public Administration Review, 2004, 64 (5): 591-606.

⑤ Schnequa N. Diggs, Alexandru V. Roman. Understanding and tracing accountability in the public procurement process [J]. Public Performance & Management Review, 2012, 36 (2): 290-315.

⑥ 周俊. 政府购买公共服务的风险及其防范 [J]. 中国行政管理, 2010 (6).

期较长以及产出无形的情况下增加了责任衡量的难度，政府对服务合同的评价与管理也较为困难。[①] 研究的结论普遍显示目前中国城市基层政府在公共服务购买中存在对政府角色定位存在明显的偏差，对公共服务的最终受益者——社会公众的权利和诉求有不同程度的忽视，模糊了政府对社会公众应负的责任。[②] 这种责任即为政府责任中对公共价值的追求，在以市场价值优先的政府购买责任的测度研究与评价研究中，尚未有效体现基于公共价值优先的研究结论，[③] 且实践中基于市场价值优先的政府购买公共服务在较大程度上与公共价值目标存在偏离，如图 0-3 所示。

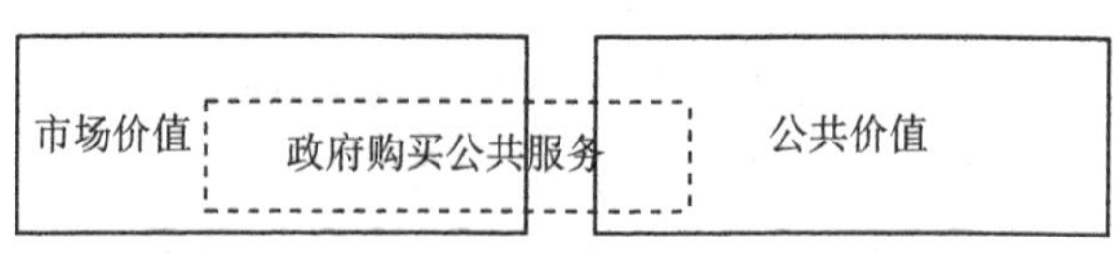

图 0-3　市场价值优先的政府购买公共服务

3. 现有购买服务实践中阻碍政府责任实现的影响因素研究

国外学者对阻碍政府责任实现的影响因素研究可归纳为两种路径：一种路径是对一般政府购买公共服务或合同外包中的政府责任影响因素予以探讨，从服务提供者的角度普遍认为政府责任的实现受制于承包者的机会主义行为、自利动机等外部因素。[④] 从政府自身的角度则认为政府合同管理能力低下、公务员削减等内部因素也对政府责任的实现产生影响。还有学者从外部环境与政府责任的实现之间进行探讨，一般认为市场的完善、公民社会的成熟程度、法规的健全等因素能够对政府责任实现产生重要影响。[⑤] 另一种路径是从公私伙伴关系的构建、实现及障碍方面加以探讨。在“政府失灵”“市场失灵”得到学术界普遍认可之后，“志愿失灵”现象的存在也越发受到关注。公共服务购买的复

---

① 杨宝. 政府购买公共服务模式的比较及解释——一项制度转型研究[J]. 中国行政管理，2011(3).

② 贾旭东. 基于扎根理论的中国城市基层政府公共服务外包研究 [D]. 兰州大学博士学位论文，2010.

③ 王晛昀，刘亚娜，李春. 政府向社会组织购买养老服务中的责任链条及框架体系构建[J]. 改革与战略，2015 (2).

④ Decio Coviello，Mario Mariniello. Publicity requirements in public procurement：Evidence from a regression discontinuity design [J]. Journal of Public Economics，2014，109 (2)：76-100.

⑤ Dean Neu，Jeff Everett，Abu Shiraz Rahaman. Preventing corruption within government procurement：Constructing the disciplined and ethical subject[J]. Critical Perspectives on Accounting，2014，3 (12)：1-13.

杂性和构建高水平的政策自由裁量权相并列，具有高度的挑战性。[①] 尤其是当私人获益的比例降低、对产出衡量的难度增加、产出周期较长、产出是无形的、缺乏竞争环境等情况下。一般认为，成功的合作伙伴关系建立在相互信任、共同的目标、有效的沟通，以及政府具备评估绩效能力的一个综合性框架内。只有在伙伴关系中对服务购买双方的期望和绩效加以明确的定义及维护，才能够实现优于传统公共服务提供模式下的责任结果。并且，“志愿部门”及其“德行完美的神话”也被人们更加理性地看待和审视，非营利组织在政府购买服务的竞标、评估以及资金支持等环节中被置于和普通服务提供者同等的地位。[②] 殊途同归，以上两种途径的研究及其成果已从实质上触及政府责任实现的影响因素。服务提供者或志愿部门和政府开展合作，由政府主导建立伙伴关系，承担主要公共福利责任的观点已得到西方学者的普遍认可。

国内学者关于阻碍公共服务购买中政府责任有效实现的影响因素研究已经展开，这些研究大体可归纳为三个角度：

首先，一些行政法学领域为代表的学者，基于公法对服务提供者的约束是否具有合法性问题展开讨论，争论的焦点在于服务提供者的行为是否构成国家行为，以及在涉及公众宪法权利的公共服务领域内如何寻求效率标准与公众权利标准的竞合。[③] 部分学者主张将公法规则“嵌入”市场化中，并对适用的范围进行了研究，更多的法学家关注行政法对政府购买主体、程序的规制。[④] 但对以上问题的求解并未出现突破性的解决之道。还有学者则从促进非营利组织承担公共责任上，探讨政府责任的有效实现问题。[⑤]

其次，是从风险管理的角度进行了研究，认为政府购买服务蕴含政府合法性、新垄断、寻租、社会不公平等诸多风险，可能威胁社会的民主治理，并最

---

① Schnequa N. Diggs, Alexandru V. Roman. Understanding and tracing accountability in the public procurement process [J]. Public Performance & Management Review, 2012, 36 (2): 290-315.

② Lester M. Salamon. Rethinking public management: Third-party government and the changing forms of government action [J]. Public Policy, 1981, 29 (3): 255-275.

③ 杨欣. 公共服务合同外包中政府责任的省思与公法适用——以美国为例 [J]. 中国行政管理，2010 (6).

④ 王丛虎. 政府购买公共服务与行政法规制 [J]. 中国行政管理，2013 (9).

⑤ 傅鹏. 我国公益性社会组织提供公共服务的问责逻辑 [D]. 复旦大学博士学位论文，2012.

终会影响政府责任的有效实现。[①] 而预防与控制风险的措施是从增进市场竞争和加强政府监管两个维度着手，如设计第三方监管与选择性激励机制等。[②]

最后，还有部分学者从利益相关者的角度，对政府公共服务外包的利益相关者及其相互关系进行研究，探讨当公共服务提供突破政府公共部门单一提供的模式时，所造成的传统责任体系和责任管理途径断裂的问题。[③] 与以往强调绩效评估、强化政府监管、完善市场等研究结论不同的是，有学者提出的“责任人”假设成为政府责任研究的新思路，通过明确现代公共行政对于回应性、参与性、公平性等公共价值取向的内在要求，试图弥合新的公共服务责任体系和责任管理途径并未形成前政府责任的丧失及虚无。

4. 在公共服务购买领域强化政府责任的方法与路径研究

西方责任政府理论主张政府应实现从权力本位到责任本位的民主回归，公共价值的实现高于市场价值，政府的职责即为公众提供满意的服务。但这并不意味着排斥市场价值，责任政府是现代社会的一种施政方式，在公共价值优先的前提下整合市场价值，体现了对合乎目的的市场价值的尊重。[④] 一般政府责任的原理和方法被应用于政府购买服务领域，学者们提出了界定政府责任的不同分类方法，将公共服务购买中的政府责任划分为政治责任、法律责任、市场责任。后来，随着研究的不断深化，自主权力的程度和期望（或控制）的来源被作为变量引入政府责任的分析框架内，政府购买责任被进一步界定为层级责任、政治责任、法律责任、专业责任。[⑤] 这种基于明确划分进而从各个方面提升政府责任的方法一度得到学界的肯定。然而，一些来自政策执行者的反馈却表明在学理上有所建树的方法在实践中的作用却是微弱的。通过对医疗、社会福利、儿童抚育及收养等领域的调查显示，即使依靠复合的市场竞争者和最新的信息技术，政府仍面临着比预期更大的风险。[⑥] 在政府购买服务中，监督的层

---

① 刘舒杨，王浦劬. 政府购买公共服务中的风险与防范［J］. 四川大学学报，2016（5）；周俊. 政府购买公共服务的风险及其防范［J］. 中国行政管理，2010（6）.

② 詹国彬. 公共服务合同外包的理论逻辑与风险控制［J］. 经济社会体制比较，2011（5）.

③ 姚贱苟. 公共服务中的责任机制［D］. 中央民族大学博士学位论文，2013.

④ 汪大海，刘金发. 转型期中国公共行政市场价值和公共价值的整合［J］. 中国行政管理，2011（11）.

⑤ Jocelyn M. Johnston, Barbara S. Romzek. Contracting and accountability in state medicaid reform: Rhetoric, theories, and reality［J］. Public Administration Review, 1999, 59（5）: 383-399.

⑥ Barbara S. Romzek, Jocelyn M. Johnstom. state social services contracting: expolring the determinants of effective contract accountability［J］. Public Administration Review, 2005, 65（4）: 7-14.

次和政治结构是必要的，但这种被精简、拘束的责任机制则过于理想化。随后，世界银行在公共服务提供中对穷人惠及程度的测度研究成为提升政府责任的有效路径。一个负责任的公共承包制必须依靠多重责任结构上的互动，以往过于注重市场目标导致政府仅致力于增加公共支出是不够的。政府应同时完善政府与公众之间的“表达”和政府与服务提供者之间的“契约”两个途径，唯有关注公共目标才能够有效实现政府责任。[①] 世界银行的这项研究为在一个不完全竞争背景下构建整合市场价值和公共价值的责任机制提供了可能性的探讨。总的来说，在维护公共价值前提下整合市场价值，进行制度和管理模式创新，已是国外政府购买服务的核心目标，如图 0-4 所示。

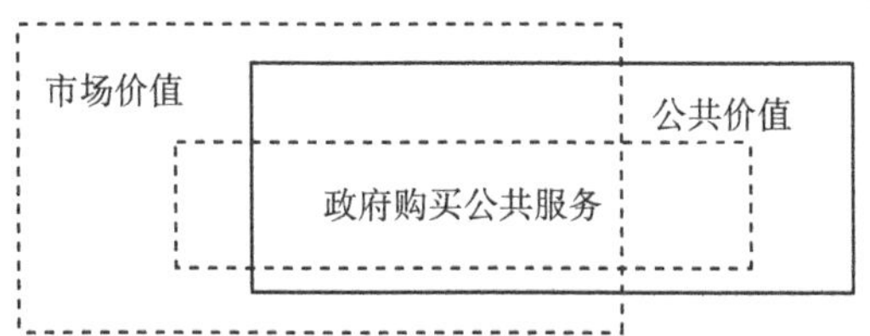

图 0-4 市场价值优先的政府购买公共服务

2007 年以后，国内学术界出现了一场短暂的关于公共服务提供机制市场化和政府责任市场化之间的争论。这一争论部分缘于经济学家就激进式改革与渐进式改革的不同观点，出现了政府完全包揽和经办市场化两个极端，随着强制性制度变迁下出现的对公共利益的扭曲和随后引发的公共服务市场化改革中的“伪市场化”现象，遭到了公共行政学家的严厉反对和批评。[②] 这场短暂的争论因国内医疗卫生领域、公共交通领域、水电领域的市场化改革遭遇挫折，备受批评、质疑和否定而很快终止。[③] 这场学术争论的价值对之后研究的意义在两个方面有所体现：首先是人们更加关注政府的主导责任问题，明确了中国市场化实践中出现矛盾和问题的根源在于转型时期政府责任的缺失；其次是在发展与强化公共服务市场机制的基础上，反对将政府责任市场化成为学界一致的观

① The World Bank. World development report 2004：Making service work for poor people [M]. Washington：The World Bank Press，2004.

② 翁博. 公共服务市场化改革中的政府责任 [J]. 学习与探索，2010 (1).

③ 饶常林，常健. 论公用事业民营化中的政府责任 [J]. 行政法学研究，2008 (3).

点，政府责任的公共价值取向逐渐明确。一些学者们使用“倒洗澡水把婴儿一起倒掉”“因噎废食”“假民营化”来提醒人们正确认识与完善公共服务提供机制，政府不应通过外包转嫁责任或掩饰政府缺位。[①]并对政府责任市场化导致目前中国医疗服务质量低下、城市公交改革失败的现象进行了解释性分析。[②]由此，在公共服务市场化具有多样化的内涵和表现形式下，政府责任市场化和公共服务提供机制市场化成为最基本的分野。[③]其中，囊括了回应性、服务性、公平性的公共价值逐步成为学界对政府责任的基本要求。这场争论的结果无疑为政府购买责任研究明晰了方向，由此实现了市场价值向公共价值研究范式的转变。

（二）中国政府购买公共服务研究的不足

与西方国家不同的是，中国政府购买公共服务的实践虽然起步较晚，却在中央政府的大力推动下发展成为政府向社会供给公共服务的主要形式，取得了一定的成就。但从中国现有的公共财政记录和统计资料来看，政府对提高效率和效益的期望仍占据主导地位，在公共价值未能得到持续有效重视的情况下，政府购买的责任状况难免令人堪忧。[④]梳理以往的研究，仍存在以下不足：

1. 基于实现公共价值的购买服务理念日益得到认可，但相应的政府责任理论分析框架尚未落实

从国内外的研究来看，对公共服务中政府责任内涵的界定并不是一成不变的，其重心存在一个演绎发展的过程，且与一国核心公共行政价值目标密切相关。西方国家大致都经历了这样几个过程：以政治责任为核心的政府责任体系之传统公共行政时期；更加强调政府对公众的直接责任和对社会公平的责任之新公共行政时期；政府以追求“效率”为责任重心的基础上，对公众的需求和利益作出回应之新公共管理时期；以公众利益为本位之新公共服务理论时期。中国政府的责任重心也经历了一个演变发展的历程，从新中国建立初期以阶级

① 邹东升．公共服务市场化并非政府责任市场化——对公交民营化改革的审思［J］．理论探讨，2009（4）．

② 王薇．公共服务市场化过程中的政府责任研究［J］．中国矿业大学学报（社会科学版），2012（1）．

③ 周志忍．正确认识并强化公共服务中的市场机制［J］．学习与探索，2010（1）．

④ 周俊．政府购买公共服务的风险及其防范［J］．中国行政管理，2010（6）．

斗争为纲强调“统治”利益，到改革开放后注重效率目标的市场价值责任阶段，再到由于过度追求 GDP 增长导致经济和社会的发展出现一定程度的失衡后，开始反思并重塑政府社会责任和服务责任的公共价值责任的演变过程。[①]可以看出，无论是西方还是中国，政府责任理论发展至今，均走向了注重公共利益、满足社会需求的道路。[②] 目前国内学术界已经从政府购买的内涵、理论基础、供给范围、绩效评估等方面内容进行了广泛的探讨，[③] 但构建公共价值优先于市场价值的政府责任理论分析框架，尚未能落实。

2. 政府购买服务的评价研究业已展开，但基于公共价值的测度研究仍有待深入

关于公共服务购买中政府应承担哪些责任，也有着诸多讨论。在以往，西方乃至中国关于政府责任的讨论从以安全、公平与平等为焦点问题的政治领域，逐步扩展到以弥补市场缺陷与维护社会公平为焦点问题的经济和社会领域。[④] 随着政府失灵和非政府组织理论的提出，政府购买责任的研究被置于一个更广阔的背景下。国内外学者逐渐达成的共识是：公共服务市场化把责任转嫁到了服务提供者身上，增大了政府责任实现的难度。[⑤] 根据国内学者的研究表明，中国政府在实施政府购买公共服务的过程中，仍然存在内部化购买、购买程序不公开、购买标准不清晰等问题。[⑥] 因此，政府购买服务的评价研究仍然以追求“效率”的市场价值评价为重心。此外，在既有的研究中公共价值易被忽视的另一个原因在于公共服务的项目特性给运营成本和实际效果的鉴定带来了很大的困难，在服务购买过程中，主要由政府和服务提供者为公众需求代言，作为服务生产终端消费者的社会公众在购买过程中基本“失声”。由于政府并非公共服务的享用者，政府难以对所购买公共服务质量进行有效评价，也

---

① 齐明山，李彦娅. 公共行政价值、公共利益与公共责任——政府公共权力科学运作的三维构架［J］. 学术界，2006（6）.

② 句华. 政府购买服务相关术语的混用现象及其辨析［J］. 中国行政管理，2017（1）.

③ 李森. 试论公共产品受益范围多样性与政府级次有限性之间的矛盾及协调——对政府间事权和支出责任划分的再思考［J］. 财政研究，2017（8）.

④［美］约瑟夫·E. 斯蒂格里茨. 政府为什么干预经济——政府在市场经济中的角色［M］. 北京：中国人民大学出版社，1996；［美］詹姆斯·M. 布坎南. 自由、市场和国家［M］. 北京：北京经济学院出版社，1998.

⑤ 胡敏洁. 论政府购买公共服务合同中的公法责任［J］. 中国法学，2016（4）.

⑥ 陈建国. 政府购买公共服务过程管理研究——以北京市为例［J］. 理论探索，2012（4）.

难以及时发现公共服务购买过程中的新问题并协调公众的真实服务需求，极易导致服务功能支离破碎或服务项目重复设置，[4] 基于公共价值的测度研究难以深入。因此，如何在基于公共价值为主导的前提下整合市场价值，并对政府责任进行测度研究，是中西方公共服务购买领域共同面临的一个难题。[5]

3. 现有研究已触及公共价值实现的影响因素，但对其生成机制及其规律的系统研究探讨不足

政府购买公共服务是建立在效率假设的基础之上的，即由竞争性的服务提供者提供公共服务会比政府直接提供公共服务拥有更高的效率。但是，即使是新自由学派也承认，合同外包并不会自动带来效率。服务提供者以公共主体的形式发挥作用，并履行着传统公共管理职能。但是，服务提供者的行为却无法广泛地运用公共权力来源或公共职能的标准加以审查，公共价值的实现难以得到保障。因此，公共服务购买对传统的政府责任体系构成了多重挑战。并且，由于公共服务供给中现成的竞争市场不一定存在，竞争性市场的存在需要一系列条件，如一定数量的服务提供者政府能够准确的定义所购的产品及设定质量标准、制定有效的监督与评价机制等。这些难以避免的市场缺陷的存在和政府对合同管理能力的低下可能强化政府对服务提供者的依赖关系，长期的合作使得服务提供者获得与政府谈判的能力，并左右政府对其服务质量评估的判定，政府面临着规避被供应者“俘获”的挑战，最终影响公共价值的实现。因此，这对政府责任的研究来说，是个全新的课题。[1] 现有的研究不仅缺乏对于“市场化”是否削弱了公共服务公共性的探讨，对于公共价值的生成机制及其规律的系统研究也明显不足。

4. 一般政府责任的原理和方法在政府购买服务领域的应用有待修正

中国政府购买公共服务的目标模式来源于西方，新公共管理理论将市场机制引入政府治理领域，通过政府购买来提高公共服务供给的效率。政府作为掌舵者将服务外包给服务提供者，并设定标准，基本假设是服务提供者能够以更

① Gordon J. Campbell, Elizabeth McCarthy. Conveying mission through outcome measurement: services to the homeless in New York city [J]. Policy Studies Journal, 2000, 28 (2): 338-352.

② 董建新，梁茂春. 民营化过程中政府的角色与责任——以美国纽约市无家可归者救助体系的民营化为例 [A]. 中国行政管理学会 2004 年年会暨“政府社会管理与公共服务”论文集 [C]. 2004.

③ 杨欣. 公共服务合同外包中的政府责任研究 [M]. 北京：光明日报出版社，2012.

低的成本向社会公众提供更具效率和创新性的公共服务。因此，传统政府责任体系由于政府购买公共服务而面临挑战：一方面是公共服务供给者由政府变为第三方机构；另一方面是效率因素被纳入政府责任体系中。[①] 这两项重大改变导致了一般政府责任理论，以及上文中提到的西方学者的相关研究难以适用于中国政府购买领域，这种局限性体现在两个方面：一是在行政管理中，公共行政人员作为“代理人”，承担着多向度、多层次的较为复杂的责任，需要对组织的上级、政府官员和公众等多种委托人负责。[②] 公职人员处于民众与上级之间、权威与法律之间进行决策，也增加了政府的机会主义行为和突破道德底线的可能。这种情况下，政府购买公共服务极易出现公众需求被边缘化的风险。二是第三方服务提供者的介入，使得政府不再是“公共性”唯一的代表，就存在着政府行为偏离公共性的可能。因此，一般政府责任的原理和方法在政府购买服务领域的应用有待修正，应嵌入公共价值取向要素以解决代理人角色冲突的问题。

（三）基本结论

近年来，中国各级政府在养老助残、公共交通、医疗卫生领域的市场化改革面临着全面责难和质疑，也使得一度占据优势地位的以新公共管理理论为代表的“市场派”，在面对公共价值缺失、公众权利丧失的局面时备受诟病。新公共管理理论对市场价值的过度推崇使它面临着难以应对的挑战。公共服务购买责任的理论和实践应该坚持哪些价值，以及如何坚持这些价值是问题的关键所在。

党的十五大提出“效率优先，兼顾公平”的原则；党的十六大强调“初次分配注重效率，二次分配注重公平”；党的十七大指出的“在初次分配和再分配中都要处理好效率与公平的关系”，成为党和国家在处理公平与效率问题上的转折点；党的十八大再次明确“初次分配和再分配都要兼顾效率和公平，再分配更加注重公平”的原则；党的十九大报告进一步强化并明确了提高供给体

---

① 杨欣. 公共服务合同外包中政府责任的省思与公法适用——以美国为例 [J]. 中国行政管理，2010 (6).

② [美] 特里·L. 库珀. 行政伦理学：实现行政责任的途径 [M]. 张秀琴译. 北京：中国人民大学出版社，2001.

系质量和效率的目标导向。可以看出，中国正处于从“效率优先，兼顾公平”转向“效率与公平并重”的过渡时期，仍需完成进一步的转型。从世界各国的实践来看，从市场价值优先到公共价值优先的转型并不会自动完成，这要求人们必须客观审视市场化趋势下政府的作用与政府的职能定位。因此，在当前公共服务购买责任价值导向的转变中，如何扮演好政府角色，有效实施公共服务购买，成为了目前中国政府面临的迫切任务。[①]

三、国内外政府购买公共服务的实践逻辑

20 世纪 70 年代以来，西方国家进入了政府管理变革的时代，“高回应”“高效率”“竞争性”成为了政府公共服务输出的标准定位。在服务的提供方式上，政府购买服务由于其较弱的意识形态色彩以及缓解财政压力的预期被越来越多的国家所追捧，至 20 世纪 90 年代后，已逐步取代了传统福利国家政府直接提供服务的方式，发展中国家及部分欠发达国家也纷纷引入了政府购买模式。西方国家政府购买的范围几乎覆盖了教育、医疗、养老、儿童福利、毒品和酒精治疗，甚至监狱管理等广泛内容。中国政府购买服务的实践始于 20 世纪 90 年代，时至今日，政府购买涉及了教育、养老、法律援助、医疗卫生、就业等多个领域。党的十八届三中全会强调还要进一步大力推广政府购买服务，政府购买服务机制的建立已经成为当前中国行政改革中的重大制度转型。

然而，目前国内学术界对“社会服务”“公共服务”和“社会公共服务”的定义没有公开的争论。一般的用法是将社会公共服务与公共服务相互替代，还有一些学者将公共服务视为社会服务的主要组成部分，致使在发达国家中仅意味着社会救济性质的“社会服务”一词在中国反而成为包含一切的总称。相反，公共服务、社会公共服务等重要的项目则变成了“社会服务”项目的组成部分，从制度上被降低到公共产品供给制度的较为次要的组成部分。一些地方

① 彭婧. 从市场价值优先到公共价值优先——政府购买责任研究的进展、不足与展望［J］. 财政研究，2018（1）.

政府的购买政策也是根据对这一问题的上述认识而设计的。这种基本概念的混淆，在一定程度上导致了政府购买内涵与外延的不清晰，尤其是当政府购买服务在基层政府推广之后，代表普遍性原则的、与工作历史相联系的社会服务得到加强，而主要为一般群体提供公共性服务的工作没有得到相应的发展，最终将影响到制度的合理建构。这样的变化方向与发达国家的改革方向背道而驰。同时，在学术讨论和国际交往中，这种状况也引起了一些误解。因此，本书通过梳理国内外政府购买服务的实践历程，探寻提出“社会服务”“公共服务”及“社会公共服务”三个概念的历史背景，还原其核心意涵及其固有特征并提炼国内外政府购买服务的实践逻辑，这对中国政府购买服务的制度建构具有重要意义。

（一）西方国家政府购买服务的实践逻辑

西方国家最早的政府购买行为可以追溯到 19 世纪初，澳大利亚新南威尔士州建立了第一个女孤儿学校，该学校由英国统治者发起创立，相应的学校的管理也由政府出资完成。后来，因为政府建立的福利机构通常会得到政府的资助，各殖民地开始提出要求政府资助建立此类福利机构。另外，当时政府的邮件传递事务也被外包给了私营公司。美国的政府购买服务始于 20 世纪 60 年代末，联邦“经济机会办公室”（Office of Economic Opportunity）通过利用国防部的采购程序来确保对低收入家庭学生的教育服务。然而，以上这些政府购买行为只是偶发性的，并未以制度的形式加以规范。制度化的政府购买服务发端于 20 世纪 70 年代以后，以英国“撒切尔革命”为标志，通过市场和竞争能够提高效率的假设被西方国家广泛接受，并陆续开始了一场持续了大约 30 年的新公共管理运动，政府购买服务成为了新公共管理运动中持续时间最久、应用最为广泛、影响度最高的一项政府职能改革。西方各国政府购买服务的改革实践先后经历了三个阶段。

1. 以社会服务理念的确立为标志的起步探索时期（20 世纪 70~80 年代）

“二战”后，以英、美为代表的西方国家普遍处于福利支出日渐超过经济发展水平、政府直接提供服务的低效率所引发的强烈社会不满的困境中，改革已是势在必行。英国政府率先调整了政府向社会提供服务的基本原则，提出让社会服务与社会福利能够真正起到帮助穷人的作用，而不是平均分配。英国地方社会服务部在20世纪70年代初建立，并公布了相应的法律《地方政府社会服务法》。在这部法律中，“社会服务”（Social Service）的概念被正式提出，并对其性质与范畴作了提炼与概括。此时的社会服务实质上更侧重于个人社会服务（Personal Social Service），是由社会服务部门负责组织所属机构或其他社会团体提供的照料服务，服务对象以老年人、残疾人、孤儿、精神病患者为主。同期，美国政府颁布了《公共福利修正案》，其中有此类规定：政府有责任向公民提供社会服务，政府还应该通过资助志愿机构，以及通过补贴私营机构向公民提供社会服务。芬兰政府颁布了两个重要的关于社会服务的法规：《社会服务的总目标和不同形式的社会服务的资格要求、程序及上诉结构》和《国家和地方政府之间的社会和健康服务规划及融资结构》。瑞典政府也在20世纪80年代初通过了《社会服务法》，提出了社会服务政策的制定应该旨在加强对社会中处于弱势群体的支持和保护。因此，这一阶段是西方国家政府购买服务的制度建构阶段，是以提高效率和社会救济为典型特征的社会服务理念为核心，向社会弱势群体提供社会救助、社会融合等服务，运作方式上从政府直接提供逐渐向政府购买过渡。

2. 政府购买服务的蓬勃发展时期与公民本位的公共服务价值取向（20世纪90年代）

随着新公共服务理论、公民社会理论的提出，西方学者们开始对新公共管理运动中尤为推崇的“效率至上”原则产生了质疑，认为公共政策的执行应该集中于承担为公民提供服务和向公民放权的职责，政府应致力于建立具有完善整合力和回应力的公共机构，政府公共管理的本质是提供公共服务（Public Service）。1999年，英国政府为了实现“更好地制定政策、更好地回应公民的需求，更好地提供公共服务”的承诺，在《现代化政府白皮书》中提出了实施“整体政府”的改革规划，包括提供回应性的公共服务，提高公共服务的质量，重视公共服务的价值等。在2000年以前，根据统计已经实施了高品质标杆管理项目的公共服务政府机构在英国的中央政府机构中已经达到65%，地方政府机构的覆盖率也有30%，出现了以合同外包（Contracting Out）为主的多种购买方式。新西兰则利用政府购买服务模式来重塑公共部门管理机制，以“顾客导向”来强化公共部门的公共责任，以使其行为更加符合公共利益。美国政府这一时期在施政中使用“人本服务”（Human Service）的表述来体现公民本位的公共服务价值取向。与早期的社会服务观相比，西方国家这一阶段确立的公共服务观呈现出了以实现公共利益为目标，以合作为基础，更加强调政府的服务性和实现公民权利的特征。在提高效率的理念之上充分地体现了政府服务的"公共性"，政府购买的公共服务涉及了教育、养老、公共医疗卫生、就业、社会保障等领域。与第二个阶段相比，重视公民、非营利组织等多方参与是一种超越，追求基于高效率的政府购买服务和社会优化之间的平衡。政府购买成为了政府提供服务的主要方式，服务对象也由早期的侧重社会弱势群体转向全体公民。

3. 政府购买服务的反思完善时期与社会公共服务观的形成（20 世纪 90 年代后至今）

20 世纪 90 年代后，西方各国经历了政府购买规模的持续扩张阶段，受"第三条道路""无缝隙政府"等理论的影响，开始理性反思早期的改革对战略能力的削弱和改革导致的"碎片化"问题。2001 年，新西兰政府对国家部门进行了重要考核，旨在加强"整体政府"的战略能力。西方国家公共服务的提供逐渐由最初的市场化改革过渡到市场化和社会化改革并重，政府购买服务进入了平缓化发展历程，并重新强调政府应有的主导作用，由完全政府购买为主的提供方式逐渐过渡到公私混合提供。2001~2002 年，英国政府共投入约 23 亿英镑资助了 2109 个地方层面的公私合作服务项目。英国 2002 年和 2003 年的合同让渡法案均允许地方教育当局以合同的方式将部分教育职能让渡给某些私人机构。与 20 世纪 90 年代公民本位主导的公共服务价值取向相比，西方国家政府陆续采取了更为谨慎的购买态度，更加注重共同责任和多方治理，还原了公共服务公益性和社会性的属性及过程。政府购买服务再次向以服务促发展的普惠型的社会公共服务（Public Social Service）发生转变与提升，重视实现现代社会服务制度的完整功能。因此，政府购买社会公共服务，以制度化和责任化为己任，利用公私混合的优势，注重在更大范围和更深层次上提供养老、教育、医疗、就业等方面的公平正义，从而进一步超出了公共服务的范畴而发展为有助于优化社会利益结构的社会公共服务。政府服务的对象也不仅限于本国公民，甚至将住地居民囊括在内。

总的来说，西方国家政府购买服务经历了三个发展阶段，政府所购买的"服务"也呈现出了从"社会服务"到"公共服务"再到"社会公共服务"三种形态的变迁。受到主流行政观念的影响，这三个概念的核心意涵在政府购买的制度化程度、政府购买的服务对象、政府购买的政策性质及功能、政府购买的运作方式上，均在前一阶段的基础上发生了转变与提升。截至目前，政府通过公私混合的购买途径为公民及住地居民提供优质的社会公共服务进而促进社会发展已成为西方国家主流的政府服务理念，如表 0–2 所示。

表 0–2　西方国家政府购买服务发展演进中的三次变迁及其特征

	制度化程度	服务对象	政策性质	政策功能	主要运作方式
社会服务（20 世纪 70~80 年代）	制度建构	弱势群体	救济	提高效率	政府提供
公共服务（20 世纪 90 年代）	制度化	公民	社会公平	实现公民权利	政府购买
社会公共服务（20 世纪 90 年代后至今）	制度化、责任化	公民、居民	社会发展	优化社会利益结构	公私混合

（二）中国政府购买服务的实践逻辑

与西方国家政府购买服务的产生缘于福利危机和经济滞胀所不同的是，中国政府购买服务的产生除了海外的示范效应，更重要的是随着经济体制的转轨和社会结构的全面转型所带来的中国的政府治理模式、社会管理体系的结构性调整、社会组织的专业化优势以及不断增长的社会需求等因素，促使政府开始积极寻找社会改革的替代性策略，政府购买服务应运而生，并先后经历了实践起步阶段和制度建构阶段。

1. 政府购买服务的实践起步阶段（1996~2010 年）

受到“服务型政府”执政观的影响，政府购买服务成为了中国地方政府探索福利社会化的主要形式。从 1996 年上海基督教青年会正式接受政府养老服务的委托开始，政府购买服务第一次进入实践领域。2003 年，南京市鼓楼区推出社会组织为独居老人提供“居家养老服务网”，2004 年，上海市政府购买了社会组织为社区矫正人员、药物滥用人员，以及部分社区青少年提供的社会服务。2005 年，江苏省无锡市将全市的社会养老机构、环卫清洁、结核病防治等十多项公共事业转为实行政府购买。2007 年，深圳市政府培育了“社联社会工作服务中心”等社会工作机构，在医疗卫生、社会矫正、社区建设、外来务工人员服务等方面推进购买公共服务。2010 年，北京市通过社会建设专项资金购买了 300 余项社会组织公益服务项目。

一些中央部门在具体公共服务领域也做出了政府购买方式的尝试。2005 年，国务院扶贫办和江西省扶贫办提供 1100 万元财政扶贫资金，启动了“非政府组织与政府合作实施村级扶贫规划试点项目”，通过招标程序购买公共服务。2006 年，国家发展改革委、财政部、卫生部联合下发了《关于城市社区卫生服务补助政策的意见》，指导建立政府购买城市社区公共卫生服务的试点。与西方国家不同的是，中国政府购买服务的实践探索源于服务型政府理念下对福利社会化的积极探索及提高服务供给效率的预期，以城市居民为主要服务对象，购买内容不仅包括扶贫、助残等救济性社会服务，还涉及了养老、教育、公共卫生等民生类的诸多公共服务项目。但是，由于制度化程度的低下，普遍存在着政府监管责任缺失、社会组织规范化程度不高等问题。

2. 推动公共服务购买的制度建构阶段（2010 年至今）

在深化行政体制改革、转变政府职能的要求下，中国政府开始注重通过基本的社会制度安排来实现社会维持的功能。2012 年 7 月，国务院颁布了《国家基本公共服务体系“十二五”规划》（以下简称《国家规划》），对“社会服务”“基本公共服务”“公共服务”做了厘清说明，首次较为系统地勾勒出了中国基本公共服务的各项制度性安排，为公共服务购买的制度建构奠定了基础。2013 年 7 月 31 日，国务院总理李克强主持召开国务院常务会议，研究推进政府向社会力量购买公共服务，进而推进政府职能转变、改善社会治理现状。2013 年 11 月，党的十八届三中全会强调要加快事业单位分类改革，进一步大力推广政府购买服务。由此，中国的政府购买正式进入了由政府高层推动、以转变政府职能和促进社会公平为目标、面向城乡居民的制度建构阶段。然而，并没有体现出超越“公共服务”层面的制度理念及设定社会公共服务指标（见表 0-3）。在《国家规划》中，“社会服务”是指为困难群体提供基本生活上的救助服务，归属于国家“基本公共服务”的范畴内。“基本公共服务”指包括保障基本民生需求的教育、医疗等公共服务项目。“公共服务”除了涵盖“基本公共服务”外，还包括涉及外部环境的公共交通、公用设施、环保，以及公共安全服务，并未提出“社会公共服务”或与之内涵相类似的更先进的其他概念。北京市政府曾在 2011 年的《北京市“十二五”时期社会公共服务发展规划》中将“社会公共服务”界定为社会发展领域中的公共服务，但究其内涵与国家“十二五”规划中的“公共服务”相等同，也没有体现出超越于“公共服务”层面的制度理念。2012年7月，《国家规划》由国务院正式发布，其中重点对“基本公共服务”做了说明，首次较为系统地勾勒出了中国基本公共服务的各项制度性安排，明确基本范围、标准和工作重点，引导公共资源配置，也为公共服务购买的制度建构奠定了基础，是政府履行公共服务职责的重要依据。其中提出国家建立基本社会服务制度，是为城乡居民尤其是困难群体的基本生活提供物质帮助，保障老年人、残疾人、孤儿等特殊群体有尊严地生活和平等参与社会发展。以及逐步建立城乡一体化的基本公共服务制度，健全促进区域基本公共服务均等化的体制机制，促进公共服务资源在城乡、区域之间均衡配置，缩小基本公共服务水平差距的目标。①

表 0–3 中国政府购买服务的发展变迁及其特征

	背景与起因	购买内容	服务对象	目标
实践起步阶段（1996~2010年）	服务型政府理念下对福利社会化的积极探索	民生类的公共服务	城市居民	提高效率
制度建构阶段（2011年至今）	由政府高层推动的行政体制改革的组成部分	促进社会公平的公共服务	城乡居民	转变政府职能

西方国家政府购买服务看似是以直接或间接的形式进行了市场化改革，实则是政府公共管理体制改革的重大变迁，从“社会服务”到“公共服务”再到“社会公共服务”，最终实现了政府权威与市场交换的优势互补，从而提高了政府功能的输出能力。政府购买社会公共服务不但扩大了公共服务的内容和服务对象，还创新了政府服务的提供形式，在维护社会公平的基础上实现了现代社会制度所应具有的促进社会发展的完整功能。

通过对政府购买服务的文献梳理和国内外公共管理发展的回顾，我们能够清晰地辨识：西方国家政府购买服务从“社会服务”到“公共服务”，从“公共服务”再到“社会公共服务”的三次形态变迁及其固有特征；中国政府购买

---

① 国务院. 国务院关于印发国家基本公共服务体系“十二五”规划的通知（国发［2012］29号）[Z]. 2012.

服务经历了实践起步和制度建构阶段，而作为一个全新的概念范畴，“社会公共服务”在国内尚未达成共识性认知。为在改革中形成对政府职能的理性定位，应汲取其他国家的经验和教训，确立超越于“公共服务”层面的社会管理理念及社会公共服务指标，这有利于政府购买服务制度的合理建构。

目前，中国正面临着日益增长的社会公共服务需求，但实践中正处于政府购买规模的持续扩张与公共服务制度建构相交织的阶段，并且，仍然没有对“社会服务”“公共服务”及“社会公共服务”达成共识性认知。我们之所以把在西方以社会公共服务为主要内容的政府购买“阅读”为以社会服务或公共服务为主体的政府购买，与中国以社会服务为中心的社会政策理念有着根深蒂固的联系。因此，如何汲取西方国家的经验与教训，梳理政府购买服务的实践逻辑并在改革中逐步形成对政府职能的理性定位，在现有“公共服务”制度层面之上树立具有超前性、系统性、协调性的社会管理理念并确立相应的社会公共服务指标来进行制度建构，促使政府购买服务发挥优化社会利益结构、规范政府行为界限、整合社会关系的功能，是当前中国政府行政体制改革面临的首要问题。

四、研究内容

目前国内外关于政府购买公共服务的研究中，通常以政府购买公共服务的范围、绩效、程序、效果等为研究重点，过于注重“商业化”流程而对公共服务购买中政府行为的公共价值实现情况有所忽视。对政府责任的界定重在考察是否通过市场竞争和契约化途径购买服务，以解决由政府直接提供服务所引起的垄断、低效、财政压力等问题为主要目的。但过去很可能忽略了这样一个事实：政府出于提升公共服务质量之初衷的购买行为，由于所购服务的内容、类型、方式等与社会需求不相符，以及信息不对称引起的对服务提供者难以有效监管等问题，最终仍然导致公共服务质量低下的结果。这说明政府责任的有效实现不仅在于承担建立和维护市场竞争的责任，更应该关注最终的且与回应社会需求密切相关的、提升公众自主权利的责任履行情况。①

基于以上考虑，本书的主要研究内容拟安排如下：

第一，通过综合评述西方国家及中国公共服务购买中政府、社会、市场的差异与共性，从市场竞争程度、公众参与程度两个方面，建构政府责任理论的分析框架，公共服务购买中的政府责任不仅在于履行服务购买的资金投入、规范合同的招标、强化政府的监管等一般责任，公共服务购买中为满足公众需求的政府责任在于维护竞争性的市场和赋予公众完全的参与购买服务的自主权利，以此提升公众满意度和服务质量。

第二，从具有代表性的 B 市和 M 市政府购买实践中选择典型案例，根据政府购买服务过程中市场是竞争性的还是非竞争性的，以及公众意愿的表达是参与性的还是代言性的两个维度，对案例进行模式化分析。理论上存在非竞争代言型、竞争代言型、非竞争参与型、竞争参与型四种责任模式，竞争参与型责任模式是理想的政府购买责任模式。现有的政府购买公共服务实践中存在前三种责任模式，本书分别梳理分析这三种模式的政策背景与政策概况、责任模式的特点、购买服务的过程、责任履行的效果评价，以及存在的问题。

第三，通过对中国政府购买公共服务中政府促进市场竞争的责任和保障公众参与的责任的考察，重点验证这样一个问题：公共服务满意度的提升有赖于公众参与机制的健全和市场竞争的充分，政府以维护公共服务的公共价值为前提对服务提供者进行选择，强化公众的参与权，所购买服务更易于满足社会需求。

第四，以政府责任理论分析框架为基础，探讨在不同的政府购买公共服务责任模式下，政府责任的履行情况与公众满意度的关系，对非竞争代言型责任模式、竞争代言型责任模式，以及非竞争参与型责任模式中的政府责任履行情况和公众满意度进行比较，分析阻碍政府责任实现的现实因素，进而提出我国公共服务购买中政府责任体系建设的思路。②

---

① 彭婧. 公共服务购买中的政府责任研究——一个分析框架［J］. 甘肃行政学院学报，2017（3）.

② 彭婧. 政府购买社会组织服务的责任模式研究——以北京市为例［J］. 中国非营利评论，2018（1）.

五、研究思路与研究方法

（一）研究思路

本书研究重心在于公共购买服务中的政府责任问题，探讨在政府购买服务领域普遍存在政府所购服务与公众需求不符，导致政府所购买的服务屡屡成为公众“不称心的礼物”这一现象背后的政府责任问题。为了提高公众公共服务的满意度，政府在公共服务购买中究竟应该承担哪些责任？这一问题构成本书的研究起点。基于一般政府责任理论应用于公共服务购买领域的局限性，笔者通过对相关理论和已有研究的分析，建构了公共服务购买中的政府责任理论分析框架。在该框架中，政府应承担促进市场竞争的责任和保障公众参与的责任，这两种责任共同构成公共服务购买中政府为提高公众满意度的应尽之责。政府履行促进市场竞争责任的作用在于提高效率、降低成本。政府履行保障公众参与责任的作用在于强化监督、完善决策。政府在这两方面的责任落实情况将直接决定公众所获得的公共服务质量及公众满意度。通过对这两种责任履行高低程度的不同组合，构成了政府购买公共服务中的四种责任模式。通过对四个典型个案的分析来描述现有的三种政府责任模式，阐明政府责任履行情况与公众满意度之间的关系，进而从政府角度、社会组织角度，以及公众角度分析公共服务购买中政府责任履行的障碍。在以上研究的基础上，从价值取向、决策机制、一般原则、基本理念四个方面提出中国政府责任体系建设的思路。本书的逻辑框架简化如图 0–5 所示。

（二）研究方法

上文已阐述了公共服务购买中政府责任的研究内容，此处就本书的研究方法的选择进行介绍。一般来说，社会研究方法是一个有着不同层次和方面、包含众多内容的综合体系。在这个研究体系中，各个部分之间相互紧密联系。一般来说，社会研究方法可以分为三个层次，这三个层次由宏观逐渐走向微观：

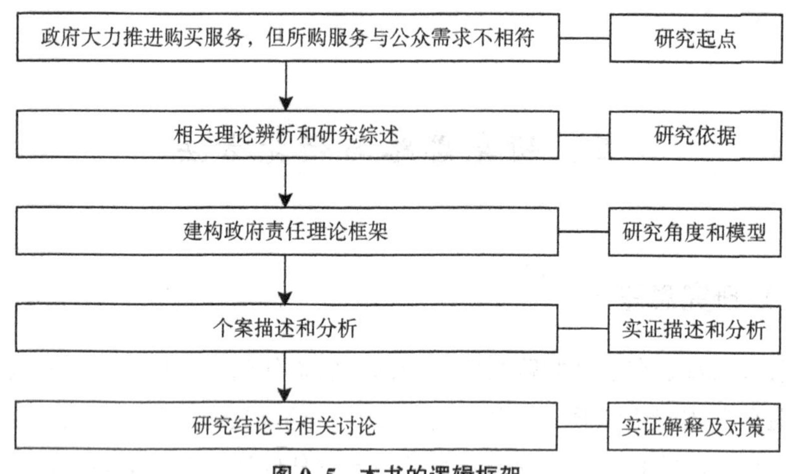

图 0–5　本书的逻辑框架

方法论、研究方式、具体方法与技术，本书的研究方法是在这三个层次的基础上，结合研究问题的特殊性而设计的。[①]

方法论决定整个研究过程。规范的公共管理学研究方法应在对相关学科的方法论进行有机整合的基础上，根据研究问题的特点探讨研究的逻辑、程序、规则、原则等问题。在方法论上，本书试图在主张通过揭示整体的本质属性来解释各个具体的事物的整体论和主张在基础层次上采用分解的方法对事物作出解释的个体论之间寻求平衡，避免因研究方法单一化，无法回应公共管理实践的多样性。但是，因为整体论并没有提供一套研究有机整体的操作方法，本书视整体与个体是相互补充的分析单位，方法上更倾向于个体论，同时注意避免忽视制度、结构和文化等宏观因素对个体的影响。由此，本书采用中微观相结合的角度，运用个体和结构相结合起来的方法分析研究的问题：公共服务购买中政府责任理论的建构及其因素、特征和结果。由于公共管理学不同于一般的管理科学，不以追求效率为首要价值取向，公共管理学者应有自己的特殊角色和价值判断，尤其应成为民主价值与公共利益的保卫者和提倡者。因此，研究中应关注民主、责任、回应、法治和公平等事关价值观与伦理观的内容。结合研究的问题，基于量化研究基础上的效率理性和技术理性不应是公共管理学研究理性的主要定位，责任性同样必不可少，在研究方法与研究事实的选取中充

① 吕纳. 公共服务购买中的政府与社会组织互动关系研究［D］. 上海大学博士学位论文，2013.

分重视“价值”的作用，基于政府与公众相互关系的良性互动来考察政府行为的有效性，必须以公众满意为导向。这一方法论在研究综述、理论框架的建构以及案例分析中都得以体现。特别是在公共服务购买中的政府责任理论框架的建构上，对政府责任的界定是重点，这是公共管理方法论的体现。

研究方式是研究所采取的具体形式，涉及研究的操作程序和方式，是在方法论的指导之下，研究方式包括研究法与研究设计类型。① 本书在研究方式上采用实地研究，是在调查对象所在处直接收集资料而进行的研究。② 由于研究者的局限性，选择典型的个案进行深入研究是比较适合的。本书主要关注的是政府责任和公众满意度两个变量，通过政府对竞争性市场的促进程度和公众参与程度的保障程度两个指标来衡量政府责任，由此产生四种模型，通过典型性案例的分析和比较，能够使研究更具有可信力和解释力。本书具体选择的是 B 市和 M 市政府购买社会服务的四个案例，考察其中政府责任的履行状况及制约因素。案例的选择主要基于以下考量：首先是普遍性和创新性原因。目前，中国各级政府逐渐注重政府职能转变和提高公共服务满意度的问题，从中央到地方都在普遍提倡和实践政府购买公共服务，在这些创新实践当中，B 市和 M 市具有一定的代表性。其次是代表性和个案拓展原因。按照社会研究方法的基本原理，共性都存在于个性之中，特殊性又包含着普遍性。社会研究的结论可以从一个或几个个案的研究中得到的结果进行概括，但对概括的方式、结论、程度等问题需要审慎、严谨。最后是研究者个人原因。案例的选择符合研究者的学术兴趣和研究专长，另外，经工作关系介绍认识了相关领域的负责人，便于资料的收集、深入的访谈及调查问卷的进行，具有研究上的优势条件。

在具体的方法与技术上，本书使用了多种具体的资料收集方法，包括：①访谈法，对象分别包括 B 市和 M 市负责政府购买公共服务的政府官员，一部分社会组织负责人和服务对象，访谈主要通过笔者与受访者面对面交流的方式进行的。同时，以电话和网络等新兴联络方式进行访问为补充。②参与观察法，参与观察其中的项目实施过程，主要是参加 B 市和 M 市民政局的招投标会议。

---

① 曹堂哲. 公共管理研究方法的回顾与前瞻——以问题类型学为基础的新体系［J］. 北京行政学院学报，2013（5）.

② 参考袁方的分类，认为研究方式主要划分为四种类型，即统计调查研究、实地研究、实验研究和间接研究。

参与观察的目的在于获取来自政府购买服务实践的第一手资料，对政府购买服务招投标过程的认识、理解、参与等。③问卷调查法，向政府购买服务的服务对象发放了问卷，包括政府购买万名社工培训服务的社会工作者和政府购买养老助残卡项目中的老年人，并进行问卷的回收、统计分析等工作。④文献法，在 Google 学术、EBSCO、JSTOR、ScienceDirect、Emerald、CNKI 等国内外数据库下载相近研究领域的学术论文作为参考，还有所有与研究主题相关的新闻报道、公开发行的报纸、政府购买的招投标制度和相关信息，以及政府对购买项目的考核与评价等文献资料。对以上资料进行分析的方法包括：比较分析方法，就是所举事例形成正反对照，然后加以分析，论证观点的方法；归纳分析法，对多个具有代表性的论据进行比较分析，并将它们的共性进行归纳总结。

另外，为了考察公共服务购买中不同的政府责任模式下政府责任的履行程度和公众满意度间的关系，笔者对民政部、B 市和 M 市民政局、B 市社会办、老龄委等购买服务的政府部门的 12 名政府工作人员，以及涉及购买服务的 8 名非营利组织负责人和 52 位服务对象进行了深度访谈。访谈形式为上门拜访和电话访谈，每人访谈时间为 30~60 分钟。

需要说明的是，由于本书研究的重心在于政府购买公共服务中的政府责任，政府责任本身的特殊性难以用量化的方式进行，定量分析对政府责任的研究容易偏颇，因此本书采用非结构化访谈方式，对于访谈提纲中的问题不设定答案和提示。[①]

主要围绕以下问题进行交流[②]：

（1）您是否熟悉政府购买公共服务的相关政策？

（2）您对政府购买公共服务的期望表现在哪些方面？

（3）您认为政府购买公共服务的质量如何？

（4）您认为政府购买公共服务的效果主要体现在哪些方面？

（5）对于目前政府购买公共服务的供给情况，您是否有“抱怨”感？若有，表现是什么？

---

① 彭婧. 从市场价值优先到公共价值优先——政府购买责任研究的进展、不足与展望［J］. 财政研究，2018（1）.

② 孙建军. 我国基本公共服务均等化供给政策研究［D］. 浙江大学博士学位论文，2011.

(6) 您对于政府购买公共服务的信任度表现在哪里?

在问卷调查中，特定社会群体对政府购买公共服务满意度的调查问卷样本随机抽取，共计发放问卷 207 份，回收 198 份，有效率 97%，实地了解并掌握公共服务受益群体的满意度情况和所取得的社会效应。[①]

① 彭婧. 中国公共服务购买中的政府责任研究——以 B 市为例 [D]. 北京师范大学博士学位论文, 2016.

第一章　理论工具与分析框架

本章首先回顾了与本书高度相关的既有理论，论证了政府促进市场竞争程度和保障公众参与程度对于公共服务购买中政府责任的重要意义。结合既有理论和研究重点，本章提出了四个核心概念，分别为政府责任、政府购买公共服务、公众参与、竞争性市场。为了修正一般政府责任理论应用于公共服务购买领域的缺陷，建构了适用于公共服务购买领域的政府责任理论分析框架，由此形成政府购买公共服务的四种责任模式。

一、相关理论考察

（一）公共选择理论

研究公共服务购买中的政府责任问题必须在公共管理理论的视野中寻找已有理论的支持。与公共服务购买中政府责任相关的理论包括公共选择理论、新公共管理理论、新公共服务理论、委托—代理理论、责任政府理论，以及福利多元主义、治理理论、公共物品供给理论、政府职能理论、第三条道路、民营化、第三部门、公私伙伴关系等相关理论均对本书政府责任理论的建构有所启发。事实上，这些理论在层次和内容方面既有联系或交叉，也有分歧与对立，彼此的学术或学科界限并不总是十分的清晰，但这并不妨碍人们的理解。[①] 以下就以公共选择理论、新公共管理理论、新公共服务理论、委托—代理理论为

① 张汝立等. 外国政府购买社会公共服务研究［M］. 北京：社会科学文献出版社，2014.

重点，本书主要运用这几种理论作为解释和分析研究问题的基本理论支撑，并析出本书的核心概念，以此建构综合性的理论分析框架，以实现本书研究的目的。

1. 公共选择理论的内涵

公共选择理论（Public Choice Theory）又被称为“政治的经济学”，产生于20世纪60年代，是西方学者在围绕着“市场失灵与政府干预的论述”及“社会福利函数的性质”两个方面的争论的情况下，公共选择理论应运而生，也是经济学和政治学结合的产物。所谓“公共选择”，实际上是非市场的集体选择，或者“政治市场”的集体选择。用公共选择理论之父布坎南的话来说：“公共选择是政治上的观点，它从经济学家的工具和方法大量应用于集体或非市场决策而产生”，是指人们通过民主的政治过程决定公共物品，即把私人选择转化为集体选择的一种过程，也是一种观察政治制度的不同方法，这种过程或机制表现的是关于资源配置的非市场决策。它的研究主题涉及国家理论、投票规则、投票者行为、政党政治、官僚机构等。

在方法论上，公共选择理论有其独有的特点：

首先，公共选择理论对人的行为的分析采用的是“经济人”范式。公共选择理论将经济学基本的假设“每个人都追求自身利益”运用到政治活动中，分析政治领域中人的行为特征，得出了与以往研究不同的结论。“经济人”是社会中所有个体行为特征的统计描述，在行为方式上是一个理性的、具有创造性的、惯于计算并能获取最大利益的人。公共选择学派认为，与经济行为一样，人并不具有天然的对利益“免疫”的能力，人的政治活动也同样受到自利动机的支配，人们参与政治的动机不是为了他人或信仰，参与政治的真正目的是追求自身的利益。

其次，公共选择理论的方法论更为强调个人主义。个人主义的分析方法与直接对集体行为的分析不同，更加注重分析个体的动机和选择模式对所研究对象整体行为的影响。并认为人类的政治行为或经济行为，产生这种行为的原因都应该从人类个体的角度去探寻，集体行为是由个体行为相加构成的结果。公共选择理论强调的正是用这种个人主义的分析方法来研究政治决策过程，布坎南强调无论总体结果的过程与结构有多么复杂，个人都是最终的决策者。

最后，政治的交易过程性质。公共选择理论认为经济学就是一门交易科学，“交易”一词被作为一个中性的表述，公共选择理论即是选择从“交易”的角度来研究分析集体选择问题，提出了政治市场上的基本活动也是个人和集团之间的一种交易过程，这种交易也是出于自利动机而进行的。人们在政治活动中出于自利动机而进行的交易与市场中的交易具有相似性，体现出人们在政治活动中解决分歧、形成约定、订立规则，都是出于自发和自愿，不同点只在于约束个人行为的外在环境不同，经济活动中约束人们的是市场，政治活动中约束人们的是政治。[①]

2. 运用公共选择理论阐释政府作为公共服务购买中的责任主体的依据

公共选择理论的政府治理观与一般的政府管理理论所不同的是，它对政治生活中的现实问题尤为关注，它试图探寻“政府失灵”的根源所在，并尝试解决政府干预不足的问题。公共选择学者通过对公共产品和外部性的分析得出政府存在的理由，认为政府之所以存在，一方面是因为它在提供公共产品方面具有规模优势，是私人所不能、不愿和不宜提供的；另一方面是由于公共产品投资回报期相对较长、收益率相对较低、经营风险较高等特点，如教育、养老等公共服务，私人一般不愿介入。因此，作为公共利益的代表，政府必须成为向社会提供公共服务的责任主体。同时，公共选择理论也认为以往公共服务当且仅由政府提供的观点是不成立的，也是荒谬的。政府直接提供公共服务的模式由于不具有市场的激励、认可及相应的责任结构而导致效率低下，应重新发现和充分利用市场价值，并且主张消费者选择优于官僚命令，即社会公众的偏好应优先于政府选择，政府应通过公平竞争来发挥服务提供者的积极性，提高公共服务质量、缩减不必要的财政支出，社会公众在公共服务的享用上能够有更多的选择。[②]

借鉴公共选择理论对研究的问题进行分析，满足了这样几个条件：首先，满足“经济人”假设。公共选择理论重点探讨了政府失灵问题，并深刻阐述了政府失灵的原因及对策。政府机构由作为个体的人组成，政府决策也是由人进行。因此，公共行政管理领域中的公务人员作为政策的执行者被视为理性的经济人，官僚机构则成为公共服务的生产者也被纳入该理论的供给模型中。公共

① [美] 詹姆斯·M. 布坎南. 自由、市场和国家 [M]. 北京：北京经济学院出版社，1998.
② 曾鹏. 法治视阈中的公共事业民营化及政府责任 [J]. 贵州社会科学，2012 (5).

服务购买将政府权威和市场交换两种功能优势结合起来，并且，主张消费者选择优于官僚命令，公私竞争有利于提高服务质量。其次，政府购买公共服务的内容属性决定了公共选择理论的适用性。一般来说，政府购买涉及教育、医疗卫生、养老、社区服务、市政服务等领域，均属于公共产品的范畴，这已成为一个不争的事实。政府购买公共服务作为公共服务市场化的主要形式，改变了原本政府提供公共服务的单一垄断模式，注入了公共服务的市场竞争要素，有利于提升公共服务质量。最后，公共服务购买中的政府责任问题是一个政治决策（集体选择）的过程，政府购买公共服务涉及一系列政策及制度的制定、执行，这些都需要政府官员进行政治决策和集体选择。在本书中，公共选择的理论和方法对于建构公共服务购买中政府责任理论框架的主要贡献在于其“供应者俘获”理论——对于如何避免“规制者”被供应者俘获，即政府如何避免被服务提供者“俘获”，以及如何规范政府行为、提高政府的效率，对于政府责任理论框架的建构具有一定的启发性意义。

（二）新公共管理理论

在现代公共行政历史上，新公共管理运动的出现是具有里程碑意义的。20世纪70年代以前，在传统的官僚制模式下，西方国家政府的官僚系统表现出了太多的消极、保守与太多的“官样文章”，治理危机、财政危机、管理危机和信任危机是这个时期西方国家较为普遍的社会图景。在这种背景下，政治活动家、各类新闻媒体、各种社会团体和社会公众要求政府进行变革的呼声日益高涨，为回应社会需求，新公共管理运动作为政府变革运动应运而生，成为西方国家政府改革的主流趋势。新公共管理运动的市场化改革取向为政府购买服务的发展奠定了基础。

1. 新公共管理理论的基本内容及主要特征

在关于什么是新公共管理的内涵这个问题上，国内外学术界“众口”难成“一词”，从来就没有一种固定的说法。从文献资料上来看，新公共管理一词最早是由胡德总结出来的，他比较了西方国家20世纪80年代的行政改革历程，提出了重视私营部门的管理方式、明确的绩效标准、公共政策领域的专业化管理、促使公共部门更具有竞争性、重视产出等七个特点。[①] 但这七个特点并没有成为介绍新公共管理内涵的代表性表述，而是由戴维·奥斯本和特德·盖布勒概括的十个原则，成为了诠释新公共管理理论的代表性表述，提出：政府应该是起催化作用的政府，应注重掌舵而不是专注划桨；政府应该是有使命感的政府，政府应改变僵化的办事流程；政府应该是社区拥有的政府，应注重向社会授权而不是由自己亲自提供服务；政府应该是关注效果的政府，政府的公共支出应按效果而不是按投入；政府应该是竞争性的政府，应注重把竞争要素植入公共服务的提供中去；政府应该是受顾客驱使的政府，政府应该以满足顾客的需求为主要目标；政府应该是分权的政府，政府不应专注集权，而应该注重与其他部门的参与与合作；政府应该是有事业心的政府，政府应该采取外包等多样化的方式供给服务，不应该铺张浪费；政府应该是有预见的政府，对于不利事务的发生应该注重事先预防而不是事后“治疗”；政府应该是以市场为导向的政府，政府应注重利用市场的力量进行变革。[②]

此外，波利特认为，新公共管理的构成基于泰勒的科学管理原理而来，强调企业管理的理论、方法在公共管理中的应用。[③] 实践中，不同国家受到新公共管理理论启发而进行的公共管理上的改革特点各异，可以说，新公共管理理论就是这一类思想的共同组合。

由此，新公共管理理论的特征可以概括为：第一，从价值取向看，新公共管理理论认为公共部门的管理与私营企业的管理在一定程度上是相同的，私营企业以经济、效率与效能为主要价值取向，这种适用于私营企业的管理主义思想同样适用于政府部门，政府应由注重工作过程和投入转向注重结果和产出。第二，从理论基础看，新公共管理理论不主张政府对市场进行干预，强调市场竞争和非单一化的选择。为了提高效率，注重利用企业管理的思想来改造公共部门的运行机制。第三，从实践层面看，新公共管理理论为各国政府的治道变革提供了新的借鉴。新公共管理运动重塑了政府与社会的关系，以效率为中心

① Christopher Hood. A public management for all reasons ［J］. Public Administration, 1991, 69 (1): 3-19.

② ［美］戴维·奥斯本，特德·盖布勒. 改革政府：企业精神如何改革着公营部门 ［M］. 上海：上海译文出版社，2006.

③ Pollitt. Managerialism and the public services: The anglo-American Experience ［M］. Oxford: Basil Blackwell, 1990.

明确定位了政府角色，明晰了政府职能。提倡政府以制定公共政策为重，将其管理职能与政策制定的职能进行分离，在公共服务的提供上实施多元化和竞争化改革。[①] 但是，新公共管理对公平、正义及民主等公共管理者应注重的价值观念的忽视是备受质疑的。

2. 新公共管理理论视阈下的政府购买公共服务

与传统行政模式不同，新公共管理理论强调公共部门的竞争机制和责任本位，主张政府公共服务社会化，通过公开竞争招标、投标的方式将公共服务外包出去，这使得公共部门视公众为顾客、以效率为中心忽视公平等问题备受质疑。但是，政府从注重投入和行政程序转变为注重结果和绩效，在这个转变过程中更为关注服务效率和政府责任。因此，基于新公共管理理论指导和实践应用背景下的政府购买公共服务形成了以下几个特点：①新公共管理理论视阈下的政府购买公共服务，与传统的政府直接向社会公众提供公共服务模式相比，注重结果而非过程，充分体现了政府向社会放权和公共服务市场化的改革取向，逐步建立起了一种不同于以往的新公共责任机制：政府不但向社会放权，还要对结果负责。政府不但要强化公务员的自主性，还要促使他们对顾客，即社会公众负责。②新公共管理理论强调以市场和顾客为导向，重视顾客的体验和感受，这就促成了政府购买公共服务以满足顾客需求为主要目标，政府购买公共服务中责任机制的建立必须以社会公众的需要为导向。③由于新公共管理理论主张政府分权，由能够提供公共服务的服务提供者构成的多元化格局逐步形成，从等级制逐步到参与和协作，分权的机构不仅产生更高的士气，还有更强的责任感和生产率。

因此，新公共管理理论的出现使政府责任发生了变化，市场机制被引入公共部门中，公众被视为由个体组成的市场，政府不直接对公共利益负责，而是对“顾客”负责，企业的先进管理理念与方法运用于公共部门管理当中，因此，公共部门的责任在于满足社会公众对公共服务的需求。政府购买公共服务也由此成为解决问题的方案，以提升行政效率、行政效能和公共服务质量。虽然忽视了诸如公平、正义、民主等公共部门与私人部门之间价值取向上的根本

---

① 王春婷. 政府购买公共服务绩效及其影响因素的实证研究——基于深圳市与南京市的调查分析[D]. 华中师范大学博士学位论文，2012.

性差异，但新公共管理理论迎合了特定时期发展的需求，竞争机制、参与和协作、结果控制等满足了政府管理的诉求。

（三）新公共服务理论

1. 新公共服务理论的内涵

以美国著名公共行政学家罗伯特·登哈特为代表的公共行政学者在对奉行效率至上的新公共管理理论进行批判和反思的基础上，提出了新公共服务理论。登哈特在其代表作《新公共服务：服务，而不是掌舵》中提出，新公共服务提倡建立以公众为中心的公共行政治理体系，政府的职能是向社会公众提供公共服务，政府应促进公众参与以解决社区中存在的问题；政府的服务对象不应是顾客，而是社会公众。公共利益应基于共同的价值理念形成，而不是个人利益的简单集合；行动上具有民主性和思想上具有战略性，激发公众责任感为公众更广泛参与创造条件；公共利益是目标而非副产品；重视人而不只是效率或生产率；强调公务员树立公共服务精神以及承担责任的多样性。[①]

新公共服务理论指出，新公共管理理论倾向于将责任问题过于简单化，责任仍然是依靠客观测量与外在控制，这种责任模式并未反映出当今公共服务的需求和现实。政府的职能在于提供服务，而不是掌舵。政府公务员应以管理者和服务者的角色自居，他们必须有强烈的公共责任感和服务意识。政府的主要任务是维护公共利益和提供公共服务，政府的职责是掌舵而不是划桨，这是与新公共管理理论最基本的分野。新公共服务理论认为，政府可以让专业管理者实现职业化的管理，通过签订合同的方式将公共服务外包给非政府组织，以实现更好的服务。新公共服务理论强调公务员必须维护公共利益，公民权利和公共服务比企业家精神更重要。在政策的制定上，公众参与应对政策的制定起到重要作用，公务员应持续性地致力于与民选代表和公众共同发现和明确地表达公共利益。新公共服务理论是在对新公共管理理论批判的基础上得来的，新公共服务理论重视公民权利、政府责任、公共利益，导引着未来公共管理理论和

① 彭婧. 中国公共服务购买中的政府责任研究——以 B 市为例［D］. 北京师范大学博士学位论文，2016.

实践的发展方向。[①]

2. 新公共服务理论的政府责任观

与新公共管理理论追求效率所不同，新公共服务理论重视公民权、民主价值和公共利益。新公共服务理论的政府责任观在于以下几个方面：①公众权和公共利益是政府责任的核心，政府行政官员所扮演的是公共利益的引导者、服务者和使者的角色。对公众权的重视实质上是鼓励公众更多地参与公共政策的制定与实施。政府与公众的关系有别于企业与顾客的关系，行政官员不再视公众为顾客，而是参与者与合作者，应积极帮助公众通过对话明确表达公共利益诉求。②政府治理应通过公众参与和协商对话为基础来解决问题和制定政策。行政官员的权威来自公众，这意味着他们应该通过授权并且强化公众在民主治理中的作用来与公众互动，并且通过这种参与对话也让公众了解到公共治理中存在的冲突与矛盾，重建公众的责任心与权利，以及政府责任。③新公共服务理论中的政府责任被广泛地界定为包含了一系列诸如法律责任、民主责任、政治责任和专业责任。政府要确立“服务，而不是掌舵”的政府治理观，必须遵循、奉行公共价值至上的基本理念，政府应该将自己的角色定位为各方平等对话机会的创造者及民主、公平参与的促进者。

在构建公共服务购买中的政府责任理论分析框架时，研究者应以作为服务对象的社会公众为出发点，以公众参与、公众满意度作为衡量政府购买公共服务质量的重要指标。因此，新公共服务理论是在对新公共管理“以追求效率为最高目标”这一价值理念的反思，但却并没有极端化的摒弃效率、民主等价值，是对新公共管理理论政府责任观的超越。吸取了新公共服务理论的公众本位的价值理念，关注公共服务的公平与公正。[②]

（四）委托—代理理论

1. 委托—代理理论的主要观点

委托—代理理论（Principal-agent Theory）也是适用于公共部门的一种经济

---

① ［美］罗伯特·B.登哈特，珍妮特·V. 登哈特. 新公共服务：服务，而不是掌舵［M］. 北京：中国人民大学出版社，2010.

② 王春婷. 政府购买公共服务绩效及其影响因素的实证研究——基于深圳市与南京市的调查分析［D］. 华中师范大学博士学位论文，2012.

理论，最初是针对私营部门中的问题发展起来的，随后被广泛运用于公共部门，促使代理人为委托人的利益付出行动。委托—代理理论认为，当交易双方就交易内容达成一项约定后双方的角色就发生了新的变化，邀约人与受约人便以该约定为基础结成了特定的委托—代理关系，即形成了契约的委托人与代理人之间的关系。在这一关系得以建立后，代理人由此开始承担在合约约定条件下为委托人服务的契约责任。委托—代理关系存在于人类活动的各种领域内，它呈现出了一种存在于信息不对称条件下的契约关系，这种契约关系对于公共服务购买中的政府责任问题的研究具有启发意义。

在公共领域中，政府向社会公众提供公共服务的过程就体现了委托—代理关系。根据代议制民主理论，公共事务虽然关乎每个个体，但让全体公众亲自参与公共事务的管理是不现实的，解决的方案是由公众授权而建立代替公众行使权力、管理公共事务的特殊组织——政府，公众和政府之间的关系是政治领域内的委托—代理关系。公众委托政府实现个体难以实现的公共利益。因此，政府的权力来自于人民的委托，公众与政府之间由此形成了一种“契约”关系，这种社会契约关系在现实中是通过委托—代理关系来实现和展示的。政府有责任保护公众权利、维护社会秩序，以及向社会提供公共服务。只有当政府履行了相应的行政职责，才能体现政府存在的合法性。公众与政府之间的委托—代理关系中也存在交易成本的问题，探讨如何促使代理人为委托人的利益服务就显得尤为重要。委托—代理理论认为可能存在的、不利于代理人利益的机会主义行为有：委托人与代理人之间信息不对称，代理人往往采取“逆向选择”与“道德风险”[①] 等潜在的对委托人的利益造成损害的机会主义卸责行为，政府体系会表现出明显的自主性。

2. 委托—代理理论的政府责任观

委托—代理理论在公共部门的应用重新界定了公共领域与私人领域的界限，重新界定了政府与公众之间的关系，明确了政府的角色就是社会公众的代理人。政府购买公共服务通过将公共服务签约外包，强化了存在利益冲突的个

---

① 所谓逆向选择是指在委托—代理关系中，劣质候选代理人可能会通过隐藏信息误导委托人，不正当地获取优先缔约权或者缔结有损于委托人利益的契约条款；道德风险是指代理人利用其所具有的信息优势，违背契约规定来追逐自己的非契约利益，导致委托人的利益受损的情况。

人或部门之间的竞争，形成了“政府和公众、政府与服务提供者”两层代理关系，政府购买公共服务的结果体现了政府公共责任的实现程度，政府应强化监管以避免因委托代理的复杂性而导致监管失灵。解决委托—代理关系中可能存在的问题，主要在于设计有效的代理人激励机制，促使代理人以委托人的利益为目标，避免代理人利用漏洞规避责任，或低效率地履行责任，确保其行为符合委托人的利益，最终达到“激励兼容”。

委托—代理理论中关于信息不对称的研究对预防公共服务购买中“政府制定政策和服务提供者行为中的信息不对称现象”的发生有一定的作用。政府的角色应该定位于降低市场失灵发生的概率，以及向社会公众提供部分市场不能提供的特殊的公共服务，市场则向整个社会供给大部分的公共服务，最终形成多元化、责任化的公共服务供给体系。在政府与公众、政府与服务提供者的双重复杂代理关系中，这两个代理环节中均容易出现道德风险和逆向选择问题。首先，公众赋予政府的代理权是一种非竞争性的公共权力授予行为，政府极易发展成为自主自利的代理人，政府可能通过提供不真实的信息来追求自身利益的最大化，由于信息的不对称，加大了公众对政府进行监督和约束的难度；其次，服务提供者面对政府和服务对象，倾向于迎合能够对自己进行强有力约束的政府，而将处于劣势地位的公众及其真实需求予以搁置，公众的正当权利再度被虚化。

因此，在公共服务购买中，在存在多向度冲突的责任之间，政府应将公众置于中心地位，通过保障公众参与、信息公开等方式提升公众的自主权利，以回应和实现公众的正当需求，只有当公众的意愿成为政府的意愿时，服务提供者的行为才会将公众需求置于“高位”，避免出现偏离甚至背弃委托人利益的风险。同时，也让政府购买的服务对象充分了解政府购买的目标、程序及内容，降低信息不对称出现的概率，防止服务提供者对政府的“俘获”及对服务对象的虚假性“代言”行为，激励政府和服务提供者产生主动和负责任的行为，促使公共服务的供给与社会需求相符，提升公共服务购买的质量。[①]

---

① 何文盛. 政府绩效评估中的责任问题研究［D］. 兰州大学博士学位论文，2010.

（五）治理与善治理论

1. 治理理论的主要观点

治理理论是20世纪八九十年代以来出现的新型公共管理理论。如果说新公共管理理论将重心放在将市场机制引入公共部门，那么治理理论则是对现实问题的处理涉及政治、经济、社会、文化等诸多领域，并逐步成为引领公共管理未来发展的潮流，它的兴起进一步拓展了政府改革的视角。治理理论针对政府长期垄断公共管理的弊端，提出公共管理的主体不但包括中央政府、地方政府和其他公共权威，也应涉及准公共行动者、志愿部门、社区组织甚至私营部门。[①]

与“统治”的理念相异，“治理”理念强调管理过程中的上下互动性，主要通过合作、协商、伙伴关系，而非强制、对立或隶属关系，共同制定目标或方式管理公共事务。[②]在统治的理念下，政府的公共权力运行方向是自上而下的，政府通过政治权威，通过下达指令，以及制定和实施公共政策，对社会公共事务实行单一向度的管理，“统治”的主体限于公共部门。与传统的政府管理相区别，治理的主体更加多元化，除了公共机构以外，私人部门也可以参与其中，还可以是公共机构和私人机构的合作。治理理论按企业模式重塑政府，以“更小的政府”（或者更小的划桨）得到“更多的治理”（或者更多的掌舵）。另外，治理更强调政府管理的成本，把效率的提升放在降低行政成本投入的双重考量之中。[③]可见，治理理论是一种与新的软权力配合使用的一种“新政治鸡尾酒”，它并不是易于适应于存在任何地方的，这包括：日益采用协商方式的国家、偏爱显露公众属性的企业，以及新型地区的经济共同体。[④]

2.“善治”中的政府责任观

治理理论可以发挥其多元化优势，弥补政府和市场在调控和协调过程中的不足之处，但也存在着许多局限性。政府不再是公共管理的唯一权力与责任中

---

① ［英］格里·斯托克. 作为理论的治理：五个论点［J］. 国际社会科学（中文版），1999（1）.

② 刘伟明. 就业支持体系中的政府职能定位——以下岗失业小额担保贷款为例［D］. 北京师范大学博士学位论文，2014.

③ 曾鹏. 法治视阈中的公共事业民营化及政府责任［J］. 贵州社会科学，2012（5）.

④ ［法］让-皮埃尔·戈丹. 何谓治理［M］. 北京：社会科学文献出版社，2010.

心，多元主体间存在相互依赖关系，政府虽仍然是最重要的行为主体，如果要更好地实现对公共事务的管理，就必须在与其他主体的互动过程中建立起合作伙伴关系。[①] 有学者将治理理论的内在困境概括为四种：一是合作与竞争的矛盾；二是开放与封闭的矛盾；三是原则性与灵活性的矛盾；四是责任与效率的矛盾。针对如何克服治理的失效，不少学者和国际组织提出了“善治”的概念。“善治”更加强调协作，它注重政府与公众共同合作对公共生活加以管理以促使公共利益最大化。它强调政府应促进公众参与，实现管理的民主化。

“善治”中的政府责任观更加强调政府应不断增加公共行为的可视性，即让公共政策更容易被所有公众接触到，以及通过技术和财政评估保证的可计量性和在政策实施过程中对管理能力的切实动员，财政责任和民主责任均被加以强调。[②] 这种强调民主化、公众参与的理念对政府购买公共服务中的政府责任的界定有一定的启发意义，虽然多元主体共同提供公共产品和服务不仅意味着中央政府将权力下放给地方政府，更意味着政府权力下放到社区，实现自治，但多元主体下的政府责任问题更加复杂化，如何在维护多元主体参与和明确政府责任主体之间寻求平衡，成为政府购买公共服务中的政府责任的主要挑战之一。[③]

总的来说，上述理论尽管层次不同，并且在西方国家呈现出了超越意识形态之争的发展趋势，但均对公共服务购买中政府责任理论核心概念的析出，以及责任框架的建构提供了指引。公共选择理论对政治市场的经济学分析令世人耳目一新，其对于政府失灵以及市场竞争优势的强调成为新公共管理理论的基础。新公共管理理论一朝“粉墨登场”即成为西方各国改革实践的“革命性”理论，继而在全世界掀起了政府市场化改革的浪潮，政府购买公共服务作为各国公共服务市场化的主要形式，验证了市场机制的引入对于提升公共部门效率的重大意义。然而，一度占据优势地位的以公共选择理论和新公共管理理论为代表的“市场派”，在面对公共利益缺失、公众权利丧失的局面时备受诟病。新公共服务理论批评了新公共管理理论过分强调经济效率和市场竞争的优势，

---

① ［英］托尼·麦克格鲁. 走向真正的全球治理［J］. 马克思主义与现实，2002（1）.

② ［法］让-皮埃尔·戈丹. 何谓治理［M］. 北京：社会科学文献出版社，2010.

③ 彭婧. 中国公共服务购买中的政府责任研究——以 B 市为例［D］. 北京师范大学博士学位论文，2016.

把公众当作顾客忽略了对公众真实需求的回应，强调公众本位、公众参与和政府责任，以及治理理论对公私合作伙伴关系的重要性，均为未来政府治理和公共管理理论的发展提供了指引。①

二、核心概念的界定

通过对经典理论的考察，我们可以析出政府购买公共服务中的政府责任研究的四个核心概念来支撑政府责任理论框架："政府购买公共服务""政府责任""公民参与""市场竞争"。同时，为了避免在政府责任理论框架的建构中产生与以往方法或理论上的混淆，在准确界定以上四个核心概念的同时，还需厘清相关概念与核心概念的共性与差异。

（一）政府购买公共服务

1. 含义与特征

公共服务是政府为维护社会秩序和公共利益，使用公共资源向公众提供的服务或产品。从公共服务的范围来说，公共服务可以划分为三种类型：② 第一类，政权性公共服务，是由国家强制提供的，以维护社会秩序和保证国家的正常运转和安全稳定，如立法司法、行政、国防等。由于政权性公共服务的特殊性，只能由国家政权机构来提供，一般不能成为政府购买的内容。第二类，经营性公共服务，是具有私人需求性质的服务。主要包括电力、交通、邮政、煤气、自来水、通信等，这类服务可以直接以收费来抵消成本，规模经济效应明显也伴随着较高的进入壁垒，具有垄断性质。第三类，社会性公共服务，是直接关系到人的发展需要的公共服务，如教育、医疗、就业、社会保障、文化体育、科技发展等公共服务。③ 本书中所研究的政府购买公共服务的类型主要是

① 句华. 美国地方政府公共服务合同外包的发展趋势及其启示［J］. 中国行政管理，2008（7）.

② 孙晓莉. 中外公共服务体制比较［M］. 北京：国家行政学院出版社，2007.

③ 郑慧. 加拿大公共服务改革研究：公共服务供给机制的重构［M］. 北京：社会科学文献出版社，2011.

指社会性公共服务。

政府购买公共服务（Government Purchases Public Service），也称公共服务购买，是 20 世纪 70 年代西方福利制度改革的产物，西方福利国家的普遍危机及新公共管理运动导致了欧洲各国以公共服务市场化为核心的政府改革运动，政府购买公共服务开始成为占据主导地位的公共服务供给方式。[①] 经济合作与发展组织明确指出，公共服务购买是由政府向非营利组织或企业购买公共产品和公共服务，政府机构不再直接提供公共产品和公共服务，政府购买是一种模仿市场的努力，其基本原理是在公共服务供应商之间促进竞争。

在美国，政府购买公共服务被称为购买服务合同（Purchasing of Service Contracting，POSC）。在英国，则被称之为合同外包（Contracting Out）。在中国香港，政府购买公共服务一般与社会福利资助或外判含义类似，中国大陆一般称之为政府购买服务。[②] 其中，王浦劬认为，政府购买公共服务即政府将原来直接提供的公共服务，通过公开招标的方式，交给符合条件的服务提供者来完成，政府根据中标者所提供的公共服务情况，支付相应的服务费用。[③] 这个定义通过对政府购买公共服务流程的概括，阐释了政府购买的方式和形式，社会组织是政府购买的主要承接者。另外，较有代表性的是学者杨宝通过总结政府购买公共服务的核心要素来对其内涵予以界定，他认，为政府购买公共服务的界定必须满足四个必要条件：一是由政府作为购买方，而非一般的组织；二是社会组织作为承包方，面向公众提供服务；三是购买标的属于政府的公共职能，政府的部分非核心职能逐步被转移出去；四是购买资金来源于财政资金，属于公共财政支出的范围。[④]

因此，本书中的政府购买公共服务是指政府以提高公共服务供给的质量和财政资金的使用效率为目标，通过合同方式将原本由政府直接向社会提供的公共服务职能转交给有资质的服务提供者来履行，政府根据对服务提供者提供服务的数量和质量的考核情况，按照事先约定的标准支付相应的费用，政府的角

---

① 魏中龙. 政府购买服务的运作与效率评估研究［D］. 武汉理工大学博士学位论文，2011.

② 郑卫东. 农村社区政府购买公共服务研究［M］. 北京：中国社会科学出版社，2012.

③ 王浦劬，莱斯特·M. 萨拉蒙. 政府向社会组织购买公共服务研究［M］. 北京：北京大学出版社，2010.

④ 杨宝. 政府购买公共服务模式的比较及解释—— 一项制度转型研究［J］. 中国行政管理，2011（3）.

色从服务的提供者转变为监管者和付费者。

综合以上关于政府购买公共服务的定义及观点，其基本特征可以总结为：

（1）政府购买公共服务的主体是政府，本书中的政府是广义上的使用，强调政府是购买公共服务的具体实施者，因此，既包括在医疗、养老等诸多领域开展政府购买服务的地方政府，也包括一些在具体公共服务领域做出政府购买方式尝试的中央部门；既包括行政机关，也包括参照公务员管理的、由国家财政予以支持的公共组织。

（2）政府购买服务的提供者是政府以外的社会组织、企业或个人，统称为服务提供者或私人承包商。

（3）政府购买公共服务的目的在于通过市场机制提高公共服务质量，满足社会需求。因此，公共管理不能只限于追求行政效率，还应关心政府在实现公共价值方面的作用。

（4）公共服务购买的资金属于公共财政的支出范围。政府购买是将本该由自己提供的公共服务的生产及输送过程外包出去，政府承担资金的给付义务和最终的责任。

2. 相关概念廓清

与政府购买公共服务联系较为密切的概念包括民营化、合同外包、政府采购，这几个概念在使用中极易产生混淆，有必要予以厘清。民营化（Privatization），也被称为市场化、公私伙伴关系，相类似的表述还有代理政府、国家的市场化、市场治理、国家中空化等。[①] 一般均强调利用市场机制来配置公共资源，如电力、交通、电信、供水、供电、航空等，国内则一般指公用事业的市场化，强调移植私营企业的管理经验。[②] 政府购买公共服务是一种狭义的民营化，与广义的部分或全部出售国有企业资产或股份相比，虽然都基于提高经济效益和竞争能力的预期，但政府购买公共服务更加强调政府公共服务职能的市场化运行，二者的差别在于政府购买服务一般不涉及任何实物资产的转移，对购买服务的供应安排也非永久性的。政府购买服务也可视作民营化的一种实现形式；合同外包在国内公共行政领域的内涵与政府购买公共服务相似，强调政

① 句华. 公共服务市场化的内涵和动因［J］. 社会科学战线，2003（3）.

② 李砚忠. 关于我国公共服务市场化若干问题的分析［J］. 社会科学，2007（8）.

府将本应由自身提供的公共服务以合同形式委托给第三方。但在国外，如美国，民营化与合同外包常常混用，这与英国、新西兰、澳大利亚等国有所不同；[①] 政府采购是一个亟须与政府购买公共服务相厘清的概念。中国的政府采购包括三大种类：货物类、工程类和服务类。[②] 其中，政府采购的服务又分为两大类：一类是政府购买的用于政府机构维持自身运营需要的服务或产品，如公车服务、印刷服务等，服务对象是政府机构及其内部工作人员，一般意义上的政府采购服务大部分即为购买此类服务，用于满足政府自身的公务消费需要；[③] 另一类是政府出于履行公共职责而为社会购买的服务，如教育、医疗、养老等，服务对象是社会机构和公众，用于满足社会公众的服务需求，本书中的政府购买公共服务即为此类服务，政府购买公共服务属于《政府采购法》的调整范畴，但目前纳入集中采购目录范围的公共服务非常有限。

（二）政府责任

1. 含义与性质

近代社会民主政治发展之后，政府违约违法就意味着必须承担相应的责任。这一变化缘于商品经济成为社会中占主导地位的经济形式，商品经济的生产者们享有相对独立的权利，且相互间是平等的契约关系，由此逐渐产生了对政府的责任要求。政府责任（Government Responsibility）最初的含义是政府对议会所承担的政治责任，要求政府对国家行为和公共政策负责，当议会对其投不信任票，表示政府的施政方略失败，甚至必须辞职。随着社会经济的发展变迁，政府责任的内涵与外延也在不断变化。一些学者认为，政府责任包括政治责任、道义责任、法律责任。还有一些学者将政府责任划分为宪法责任、政治责任、行政法律责任和行政道德责任，均从不同角度对政府责任的含义进行了界定。其中，具有代表性的是国内学者张成福对政府责任的界定，明确了政府责任的性质。他对政府责任最广义的解释沿用了格罗弗·斯塔林（Grover Star-

① 杨欣. 公共服务合同外包中的政府责任研究［M］. 北京：光明日报出版社，2012.

② 句华. 中国地方政府公共服务合同外包的发展现状——基于二手数据的分析［J］. 北京行政学院学报，2012（1）.

③ 徐家良，赵挺. 政府购买公共服务的现实困境与路径创新：上海的实践［J］. 中国行政管理，2013（8）.

ling）的解释，“政府能够积极地对社会民众的需求作出回应，并采取积极的措施，公正、有效率地实现民众的需求和利益”[①]。政府的责任即政府对社会公众需求的有效回应，政府责任指政府及公务员履行法律和社会所要求的、固有的职能和义务。社会义务除了要求政府行为不违背法律，而且要求政府做促进社会真善美的正确的事。

因此，从本质上来说，政府责任强调政府对社会需求的回应性，政府责任的承担体现在政府对民众的要求能够及时采取措施予以回应。[②]政府责任所涵盖的基本价值在于回应、能力、弹性、正当程序、责任和诚实。在本书中，公共服务购买中的政府责任与一般的政府责任相比，还需强调维护竞争性的市场，排除歧视、寻租、违约等行为，政府责任是指政府对竞争性市场的维护和公众参与的促进。

2. 相关概念廓清

与政府责任相关的概念还有政府职能、政府职责、责任政府，需要进一步加以阐释。政府职能主要是一个政治学、行政学学理上的概念而非一个法律或法学概念。政府职能的概念学界尚未形成一致意见和明确统一的定义，一般是指政府在一国的经济与社会发展中所应发挥的作用与影响，即政府所应当承担的职责和所具有的功能。政府职责和功能统一于政府职能之中，政府职责是政府应该肩负的责任。因此，政府职能与政府责任之间的关系，是通过政府职责联系起来的。政府职能包含政府职责，而政府职责是指应然意义上的政府责任，准确地说是应然意义上的政府预期责任。政府职责的明确是政府责任产生的前提条件。[③]按照张成福的观点，责任政府既是现代民主政治的一种基本理念，又是一种对政府公共行政进行民主控制的制度安排。由此，责任政府可以被看作一种价值理念，是在民主政治下追求的一个目标，体现了对政府发展的一种设计或规划，是一种理想的政府模式。而政府责任强调的则是责任，是基于现实发展而对政府所提出的责任要求。[④]从归属关系上看，责任政府需要通过政府责任的界定、追究和实施得以实现，政府责任亦能在责任政府的制度设计中

① ［美］格罗弗·斯塔林. 公共部门管理［M］. 陈宪等译. 上海：上海译文出版社，2003.
② 张成福. 责任政府论［J］. 中国人民大学学报，2000（2）.
③ 苗雨. 论我国政府责任实现的法制困境与出路［D］. 山东大学博士学位论文，2012.
④ 李蔬君. 当代中国政府责任问题研究［D］. 中共中央党校博士学位论文，2006.

找到归宿。[①] 因此，责任政府是一种施政方式，而政府责任是一种责任形式。[②]

（三）市场竞争

1. 含义与作用

市场竞争（Market Competition）是一个来源于经济学中的概念，是市场经济的基本特征，在经济学中是指在市场经济条件下，企业为了追求自身的经济利益，为了获得更好的生产和销售条件，以及占有尽可能多的市场资源而参与竞争。竞争不仅能够促进企业在市场中的优胜劣汰，在此基础上，还能够进一步对生产要素进行优化配置，这已是经济学理论的基本观点。影响企业制定产品价格的重要因素就是市场竞争的状况，产品的最低价格取决于该产品的成本费用，最高价格取决于产品的市场需求状况，而在上限和下限之间，企业能把这种产品价格定多高，则由市场的竞争程度决定。依据市场竞争程度的不同，市场竞争结构可分为：完全竞争市场（Perfect Competition Market）、垄断竞争市场（Monopolistic Competition Market）、寡头垄断市场（Oligopoly Market）和完全垄断市场（Monopolistic Market），垄断竞争市场和寡头垄断市场也统称为不完全竞争市场。竞争性市场是从市场竞争的内涵中发展而来的，在本书中，公共服务购买中的完全竞争市场称为竞争性市场，是指作为买者和卖者的政府和服务提供者极少或不能影响服务价格的市场，竞争性市场能保证最优效率的服务提供者具有优先的承包资格，以及竞争性市场能够保证最优效率的服务提供者能够供给社会所需要的服务。竞争性市场主要反映在同一空间区域内，竞争对手的积聚程度和竞争状况。

由于政府购买公共服务要通过竞争来提升公共服务效率，因此是否存在竞争性市场是政府购买公共服务时需要首先考虑的条件，如果在公共服务供给中存在竞争性市场，政府采取竞争性购买的方式符合政府购买的基本要件，如果不存在竞争性市场，则政府应积极培育竞争主体。[③]

---

① 刘祖云．“责任政府”及其实现途径——当代中国公共行政责任理论研究反思［J］．江苏社会科学，2005（1）．

② 陈建先，王春利．“政府责任”的语义辨析［J］．探索，2007（4）．

③ 彭婧．中国公共服务购买中的政府责任研究——以 B 市为例［D］．北京师范大学博士学位论文，2016．

2. 实现条件

竞争性市场主要反映在同一空间区域内，竞争对手的积聚程度和竞争状况。在公共服务购买中，竞争性市场的实现需要具备如下条件：公共服务市场上有三个及以上的服务提供者；不同的服务提供者提供的服务是同质的，可以相互替代；所有的服务提供者获取的信息都是充分的。由于政府购买效率的提升是要通过竞争实现的，因此，能否促进并实现市场竞争是政府选择购买方式时必须要考虑的。如果在购买公共服务的过程中，存在提供公共服务的竞争性市场，政府理应采取竞争性购买的方式，以此维护公共服务的购买效率。

（四）公众参与

1. 含义与特征

一般来说，公众参与（Public Participation）是指普通公众通过各种方式直接或间接地参与或影响政府公共政策或公共事务的行动过程。公众参与的主体是普通公众，而专门从事政治或政府职业工作的政府官员、政党骨干等职业政治人士则不在此类。俞可平将公众参与界定为：拥有参与需求的公众或公共组织在公共领域范围内通过各种途径试图影响公共政策和公共生活以表达和实现自己的利益需求的一切活动。[①] 这一定义扩展了公众参与的主体，不但包括拥有参与需求的作为个体的公众，还包括各种民间组织。因为民间组织也是由个体公众所构成的。在公众参与的方式上，不但包括主动参与，也包括在政府指导下的动员参与，以及“礼仪性”或“对抗式”的参与行为。[②] 公众参与可以有效防止公共权力的滥用和损害公众的合法权益，能够实现对公共权力有效制约的基本条件。学者们从不同的理论角度对公众参与的概念作出了不同的论述，这些论述中包含了公众参与具备的基本特征，包括：主体多元，即各种利益主体均可成为影响政府决策的参与者；平等性，公众参与过程中的平等突出表现为参与主体均可平等地享受参与权利；参与性，即通过开放的程序引导公众参与政府的决策、执行、监督过程；妥协性，公众参与政府治理的过程实质

① 俞可平. 公众参与的几个理论问题［N］. 学习时报，2006-12-18.

② 吴兴智. 公众参与、协商民主与乡村公共秩序的重构——基于浙江温岭协商治理模式的研究［D］. 浙江大学博士学位论文，2008.

上是各种利益之间相互博弈、妥协，进而达成一致的过程。

考虑到政府购买公共服务的特殊性，本书对公共服务购买中的公众参与进行如下定义：公共服务购买中的公众参与是指在政府购买公共服务的过程中，公众通过参与政府购买服务过程，包括参与相关公共政策的制定、执行、评估等环节中以有效表达自身的服务需求，以此影响社会资源分配的政治行为。政府购买公共服务中，政府必须以公众为本位，并负有为公众提供畅通的渠道让其参与服务购买的决策、执行及评价，以提升公众满意度的职责。政府的责任在于推动公众、政府、市场三者共同形成的新的结构体，通过社会资源的整合，通过提升公众满意度来改善公共服务质量。

2. 相关概念廓清

与公民参与相关的概念主要有公共参与、公众参与、居民参与、政治参与，在西方理论界，对应的英语表述为"public participation""civic participation""citizen participation""political participation"等，不同的用词有不同的内涵。"public participation"和"citizen participation"侧重于对包括社区事务在内公共事务的管理，包括公民通过非政府组织实现与政府共享管理权；"civic participation"侧重于通过人民主权理论对国家与公民之间的关系进行阐述；"political participation"侧重于公民参与行为的政治性，即公民通过各种方式达到影响政府决策的目的。[①] 尽管西方对以上概念在不同的研究场景中有所侧重，但均体现了公民试图影响公共政策和公共生活的一切活动这一事实，因此，这种区别多数学者们在使用中并不十分在意，甚至多有相互混用，并不影响人们的理解。国内学者们一般也不对公民参与、公共参与、公众参与作详细区分。在社会学领域，公民参与的概念更多地表述为居民参与和社区参与，其指向比较微观，使用范围相对具体。[②]

---

① 赵鲲鹏. 公民参与乡村治理机制研究［D］. 华中师范大学博士学位论文，2011.

② 夏晓丽. 城市社区治理中的公民参与问题研究［D］. 山东大学博士学位论文，2011.

三、政府责任理论框架的建构

公共服务中的三个基本问题——“提供什么”“提供多少”“如何提供”是任何国家、任何时代的政府都回避不了的永恒话题。尤其当政府陷入财政危机或管理危机时，这一问题更会凸显出来成为人们关注的焦点。毫无疑问，政府在公共服务中的责任是重大的、不可推卸的。[①] 而现有的一般政府责任理论由于其固有缺陷难以真正满足公众的服务需求，无法适用于公共服务购买的场景下，如何构建适用于公共服务购买中的政府责任理论框架，进而对现有公共服务购买中的政府责任情况进行辨析，是推动公共服务购买发展的前提条件。

（一）一般政府责任理论及其应用于政府购买领域的局限性

1. 政府责任重心的嬗变

从广义上说，现代政府是公共管理和公共服务的提供者，一个国家的政府责任包括诸多责任：政治责任、行政责任、法律责任、道德责任。在这些政府责任中，政治责任是指政府中政治层次的责任，要求各级政府及其公务员维护和巩固本国宪法、政治制度、法律制度的责任，以及制定符合民意的公共政策的责任；行政责任是指政府机关及其公务员在履行行政权力时所应承担的责任；法律责任是指行政机关及其公务员在执行公务时违背或触犯有关法律所形成的责任，包含刑事责任、民事责任及行政责任等；道德责任是指行政机关及其公务员在行政管理过程中必须恪守的社会公德和行政道德，政府及其公务员在某些情况下即使其行政行为不违反宪法或法律，但如果明显与社会公德、秩序、风俗相悖，就应承担道德责任。从西方及中国的发展过程看，对政府责任的内涵界定并非一成不变的，政府责任理论发展至今，在不同的社会生态环境下，由于行政体制、政府治理理念、经济制度，以及社会价值观念的不同，其重心存在一个演绎发展的过程，且与一国核心公共行政价值目标密切相关。在

① 句华. 公共服务中的市场机制：理论、方式与技术［M］. 北京：北京大学出版社，2006.

公共行政发展史上，西方国家大致都经历了这样几个政府责任重心的嬗变过程：

（1）传统公共行政时期。1887 年，美国学者伍德罗·威尔逊提出了政治与行政二分原则，为行政提供了内在的价值评判标准。1922 年，德国学者马克斯·韦伯论述了官僚制理论，阐释了理想的外在组织模型，二人共同构成了传统公共行政的政府治理框架。这一时期政府以传统行政理论为指导维护社会秩序，政治官员和官僚被进行了严格的区分，不但强调政治官员要对选民负责，还注重提高效率、严格遵守法规与程序、各级官员对上级负责的责任。政府责任体系以政治责任为核心，同时其他一切政府责任形式也是建立在政治责任的框架之内的。

（2）新公共行政时期。传统公共行政时期由于关注效率而忽视公平，注重过程而轻视结果，以及权力自上而下的分配方式的弊端，遭到了普遍的质疑与反思，由此促生了新公共行政的思潮。新公共行政更加关注社会公平，认为政府应对社会公平负责，其基本观点为行政管理者不应继续延续价值中立的立场。因此，新公共行政时期的政府责任更加强调对公众的直接责任，以及对社会公平的责任，对政府的社会责任要求开始凸显。政府公共权力的运作逐步要求体现公共管理者在决策和组织过程中的责任与义务，倡导参与式治理。①

（3）新公共管理时期。20 世纪 70 年代以后，西方国家普遍陷入财政危机、管理危机和信任危机的困境中，政府在面临如何有序引导社会经济发展，弥补市场失灵等问题，以构建完善的市场制度和社会经济制度的反思中，接受了新公共管理理念。这种新的政府治理理论，在以追求“效率”作为政府责任重心的基础上，对公众的需求和利益作出回应，并要求公务员对自己的行为和结果的实现承担责任。

（4）新公共服务理论时期。由于新公共管理对“效率”的过度追求引起了公共利益的损害，以登哈特夫妇为代表的新公共服务理论对新公共管理理论的固有缺陷提出了批评，并提出了以公众为本位的新公共服务理论，为政府治理提出了一个全新的管理模式和理念。新公共服务理论强调政府及其公务员的责任并不简单，他们不应忽略为社会、公众提供有效的服务，实现社会公平，更加注重政府对社会的服务功能，以及政府促进社会公平等方面的公共责任。

---

① 陈建先. 政府责任的多维度思考［J］. 广州大学学报（社会科学版），2006（5）.

中国政府的责任重心也经历了一个演变发展的历程，这是一个从强调“统治”利益，到注重“经济效率”，再到兼顾“社会利益”的责任重心的演变过程。新中国建立初期，政府的主要关注点落在强化政治责任上，以阶级斗争为纲，政府管理通过意识形态的强化来稳固社会秩序，相伴随的公共权力的运作依靠强大的社会动员力和组织力，强调政治统治。改革开放后，围绕经济建设的需要，政府责任逐步进入注重效率目标的经济责任阶段，体现出以经济增长至上为目标的公共管理模式特征。但是，对 GDP 的过度追求，导致了经济、社会的发展出现一定程度的失衡。由此，以人为本、全面、协调、可持续发展的公共行政观开始占据主导地位，政府责任上开始出现了寻求公平与效率的均衡点，通过服务型政府的建设逐步强化政府的社会责任和服务责任。[①] 目前注重社会公平和公共服务的政府责任模式对于逐步规范和引导公共权力的运行、推进社会民主有着重要的意义。

可以看出，无论是西方还是中国，政府责任理论发展至今，均走向了注重公共利益、满足社会需求的道路。正如休斯所言，责任机制是所有民主社会的基本要素，是不可或缺的。公众与政府的关系根源于委托—代理关系，政府身居代理人角色，必须维护公众的利益。政府存在的合法性决定了政府必须向社会公众提供满意的公共服务。

2. 一般政府责任理论对公共服务购买中政府责任的界定

一般政府责任理论对于政府提供公共服务责任的相关分析研究已非新鲜之物。具有代表性的主要集中在西方学者的研究中，如菲利普·库珀与唐纳德·凯特尔从政府对外包合同的管理能力这一具体的角度，进行了细致入微的分析。库珀从服务外包合同的整个运作过程出发，将政府购买公共服务的过程划分为合同谈判、合同起草、合同监督、中途纠正、合同结束或重建五个阶段。他认为：“为公众做个好交易关键取决于合同从头到尾整个过程的管理，而不仅仅决定于是否要签订合同、与谁签订。”并且指出，政府为了履行其在合同运作阶段的责任，政府必须具有管理其合同的能力。

但是，库珀也认识到，在现实社会中，几乎没有哪一个政府部门具有足够

① 齐明山，李彦娅. 公共行政价值、公共利益与公共责任——政府公共权力科学运作的三维构架［J］. 学术界，2006（6）.

的、受过良好训练的合同管理能力。随着公共服务购买领域的不断扩大，将会对政府的管理能力不断提出挑战。除了明确政府在合同实施过程中的管理能力外，库珀还特别强调了政府能否履行合同监督责任在很大程度上依赖于是否具有经过系统培训的合同管理者，这些合同参与者包括公共管理者、服务提供者及其雇用人员，他们的培训情况关乎合同目标的实现。[①]

凯特尔也对政府合同管理能力所应具备的条件进行了深入探讨。他认为，政府的核心职能不得实行合同外包，政府应该具有敏锐觉察市场模式所带来的治理新问题并采取有效措施加以应对的能力。政治官员则必须具有对实际问题的敏锐感知能力，并能构建一套有效的程序来维护公共利益。政府作为一个精明的买主，应该聘用并奖励经过培训的管理合同人员，而这些人员应该具备以下能力：草拟明确而可行的标准、对外包合同及其执行情况进行审计、管理信息、与承接方进行谈判等。[②]但库珀和凯特尔的研究并未对公共服务中的政府责任进行更为明确的界定与分类。

约翰斯顿和罗姆泽克（Johnston and Romzek）的研究与库珀、凯特尔等人不同的是，他们不仅明确指出政府在公共服务购买中有着多样而复杂的责任，而且进一步厘清了公共服务购买中的政府责任类型。约翰斯顿和罗姆泽克在对堪萨斯州老年人医疗服务外包的案例研究中，运用一般政府责任理论，总结出了政府在购买公共服务中应当承担的四类责任：政治责任、法律责任、层次责任，以及专业责任。其中，在政治责任中，项目负责人有权自由决定是否以及如何向核心利益相关者回应，顾客服务取向就反映了这种责任特点。法律责任强调遵守以及绩效检查中的内部监督，层级责任来源于对上级权威的遵从，强调通过严格的监督满足服务绩效标准，专业责任强调对知识和绩效标准的尊重，这种知识来自专业规范以及工作实践，在堪萨斯州老年人医疗服务外包中，这四种责任的具体内容如表 1-1 所示。[③]

---

① [美] 菲利普·库珀. 合同制治理——公共管理者面临的挑战与机遇 [M]. 竺乾威，陆毅，陈卓霞译. 上海：复旦大学出版社，2007.

② [美] 唐纳德·凯特尔. 权利共享：公共治理与私人市场 [M]. 孙迎春译. 北京：北京大学出版社，2009.

③ 武静. 政府购买公共服务中的政府责任研究 [J]. 山东科技大学学报（社会科学版），2013（8）.

表 1-1 一般政府责任理论对公共服务购买中的政府责任界定

层级责任	法律责任
执行主管的聘任 监督和管理合同 关于工作限制的合同规则	依据合同对项目进行有效的管理 付费情况及相对独立的财务审计 与项目管理者的合同谈判 对执行主管的监督 项目管理者对设施的维护情况
专业责任	**政治责任**
聘请拥有专业知识和文凭的项目管理者 增加使用拥有专业技能证书的员工 强调员工培训 审慎决定政府购买服务项目计划的发展方向	制定政策，并强调客户参与 使用客户满意标准确定服务购买的内容、方式 项目反馈中注重客户评价，并作为选择合同承包商的重要依据

资料来源：Jocelyn M. Johnston，Barbara S. Romzek. Contracting and accountability in state Medicaid reform：Rhetoric，theories，and reality [J]. Public Administration Review，1999，59 (5)：383-399.

约翰斯顿和罗姆泽克对于公共服务购买中政府责任类型的划分是较为典型和具有指导意义的。随后，汉森（Hansen）又在前人的研究基础上，对有限竞争条件下公共服务市场化中的政府责任类型进行了更为细致的界定，如表 1-2 所示。

表 1-2 有限竞争条件下公共服务市场化中的政府责任分类

责任类型	预期目标	现有的流程	修正后的流程	对谁适用
竞争	效率；创新	竞争性招标；持续监测	尽可能地竞争招标；持续监测	每个人
法律监督	公平的过程；没有腐败；透明度；合理的决定；有效的成果	法律/监管报告的要求；上诉；合同标准	标准采购形式；进行的规则进行审查；执行合同标准	行政人员；立法会议员；公众；投标人；客户
层级控制	公平的过程；没有腐败；合理的决定	政府和机构审查流程	一个（或最多两个）办公室监督机构和一个或两个办公室监督承包商	行政人员
专业责任	没有腐败；合理的决定；有效的成果；公平	非正规的专业联系；正式的董事会或捐助审查；培训	有用的，但很难在承包商之间的保证；机构工作人员培训	同事；工作人员；志愿者；委员会；捐助者
客户端输入	透明度；开放性；合理的决定；有效的成果	通知；听证；申诉；媒体监督	在规划阶段的实质性要求，包括评估决策；通知书；早些时候的听证会；持续投入的监测和评估	公众；客户

续表

责任类型	预期目标	现有的流程	修正后的流程	对谁适用
政治问责	没有腐败；合理的决定；有效的成果	选举	不相关的，除非作为长期的检查，以及普遍存在的腐败现象	公众
	尤其是利益相关者的利益	与公共/利益相关方的非正式接触；正式的授权审核	不可避免的政治制度；分层控制和内部机构培训会检查一些有害的接触	特殊利益或者社会公共利益
	效率；速度	与行政机构的非正式接触	对于大的系统有用的机制，尤其是在层级控制没有减少的情况下	机构

资料来源：Janna J. Hansen. Limits of competition：Accountability in government contracting [J]. The Yale Journal，2003，112（8）：2465-2507.

这些研究对于公共服务购买中的政府责任界定颇具有代表性和典型性，可以看出，政府购买公共服务中核心的责任人是政府，且公共服务购买中的政府责任不断趋于复杂化。然而，尽管存在不同的责任分类或界定方式，涉及的要素也逐渐增多，但仍注重运用一般政府责任理论对公共服务购买或公共服务市场化中政府责任进行界定和分类，实践中难以运用其对公共服务购买场景下的政府责任情况进行有效的辨析。

3. 一般政府责任理论应用于政府购买领域的局限性

中国政府购买公共服务的目标模式来源于西方，新公共管理理论将市场机制引入政府治理领域，通过政府购买公共服务来提高公共服务供给的效率。政府设定标准，作为掌舵者将服务外包给服务提供者，基本假设是服务提供者可比政府以更低的成本向社会公众提供更具效率和创新性的公共服务。因此，传统政府责任体系由于政府购买公共服务而发生变化：一方面是公共服务供给者由政府变为第三方机构；另一方面是效率因素被纳入政府责任体系中。[①] 这两项重大改变导致了一般政府责任理论，以及上文中提到的西方学者的相关研究仍难以适用于中国政府购买领域的政府责任分析，这种局限性体现在两个方面：

（1）代理人角色冲突导致政府责任虚化。从公共服务购买中的政府责任机制上看，政府承担的责任并非是单一向度的，政府承担着多向度、多层次的较

① 杨欣. 公共服务合同外包中政府责任的省思与公法适用——以美国为例 [J]. 中国行政管理，2010（6）.

为复杂的责任。在行政管理中，公共行政人员作为“代理人”，面临三重职责，分别要对三类群体负责：一是最为直接的下级公务人员对上级负责；二是公务人员对民选代表和选举的官员负责；三是公务人员对公众负责。公共行政人员在以上三重职责的要求下，需要对组织的上级、政府官员和公众等多种委托人负责。[①] 然而，这三重职责有时是冲突的。在科层制下，政府机关或公职人员要对上级负责，政府要对社会公众和法律负责。公职人员处于民众与上级之间、权威与法律之间进行决策，也增加了政府的机会主义行为和突破道德底线的可能。这种情况下，政府购买公共服务极易出现公众需求被边缘化的风险。尽管在理论上政府及其公务员应对公众负责，但在政府购买公共服务中，由于科层制对公务员的约束机制和激励机制直接发生作用，政府内部的“对上负责”而不是“对下负责”的规则使得公职人员行为必定受制于政府组织和上级意志，限制了公务人员对公众需求的重视程度，最终把执行上级的命令看成是自己唯一的职责。[②] 政府公务人员如果不能将公众利益置于个人利益之上，那么最终将导致政府购买公共服务的责任虚化。

（2）公众对服务提供者缺乏约束导致公众需求边缘化。当政府不再是“公共性”唯一的代表时，就存在着政府行为偏离公共性的可能。政府购买公共服务是公共服务市场化的结果，政府依旧承担公共服务的财政责任，但公共服务的供给主体已经不再由政府担任，政府由原本的服务提供者转变为服务的购买者、监督者。政府允许社会公共事务的管理和提供有可替代的主体和可选择的机制存在，甚至承认社会力量能够以较强的“公共性”来承担公共产品和公共服务的提供，市场有着更高的供给效率，即认可公共利益在政府、市场与社会组织的共同治理中能够不断深化和实现。这种改变将以往仅包含政府与公众在内的二元关系扩展为涉及第三方服务提供者的三方关系，政府、社会、市场间的职能定位发生了转变。虽然在大多数情况下，公共服务的购买机构认为它们购买的只是政策的执行而非政策的制定权，但这一区分在实践中是非常微弱的。在政府购买公共服务的场景下，公共服务执行主体的改变，极大地影响了

---

① ［美］特里·L. 库珀. 行政伦理学：实现行政责任的途径［M］. 张秀琴译. 北京：中国人民大学出版社，2001.

② 周黎安. 晋升博弈中政府官员的激励与合作：兼论我国地方保护主义和重复建设问题长期存在的原因［J］. 经济研究，2004（6）.

以“政治行为”或“行政行为”为中心的政府责任理论，尽管政府负有监督和约束服务提供者的责任与权力，但作为政府购买公共服务的直接体验者——社会公众由于缺乏约束和监督服务提供者的有效途径，并且不具有自主选择服务提供者的权利，难以有机会表达其真实的服务需求，而政府或服务提供者倾向于按照自身需求为公众提供那些不易于监督和评价的服务，所以，公众需求被政府或服务提供者“代言”会最终导致公众需求边缘化、公共服务质量降低的结果。因此，可以总结出公共服务购买对传统的政府责任体系构成了多重挑战，这也是政府责任理论框架必须予以解决的关键问题所在：

第一，政府面临维护竞争性市场的挑战。政府购买公共服务是建立在效率假设的基础之上的，即由竞争性的服务提供者提供公共服务会比政府直接提供公共服务拥有更高的效率。但是，即使是新自由学派也承认，合同外包并不会自动带来效率。公共服务供给中现成的竞争市场不一定存在，竞争性市场的存在需要一系列条件，如一定数量的服务提供者、政府能够准确地定义所购的产品及设定质量标准、制定有效的监督与评价机制等。因此，这对于传统的政府责任来说，是个全新的课题。如何构建并维护竞争性的市场，培育有承接能力的服务提供者以提升公共服务的质量，将是政府责任面临的第一重挑战。

第二，政府面临着规避被供应者“俘获”的挑战。在政府购买公共服务中，服务提供者以公共主体的形式发挥作用，并履行着传统公共管理职能。但是，服务提供者的行为却无法广泛地运用公共权力来源或公共职能的标准加以审查。并且，市场缺陷的存在和政府对合同管理能力的低下可能强化政府对服务提供者的依赖关系，长期的合作使得服务提供者获得与政府谈判的能力，并左右政府对其服务质量评估的判定。因此，政府如何避免被供应者“俘获”，将成为公共服务购买中政府责任面临的第二重挑战。①

第三，政府面临有效回应社会需求的挑战。政府购买公共服务的过程是一个基于政府受到公众委托代理提供公共服务、服务提供者受到政府委托向公众提供服务的双重委托代理关系，这在行政行为中同时存在双重代理关系，委托代理的复杂性呈指数递增，极易出现价值目标错位的问题，尤其是对肩负着实现公共利益使命的政府而言，具有特殊的复杂性。服务提供者提供公共服务的

---

① 杨欣. 公共服务合同外包中的政府责任研究［M］. 北京：光明日报出版社，2012.

依据是合同而非传统的政治行为，公众没有直接的参与权和决策权，政府购买公共服务的激励机制驱使承包商不仅要迎合合同目标，还要迎合对合同实施管理的政府官员，而作为服务对象的公众及其真实需求则易被边缘化。因此，政府如何有效回应社会需求，促使服务提供者的目标与公共利益相一致，是政府责任面临的第三重挑战。

公共服务购买改变了传统的政府、社会、市场间的职能定位及其关系，一般政府责任理论应用于政府购买领域极易出现代理人角色冲突导致政府责任虚化，以及制约公共服务市场化发展的局限性，为了更加有效地分析公共服务购买中的政府责任履行情况，必须建构相应的政府责任理论框架。①

（二）公共服务购买中政府责任理论框架的建构

尽管政府购买公共服务被认为有诸多优势，但这些优势却并没有在所有的公共服务购买项目中平衡展现，它们在一些购买实践中得以长足推进，在另一些购买实践中却遭遇瓶颈，遭遇瓶颈的根源在于政府责任难以落实。关于公共服务购买中政府应承担哪些责任，也有着诸多讨论。在以往，西方乃至中国关于政府责任的讨论从以安全、公平与平等为焦点问题的政治领域，逐步扩展到以弥补市场缺陷与维护社会公平为焦点问题的经济和社会领域。随着政府失灵和非政府组织理论的提出，公共服务购买中的政府责任的讨论被置于一个更广阔的背景下。② 国内外学者逐渐达成的共识是：公共服务市场化把责任转嫁到了服务提供者身上，导致难以确保政府责任的落实。因此，如何充分发挥市场机制的优势，以及弥补市场机制的缺陷，就成为了政府的主要责任。此外，还有一点容易遭到忽视，那就是由于公共服务的项目特性给运营成本和实际效果的鉴定带来了很大的困难，导致公众需求边缘化的问题。由于政府并非公共服务的享用者，政府难以对所购买公共服务质量进行有效评价，也难以及时发现公共服务购买过程中的新问题和协调公众的真实服务需求，这些正是政府做出正确决策的基础，极易导致服务功能支离破碎或服务项目重复设置。③ 因此，

① 彭婧. 公共服务购买中的政府责任研究—— 一个分析框架 [J]. 甘肃行政学院学报，2017 (3).

② 常健. 论政府责任及其限度 [J]. 文史哲，2007 (5).

③ Gordon J. Campbell，Elizabeth McCarthy. Conveying mission through outcome measurement：Services to the homeless in New York city [J]. Policy Studies Journal，2000，28 (2)：338-352.

如何在不忽略效率的前提下，能够实现公共服务购买中的政府责任，是中西方公共服务购买领域共同面临的一个难题。①

世界银行在相关的研究中对于解决上述问题颇具有启发意义。世界银行在其报告中指出，不论是数量还是质量，政府提供的服务一般情况下都难以满足贫困人口的需要。研究显示，一些国家在改善公共服务品质上所做的努力既有成功的案例，也有失败的教训。通过对这些国家实践经历的分析，成败的主要区别在于服务对象在公共决策中的参与程度。报告列举了若干个成功的范例。墨西哥的一个项目对部分当地贫困家庭以现金的形式进行补贴，使这些贫困家庭男童和女童的初中入学率分别提高了5%和8%，并将儿童患病率降低了20%；乌干达的小学入学人数在五年期间从360万增加到690万。印度尼西亚投入大量资金修建学校，使学校入学率提高了一倍，大幅度提高了教育的普及度，在1986年达到了90%。这些项目的开展均收到了良好的效益，世界银行主编德瓦拉扬指出："当穷人处于服务提供的中心位置时，服务就能产生效益，因为他们可以避开不好的服务提供者，奖励好的服务提供者，决策者能够听到他们的意见，这就使服务提供者有了为穷人服务的动力。"这份报告还提出了改进服务的几种方式：

一是强化服务对象参与和选择服务的能力，通过这种方式服务对象能够监督和约束服务提供者。如在学校管理中采取社区管理学校的方式，鼓励学生家长定期到学校参观访问，经过一段时间的努力，原本较高的教师缺勤率得以降低，教师变得更加负责后，学生的考试分数也有所提高；教育券计划，比如孟加拉国的女童助学金计划，这是凭单制的一种形式，服务购买者根据学校招收女童的人数向学校支付相应的费用；哥伦比亚针对贫困家庭的计划加强了服务对象对服务提供者的选择权，大幅度提高了入学率。

二是保障服务对象的发言权，但这是以相关信息的广泛公开为前提的，服务对象对自身拥有的权利及环境有全面的了解。在印度班加罗尔，项目执行人员以服务调查的方式向服务对象公开了他们所居住环境中的基础公共资源，如水、医疗、教育和交通服务的质量，以及这些公共资源与邻近地区的差异，服

---

① 董建新，梁茂春. 民营化过程中政府的角色与责任——以美国纽约市无家可归者救助体系的民营化为例 [A]. 中国行政管理学会2004年年会暨"政府社会管理与公共服务"论文集 [C]. 2004.

务对象获得了更多的信息后提高了对改善公共服务的要求，并要求决策者采取相应的措施来解决存在的问题。

三是对优质的服务提供者给予奖励，同时对劣质的服务提供者给予相应的惩罚，这种奖优罚劣的方式很快取得了效果。柬埔寨曾尝试在内战后，根据不同区域民众的健康状况，对提供医疗服务的提供者采取鼓励性的付费方式，收到了良好的效果。

世界银行公共服务研究课题负责人利特瓦·雷尼卡曾言："不必要在公共还是私人提供服务的争论中纠缠不休，真正重要的问题是提供主要服务的机制是否能加强穷人监督和约束服务提供者的能力，提高他们在政策制定过程中的发言权，使他们得到他们及家人所需要的有效的服务。"世界银行经过深入研究后，得出结论为：仅仅增加公共支出是不够的，服务提供机制的选择应该与该地区的情况相适应，普遍适用的方式是没有的。比如，如果提供的服务比较容易监督，如免疫，那么这项公共服务就可以由政府直接外包出去。但是，某些服务很难得到监督，并且所在国家的政治公平性较差，那么就有必要采取措施，做出尽可能强化服务对象权力的安排。如萨尔瓦多的社区管理学校制度、哥伦比亚或孟加拉国等国家实行的基于收入的教育券计划、墨西哥的透明度高而有规则的计划更有可能惠及服务对象。①

由此，这份研究报告对于本书研究的启示主要在于两个方面：首先，公共服务提供中仅仅增加公共财政支出是不够的，财政支出的增长并不必然带来公共服务受益程度的提升，政府的职责在于厘清对提升公共服务质量或公众满意度具有决定性的关键因素；其次，政府无须陷入直接提供公共服务或是实行购买服务的争论中，关键在于公共服务机制是否将服务对象置于服务提供的中心位置，以及公共服务机制是否强化了服务对象有效监督和约束服务提供者的能力，公共服务购买中强化服务对象权利的安排在于有效的公众参与。

综上所述，由于一般政府责任理论基于传统意义上的以"政治行为"或"行政行为"为中心，形成的是国家与公众的二元关系。政府购买公共服务改变了这种传统意义上的二元关系，扩展为涉及第三方服务提供者的三方关系，一方面，使得作为"代理人"政府承担着多向度的、多层次的责任，代理人角

① 世界银行. 2004年世界发展报告：让服务惠及穷人［M］. 北京：中国财政经济出版社，2004.

色冲突导致了政府责任虚化；另一方面，由于公众缺乏约束和监督服务提供者的有效途径，并且不具有自主选择服务提供者的权利，政府或服务提供者倾向于按照自身意愿为公众提供那些不易于监督和评价的服务，导致公众需求被政府或服务提供者“代言”，公众真实需求被边缘化，政府所购买的服务由此成为了公众“不称心的礼物”。为了解决一般政府责任理论应用于公共服务购买产生的问题，本书提出了公共服务购买中政府的责任在于促进市场竞争和保障公众参与，建构了公共服务购买中的政府责任理论框架，该理论框架的优势在于：公众代替政府处于公共服务购买的中心位置，公众通过参与拥有自主权利，公共服务效率因为竞争而得以提升，如图 1-1 所示。

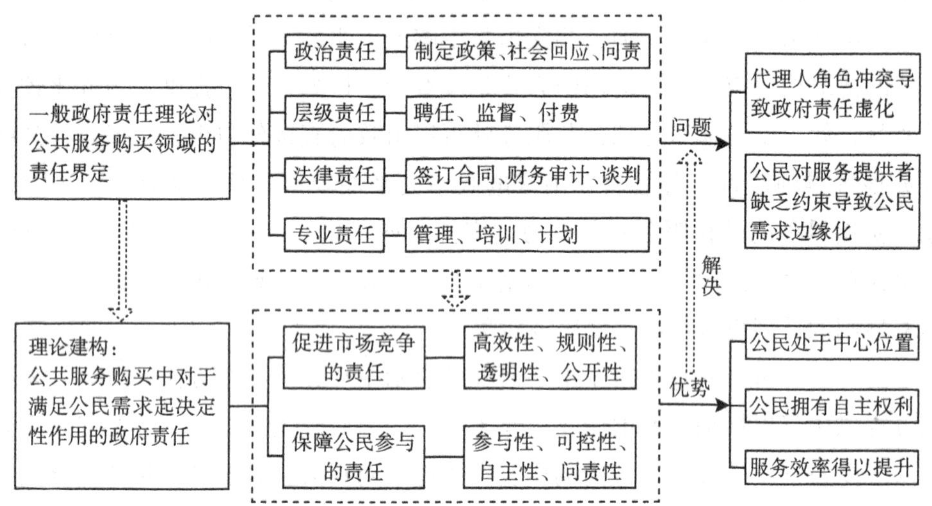

图 1-1　从一般政府责任理论到公共服务购买中的政府责任理论建构

具体来说，在公共服务购买的政府责任理论框架中，政府以提升公共服务质量和公众满意度为最终目标，政府的责任界定为两个方面：一是政府履行促进市场竞争的责任，以提高服务效率；二是政府保障公众参与的责任，以满足公众需求。在此基础上，本书从促进市场竞争的责任维度和保障公众参与的责任维度，分别设置了三个指标。在案例分析中，每个责任维度下若仅有一个指标符合责任履行情况则为“低”，若有两个指标符合责任履行情况则为“中”，若有三个指标符合责任履行情况则为“高”，以此来确定政府购买服务的责任履行情况。

1. 政府促进市场竞争的责任

政府购买公共服务是为了以更低的成本向公众提供更好的服务，这依赖于竞争性市场的存在。萨瓦斯认为，“任何民营化努力的首要目标是将竞争和市场力量引入公共服务和公共资产的利用过程中”。[①] 因此，提高公共服务质量的关键并不在于服务的提供者是公还是私，这种争论是不具有决定性意义的，而取决于提供者之间是否存在公平的市场竞争。政府购买公共服务的实行，并不是政府强加给服务提供者的一项政治任务，也不应该是政府对私营主体的“摊派”，而是在平等、公平的市场竞争中促使服务提供者在提供优质服务的同时，自身也得到发展的有序过程。这个过程能否顺利实施取决于市场的完善程度、各种公共资源能否自由流动以及服务提供者的服务能力和意愿等条件。优质服务的关键因素不在于市场化，而在于市场的竞争程度。这有赖于政府建立维护市场健康运行所必需的规制，即维护市场秩序。

美国学者约翰·杜纳胡（John Donahue）对公共服务市场化和效率的关系研究表明，公共服务市场能够在一定程度上提高效率，因为公共服务市场化的重要特征是竞争，竞争是提高效率的决定性因素。[②] 因此，营造良好的竞争环境是政府购买公共服务的重要保障，也是政府购买成功与否的关键因素。市场模式使得政府的直接生产责任得以减轻，但却增加了政府的监管责任。公共服务购买中的政府责任之一就是促进市场竞争，力图建立竞争性的市场。一般来说，竞争性市场的实现需要具备两个基础性条件：一是竞争者的多样化，如美国部分州对竞争者多样化的标准要求是至少有三个服务提供主体参与竞争；二是公平的程序，这要求政府为承包商提供公平的竞争机会，如公平的招标程序、竞争性谈判程序、合同订立的程序规范等。此外，还包括吸收在特定领域从事公共服务的非营利性组织参与决策。[③]

具体来说，政府促进市场竞争的责任履行情况通过以下三个指标来衡量：

① ［美］E. S. 萨瓦斯. 民营化与公私部门的伙伴关系［M］. 周志忍等译. 北京：中国人民大学出版社，2002.

② John Donahue. The privatization decision：Public ends，orivate means［M］. New York：Basic Books，1989.

③ 杨欣. 公共服务合同外包中政府责任的省思与公法适用——以美国为例［J］. 中国行政管理，2010（6）.

（1）政府是否采用竞争招标方式选择服务提供者。政府是否采用竞争招标的形式选择服务提供者是衡量政府履行促进市场竞争责任的首要指标。政府应解决政府购买公共服务中的规范性和规则性问题。在市场制度的建立过程中，政府应通过制度安排将政府购买公共服务建立在公平、公开的竞争性程序之上，使得竞争者之间机会均等和公平对待成为市场经济健康发展的必要条件，防止将参与公共服务的准入权留给政府官员而引发寻租行为。以及对价格进行有力监管和调控。只有在一个产权清晰、责任明确、个人利益得到法律法规有力保障的市场环境中，私营部门才有动力积极涉足公共服务领域。因此，政府购买公共服务中的规范性和规则性程度决定了政府购买的效果，政府应通过制度安排将政府购买公共服务建立在公平、公开的竞争性程序之上，使得竞争者之间享有均等的竞争机会和公平的待遇。[①]

（2）政府购买服务过程是否选择信息公开。政府是否在服务购买过程中公开与政府购买相关的信息是衡量政府履行促进市场竞争责任的第二个指标。政府应承担信息公开的责任。一方面，政府要向潜在的服务提供者提供公共服务招标的信息，如公共服务的内容、标准等，让更多的服务主体参与到竞争中来；另一方面，政府还应向社会公众及时发布公共服务的信息，通过信息的发布让公众参与到政府购买的过程中来，以避免政府购买的公共服务与社会需求相偏离，以及对服务提供者服务质量、内容等信息的公开，能够使公众在众多的服务提供者中作出理性选择。[②] 因此，在竞争招标的基础上，政府在购买公共服务的过程中还应承担信息公开的责任，信息公开包括服务购买的各个环节，让服务对象和服务提供者能够充分了解政府购买的决策、生产过程、监督及评价情况。

（3）政府是否制定有利于培育市场机制的政策或措施。政府是否制定有利培育市场机制的政策或措施是衡量政府履行促进市场竞争责任的第三个指标。政府培育市场的行为如制定扶持包括非营利组织、私人组织和非政府组织在内的第三部门发展的政策，制定规范市场的制度等。尤其是非营利组织的发展对于政府购买公共服务意义重大，国内外的经验也一致表明，非营利组织由于其

① 师泽生，王冠群. 社会公正与政府责任［J］. 政治学研究，2006（4）.

② 王薇. 公共服务市场化过程中的政府责任研究［J］. 中国矿业大学学报（社会科学版），2012（1）.

志愿性、自治性、非营利性、公益性、民间性等优势，已逐步成为政府购买公共服务的主要提供者，也有利于服务提供者之间的竞争。

需要说明的是，政府促进市场竞争责任履行的理想状态是建立并维护了公共服务提供的竞争性市场，有足够数量的服务提供者，且最优效率的服务提供者具有优先的承包资格，并供给社会所需要的服务。但是，通常情况下竞争性市场是很难真正实现的，政府只能履行促进市场竞争的责任以不断接近竞争性市场的目标。

2. 政府保障公众参与的责任

前文已述及，为了公众满意度的提升，政府仅履行促进市场竞争的责任是不够的，由于竞争性市场的理想目标在实践中很难真正实现，公众的真实服务需求无法得到有效满足。如在美国，一些州政府发现单纯依靠建构竞争性市场并不必然带来公共服务质量的提升。竞争在复杂的社会服务工作中，并不总是那么有效。有学者证实，竞争在公共服务市场化中，至少因为三种原因导致竞争性市场难以建立：现有服务提供者建立的壁垒、寻租行为的存在、确定任务和绩效评估的困难，三者共同威胁着竞争，通过竞争提升服务质量的预期难以实现。由此，在复杂公共服务中，效率不应成为公共服务提供的首要目标。在公共服务提供中，政府的责任除了保证效率，还应维护公共利益。因此，对于复杂程度较高的“体验品”类的公共服务，政府如果要实行公共服务购买，就必须在市场竞争这个基础性责任之外，确立其他的关键性责任。①

另外，凯特尔等人的研究显示，公共服务购买中的“供给方缺陷”和“需求方缺陷”是显著存在的②。在政府购买领域，只有那些供给方缺陷与需求方缺陷都相对较低的项目（比如扫雪和建筑服务）更可能成功，但大量的社会服务却不在这个范围内。③ 若要在政府购买中建立有效的、有利于提升公众满意度

---

① 杨欣. 公共服务合同外包中政府责任的省思与公法适用——以美国为例［J］. 中国行政管理，2010（6）.

② 所谓“供给方缺陷”是指竞争性市场是由于政府的需要而存在的，政府购买的物品或服务根本就没有预先存在的市场，或市场被一小股供应商所把持，市场会受到额外的成本与效益影响。“需求方缺陷”是指政府无法克服委托—代理关系中的信息不对称问题，无法准确界定所购买服务的品质和数量，政府购买会受到官僚政治的影响。

③［美］唐纳德·凯特尔. 权利共享：公共治理与私人市场［M］. 孙迎春译. 北京：北京大学出版社，2009.

的政府责任模式，首先要跳出竞争与非竞争的二元分析框架，竞争性市场并不必然带来优质的服务质量。当然，这并不表示否认竞争的重要性，而是说无论竞争性购买是否可及，最核心的问题还在于政府能否成功地管理购买中的不确定性。① 阿尔辛和德姆塞茨（Alcian and Demsetz）也指出，相互依赖式协作关系能否成功建立，关键在于实现有效的监督。②

科恩认为，“凡生活受到某项决策影响的人，就应该参与那些决策的制定过程。”③ 也就是说，应通过公众参与来增强行政活动的民主性，进而提高行政活动的正当性。从政治民主建设的角度看，在公共服务购买中强化公众参与也是政治民主化发展的重要体现。公共服务市场化是当代行政民主的一项重要内容，也是政府向社会的“权力返还”和社会对行政的参与过程。政府通过在公共服务领域引入市场，本质上是民主化的一种表现。公众通过听证、质询、公决、协商等形式影响公共决策，不仅能实现公共政策民主化，而且在政府与民众的良性互动中能推动政府“无缝隙服务”的实现。加拿大的《公共服务2000》和英国的《公众宪章》都是扩大民主参与和增强回应性的很好例证。因此，公共服务体制改革，应以市场化为取向，寻求公共机制与市场机制的有机结合。④

对政府购买公共服务来说，作为一种创新的分权治理模式，公众参与的制度安排尤其重要，公众参与实质上属于一种授权，基本原理在于政府对社会公众移交部分决策权，增强公众在公共服务购买中的参与性，促使地方政府更加有效，以及促使其更加尽责。⑤ 作为政府购买公共服务的直接消费者，对政府所购买服务的质量情况最具有发言权，虽然公众在评估服务提供者的服务情况时可能会缺乏准确的信息或存有短视、自利动机等，但作为公共服务的对象，公众仍是最能切身体会公共管理责任主体履责程度的评价主体。因此，他们应具有参与制定服务的质量标准、选择服务提供者、反馈和评估服务质量的权利。公众参与只有在公开、便捷、有效和有序的参与机制之上，才能真正发挥

① 周俊. 在政府购买社会组织服务中建立责任结构［N］. 中国社会科学报，2010-05-20.

② Alcian，A，H Demsetz. Production，information，costs and economic organizations［J］. American Economic Review，1972，62（5）：777-795.

③［美］科恩. 论民主［M］. 聂崇信等译. 北京：商务印书馆，1988.

④ 李砚忠. 关于我国公共服务市场化若干问题的分析［J］. 社会科学，2007（8）.

⑤ 林敏. 分权治理与地方政府责任研究述评［J］. 浙江社会科学，2011（8）.

作用，公众参与的实质在于政府通过提高公众的自主权利来实现其选择权。

具体来说，政府保障公众参与的责任履行情况通过以下三个指标衡量：

（1）政府是否在项目决策中保障公众参与。政府是否在政府购买服务的项目决策中引入公众参与是衡量政府履行保障公众参与责任的首要指标。如公众是否能够参与到公共服务购买的必要性论证、具体方案设计、确定有资质的承包商、合同的签订等项目决策的环节中。[①] 实施政府购买公共服务的具体部门在政府购买公共服务的决策环节中保障公众的参与权，可以通过听证会、民意恳谈会等方式或渠道了解公众需求和意见，在作出政府购买的最终决策时应充分采纳公众的意见，并且保留向社会公众和参与方说明决策理由的义务。

（2）政府是否在服务生产过程中引入公众监督。政府是否在服务生产过程中引入公众监督是衡量政府履行保障公众参与责任的第二个指标。在服务的供给过程中，政府不应该成为服务监督的唯一主体，服务对象作为公共服务的消费者和体验者，是否参与监督生产过程对服务质量的高低有着重要影响，包括对服务提供者的业绩考核情况、责任追究等方面。政府应保障服务对象参与监督的权利，与政府之间就服务情况进行有效的互动和沟通。

（3）政府是否赋予公众自主选择服务的权利。政府是否赋予公众自主选择服务的权利是衡量政府履行保障公众参与责任的第三个指标。服务对象能否有权利选择自己所需的服务继而选择满意的服务提供者，通过“用脚投票”的市场规则来淘汰服务质量低劣的服务提供者，对于政府购买公共服务来说，是提升服务对象满意度的关键所在，政府应保证公众具有选择服务提供者的自主权利。在服务的提供过程中，公众能够自行选择符合自身需求的服务提供者，当公众掌握了其个人拥有的资源选择与配置权利时，服务提供者会自动以公众需求作为提供服务的中心目标。[②]

（三）政府购买公共服务的四种责任模式

在公共服务购买中，政府、服务提供者、公众处于不同的角色：政府作为公共服务的提供者，是政府购买公共服务的最终责任者。服务提供者是政府购

---

① 蔡金荣. 政府购买社会公共服务之法律规制研究［J］. 甘肃行政学院学报，2011（1）.

② 彭婧. 公共服务购买中的政府责任研究—— 一个分析框架［J］. 甘肃行政学院学报，2017（3）.

买的承接者，承担了服务的生产过程。公众作为服务对象，并不应被动地接受服务，而是能动地参与服务生产、消费、监督、评价的完整过程。本书在对相关理论进行归纳梳理的基础上，从公共服务购买中的市场竞争程度和公众参与程度两个维度建构了公共服务购买中的政府责任分析框架，每个维度又分为“高”“低”两个层次。在市场竞争这一维度下，市场的竞争程度按高低被分为“竞争”和“非竞争”。在公众参与这一维度下，公众的参与程度按高低被分为“参与”和“代言”，如表 1-3 所示。

表 1-3　公共服务购买中的政府责任维度及其实现程度

实现程度 / 责任维度	高	低
市场竞争	竞争	非竞争
公众参与	参与	代言

本书通过对不同维度和层次的组合构成了公共服务购买中政府责任的四种模式。根据公共服务购买过程中政府履行促进市场竞争的责任实现程度是竞争性的还是非竞争性的，政府履行保障公众参与的责任实现程度是参与性的还是代言性的，两个维度与两种层次的交互分析，形成了四种政府责任模式：竞争参与型责任模式、竞争代言型责任模式、非竞争参与型责任模式，以及非竞争代言型责任模式。其中，竞争参与型责任模式是政府责任的理想模式，竞争代言型责任模式和非竞争参与型责任模式是非竞争代言型责任模式向竞争参与型责任模式的过渡形态，如图 1-2 所示。

非竞争代言型责任模式是市场竞争程度和公众参与程度都较低的政府责任模式，是指在公共服务购买过程中，政府及其工作人员依靠行政力量推动政府购买，服务提供者无须通过竞争就能够获得服务承接者资格的责任模式。政府单方面界定购买公共服务的内容，而公众作为公共服务的“消费者”没有渠道表达自身的服务需求，政府是公众需求的“代言人”，公众难以参与公共服务的购买过程。在这一模式中，由于政府掌握着支配公共服务资源的绝对性权威，服务提供者将迎合政府意志作为唯一的服务生产目标，不受到政府以外的任何力量的监督和干预，他们与政府形成了高度依赖的关系。政府通过审批、拨款、检查等传统的行政手段推动政府购买公共服务，服务提供者则通过申

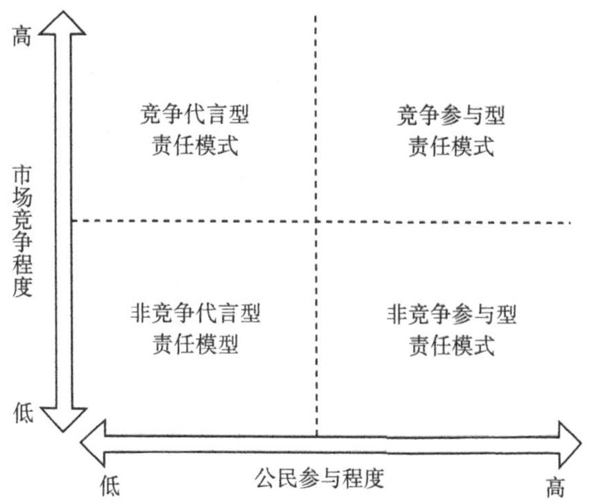

图 1–2 公共服务购买中的四种政府责任模式

请、汇报等方式与政府互动，公众及其需求被边缘化。非竞争代言型责任模式是政府购买公共服务的初级或低级形态，如定向购买一般属于此类。

竞争代言型责任模式是竞争性程度高而参与性程度低的政府责任模式，是指在公共服务购买中存在多个服务提供者参与公共服务提供机会的竞争，但由政府、第三方或服务提供者代替公众来界定公共服务需求或偏好的责任模式。在这一模式中，除了政府和服务提供者外，还可能包括由专家、学者、高级技术人员组成的第三方专家团，共同或单独作为公众需求的“代言人”，参与公共服务购买的招标、监督和评估过程，公众没有渠道直接表达自身的服务需求及参与政府购买过程。竞争代言型责任模式在市场竞争程度上优于非竞争代言型责任模式，属于政府购买公共服务中政府责任模式的过渡形态。

非竞争参与型责任模式是竞争性程度低而参与性程度高的政府责任模式，是指在政府购买公共服务的过程中，缺乏服务提供者之间的竞争，服务提供可能处于垄断状态，但公众的自主权利较高，不但有机会表达自身的服务需求并影响政府决策，还能够在政府购买公共服务的过程中参与服务生产过程的监督、评价等环节的责任模式。在这一模式中，公众能够通过“用脚投票”来否决那些不符合他们服务需求的服务提供者，一般来说，服务提供者提供的服务较非竞争代言型责任模式和竞争代言型责任模式更符合公共利益。非竞争参与型责任模式在公众参与程度上优于非竞争代言型责任模式，属于政府购买公共服务中政府责任模式的过渡形态。

竞争参与型责任模式是市场竞争程度和公众参与程度都处于高层次的政府责任模式，是指政府将决策权力向公众让渡，公众以直接的方式参与到政府购买的各个环节中，不但能够有效表达自身的服务需求或偏好，并能够影响政府决策的责任模式。在这一模式中，行政体制外的力量能够通过公平竞争成为政府购买公共服务的提供者，而公众拥有完全的自主权利对公共服务提出建议、实施监督、作出评价，以及选择服务提供者的权利。竞争参与型责任模式是公共服务购买中政府责任的理想模式。本书认为，当政府在公共服务购买中建立了竞争性市场，以及政府在公共服务购买的各个环节均保障了公众参与权利时，政府责任得到了有效地实现。

在政府购买公共服务领域运用政府责任理论框架，是对原有"政府或服务提供者确定公众需求，政府监督服务提供者提供服务以满足这些需求"的政府购买责任模式的颠覆。在新的理论框架下，公众不再是作为被动接受的服务对象，而是作为具有能动性的行动者参与到公共服务购买的过程中。从非竞争代言型责任模式到竞争代言型责任模式或非竞争参与型责任模式，再到竞争参与型责任模式，政府购买公共服务中的市场竞争程度由垄断逐步走向竞争性市场，公众参与过程的渠道逐步由阻塞变为畅通。参与公共服务购买过程并与政府"分享"权力的个人和组织不断增多，有利于市场竞争规则的逐步确立。多方资源的整合利用使得政府所购服务更加符合公众需求，公共服务效率更易实现最优。

在政府责任理论框架中，非竞争代言型责任模式、非竞争参与型责任模式，以及竞争代言型责任模式都将通过提升市场竞争程度或公众参与程度，最终达到竞争参与型责任模式这一理想的政府责任形态。从理论分析的过程上来说，首先应从市场竞争维度辨析公共服务购买中的政府责任履行程度是竞争的还是非竞争的。其次，在辨析市场竞争程度的基础上，再辨析公众参与维度下的政府责任履行程度。由此可清晰辨识公共服务购买中的政府责任履行情况，理论分析的过程如图 1-3 所示。①

---

① 彭婧. 从市场价值优先到公共价值优先——政府购买责任研究的进展、不足与展望［J］. 财政研究，2018（1）.

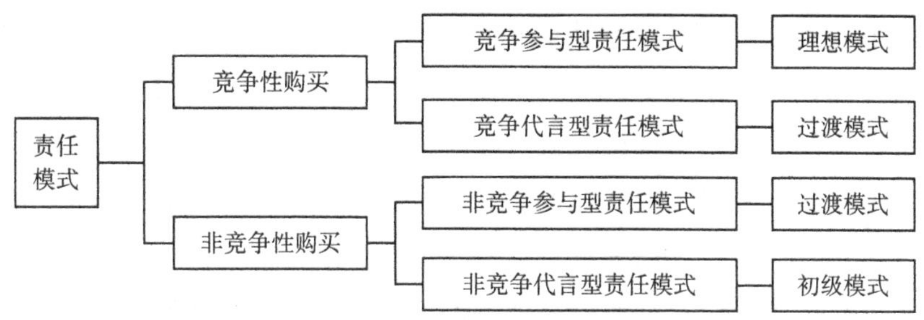

图 1-3　公共服务购买中政府责任模式的分类及演变

为了验证政府责任理论框架在分析公共服务购买中的政府责任的有效性，需要检验从“非竞争代言型”责任模式到“竞争代言型”或“非竞争参与型”责任模式，再到“竞争参与型”责任模式，即随着市场竞争程度的提高或公众参与政府购买程度的提高，是否会带动公众满意度的提升。当公民满意度随着政府责任的初级模式到过渡模式，再到理想模式，呈现出逐渐上升的趋势时，说明公共服务购买中的政府责任理论框架的建构是有效的。因此，还有必要考察不同的政府责任模式下政府责任的履行程度和公众满意度间的关系。关于不同政府购买公共服务责任模式下公众满意度的测评，本书借鉴较为经典的美国顾客满意度指数 ACSI（American Customer Satisfaction Index），最初主要用于测量用户对企业所提供产品和服务质量的满意度。① 后来随着许多国家都以 ACSI 模型方法为蓝本，并结合本国实际情况对变量进行修正，开发了评价公共部门行为公众满意度的相关测评模型和方法。ACSI 模型成为了迄今为止最为成熟和被广泛运用的满意度指数模型。在 ACSI 模型中，由满意度与其决定因素组成一个整体逻辑结构，这些决定因素包括顾客期望、感知质量、感知价值、顾客抱怨和顾客忠诚 5 个变量。本书借鉴国内学者的相关研究成果，采用他们对相关变量进行修正的基础上所建立的公共服务公众满意度结构模型。在这一模型中，公众满意度由公众期望、感知质量、感知效果、公众抱怨和信任度 5 个结构变量的测评所决定。其中，公众期望、感知质量、感知效果是公众满意度的原因变量，直接决定着公众对政府为其所购买公共服务的满意程度，而公众

---

① E.W. Anderson，C. Fornell. Foundations of the American customer satisfaction index [J]. Total Quality Management，2000，11 (7)：869-882.

抱怨和信任度是公众满意度的结果变量。①

具体变量内涵界定如下②：

（1）公众满意度是指社会公众对政府购买公共服务的实际感知与之前期望相对比所产生的一种感觉状况水平，也是公众到接受访谈为止一段时期内对政府所购买公共服务情况的总体评价。

（2）公众期望是指公众通过各种渠道获取信息，对从政府那里得到何种质量和效果的公共服务的预期。

（3）感知质量是指公众感受到的来自服务提供者提供公共服务的优劣程度。

（4）感知效果是指公众感受到的来自服务提供者提供公共服务的达成水平或者改善程度。

（5）公众抱怨表现为公众对于政府所购买服务或服务提供者提供服务有不满情绪。

（6）信任度表现为公众对于政府所购买服务或服务提供者提供服务的认可情况和参与程度。

本书在实地调研中，选择了 B 市和 M 市的四个典型案例，力图呈现出当前中国公共服务购买的现实图景，这也有助于厘清当前中国公共服务购买中政府责任的履行情况及其实现条件，为政府责任的制度设计和政策建议奠定基础。在调研中，由于未能在 B 市和 M 市的公共服务购买实践中找到竞争参与型责任模式的案例，因此只选取了非竞争代言型责任模式、非竞争参与型责任模式，以及竞争代言型责任模式三种模式在随后的章节中进行案例分析。本书将分别概述不同责任模式的政策背景和特点，介绍不同模式下政府购买公共服务的过程，评析每种模式政府责任履行的效果和存在的问题，并由此分析公共服务购买中存在的问题和政策建议。③

---

① 孙建军. 我国基本公共服务均等化供给政策研究［D］. 浙江大学博士学位论文，2011.

② 刘新燕，刘雁妮，杨智，万后芬. 顾客满意度指数（CSI）模型述评［J］. 当代财经，2003（6）.

③ 彭婧. 公共服务购买中的政府责任研究——一个分析框架［J］. 甘肃行政学院学报，2017（3）.

四、本章小结

本章在既有研究理论的基础上，以公共选择理论、新公共管理理论、新公共服务理论、委托—代理理论、治理与善治理论作为理论基础，提出了公共服务购买中政府责任研究的四个核心概念：政府购买公共服务、政府责任、竞争性市场、公众参与。分析发现，理想的竞争性市场并不一定存在。那么，就需要政府做好系统且富有前瞻性的规划，做好配套措施和机制安排，一方面，政府应以适当的政策和制度安排来促进公共服务购买领域的竞争；另一方面，应通过保障公众参与来增加公众的自主权利。竞争的作用在于提高效率、降低成本。公众参与的作用在于强化监督、完善决策。政府在这两方面的责任落实情况将直接决定公众所获得的公共服务质量及效率。基于分析一般政府责任应用于公共服务购买领域的局限性，本书构建了公共服务购买中的政府责任理论框架，从政府履行促进市场竞争的责任和保障公众参与的责任两个维度、两种层次的交互分析，推理出政府购买公共服务的四种责任模式。这四种责任模式的关系为：从“非竞争代言型”责任模式到“竞争代言型”或“非竞争参与型”责任模式，再到“竞争参与型”责任模式，政府促进市场竞争的责任的履行程度和政府保障公众参与的责任履行程度逐步提高。公共服务购买中的政府责任理论框架注重服务提供的效率和对公众需求的回应，具有透明性、回应性、可控性、问责性等特点。

第二章　非竞争代言型责任模式：定向委托购买

本章以B市政府通过定向委托的方式购买社工培训服务为例，描述在“非竞争代言型”责任模式下的政策背景，总结该种责任模式的特点，介绍政府购买社工培训服务的过程，对“非竞争代言型”责任模式中政府履行促进市场竞争的责任和保障公众参与的责任情况进行评价，以及分析该种政府责任模式下存在的主要问题。

一、政策背景与政策概况

根据现有的资料显示，B市政府于2000年12月1日首次正式发布了有关公共服务市场化的政策文本《关于加快实现社会福利社会化的意见》，提出了“社会福利社会化”的概念。文件提出“以社区为依托，以社会福利机构为补充的发展方向，积极探索国家倡导资助、社会各方面力量兴办社会福利事业，建立完善的社会福利服务体系”的思路。① 由此，B市开始了“民办公助”的公共服务市场化尝试，逐步界定了政府资助的范围，并明确提出了投资主体多元化、服务对象公众化、运行机制市场化、服务方式多样化、服务队伍专业化和社会化的要求，开始在全市建立社会福利服务网络。2005年，B市民政局发布了《B市民政局资助社会力量兴办社会福利机构实施细则（试行）》，进一步明确了资助的范围。另外，对社会力量采取承包、租赁、合营三种方式与政府合

① B市民政局. 关于加快实现社会福利社会化意见（京政发［2000］36号）［Z］. 2000.

作经营的非营利性养老服务机构，也视为“公办民营”形式并纳入资助范围。[①]此外，受到政府资助的社会福利机构除了必须具备政府规定的福利机构基本规范和服务质量标准的条件外，还应满足服务对象满意率不低于90%的要求。

2006年11月，B市H区颁布了全国第一份关于政府购买公共服务的规范性文件《关于政府购买公共服务指导意见（试行）》。[②]首次对政府购买公共服务的内涵、指导原则、实施主体、购买程序、监督与评估机制进行了明确界定，为政府购买服务向制度化、规范化发展起到了铺垫作用。B市民政局也发布了《关于开展政府购买社会组织公益服务项目的意见》，其中进一步明确了政府购买公共服务的项目范围、资金管理、购买方式及工作程序等，为了政府购买实施和管理的进一步规范化，还拟定了《政府购买社会组织公益服务项目考核管理办法》和《政府购买社会组织公益服务合同文本》，明确了社会组织的资质审查、契约管理、资金审计、绩效评估、跟踪监督、权利义务和奖惩措施。这些文件的发布初步为B市政府购买公共服务的实施与管理奠定了制度基础。

2011年11月，B市政府发布了《B市“十二五”时期社会建设规划纲要》，明确提出推进非基本公共服务市场化改革，提供主体多样化；完善政府购买公共服务政策，鼓励社会资本以多种方式参与公共服务，加大政府购买社会组织服务力度，支持社会力量和民间资本参与社会服务，推动公共服务社会化、多元化；该文件还提出，要保证群众充分行使民主权利，推动公众有序参与，为居民提供顺畅便捷的诉求表达渠道；以及要在公共资源配置、社会公益事业等方面信息公开，加强社会监督。此外，还要加大公共财政对社会组织支持的力度，围绕社会基本公共服务等五种类型的公共服务，每年向社会组织购买300个以上的公共服务项目，其中，明确提出了通过业务培训方式，建立社区工作者管理使用长效机制，推进城乡社区工作者专业化、职业化；鼓励和支持社会工作者参加社会工作职业水平考试，制定并实行社会工作者培养、评价等系列政策，加强社会工作者专业培训和继续教育。B市在“十二五”时期购买社会组织服务项目指南中还设立了专业社工管理、培养类试点项目，社工的专业

① B市民政局. B市民政局资助社会力量兴办社会福利机构实施细则（试行）（京民福发［2005］54号）［Z］. 2005.

② 周俊. 政府如何选择购买方式和购买对象？——购买社会组织服务中的政府选择研究［J］. 中共浙江省委党校学报，2014（2）.

化、职业化培训得到了重视。[①]

2012 年 3 月，B 市委组织部等部门在关于首都社工人才发展规划纲中提出，到 2020 年，要从结构、数量、素质等方面综合培养出专业化的人才队伍，将首都打造成为高端社会工作专业人才聚集之都。充分发挥社工在困难救助、矛盾调处、人文关怀、心理疏导、行为矫治、关系调适等方面的专业优势；还提出，要建立教育培训长效机制，合理配置教育培训资源，加快建立不同层次教育协调配套的社会工作专业人才培养体系、培训质量评估政策和指标体系等，并强化监督和评估环节。[②] 这些政策的发布和实施在政府购买公共服务的规范性、培育社会组织发展、政府购买信息公开、社会工作者建设等方面起到了一定的积极作用。在以上政策背景下，B 市从 2012 年 12 月到 2014 年 12 月，向 Z 学院购买并实施了 B 市“万名社区工作者培训计划”项目。[③]

二、非竞争代言型责任模式的特点

（一）政府拥有支配公共服务资源的绝对性权威

在“非竞争代言型”责任模式中，政府运用公权力为社会提供公共产品，政府及其工作人员依靠行政力量推动政府购买，政府掌握着支配公共服务资源的绝对性权威，政府是公众需求的“代言人”。公权力是政府根据公共意志组织、协调和控制社会与个人的一种特殊的权力。在全能主义的大政府模式下，往往表现出中央高度集权和泛政治化两大特征，政府全面介入经济、政治、文化和社会领域，政府规模庞大。政府对人们生活的全面干预造成人们对政府的服从和依赖状态，公众的积极能动性较低。在此种模式下的公共服务购买中，

① B 市人民政府. B 市“十二五”时期社会建设规划纲要（京政发［2011］63 号）[Z]. 2011.

② 中共 B 市委组织部. 首都中长期社会工作专业人才发展规划纲要（2011~2020 年）（京组发［2012］5 号）[Z]. 2012.

③ 彭婧. 从市场价值优先到公共价值优先——政府购买责任研究的进展、不足与展望［J］. 财政研究，2018（1）.

政府有权根据自身或社会需求，对公共服务的提供内容进行主导性支配，政府自行决策服务购买的内容及选择符合政府需求的服务提供者，并能够对公共服务的生产过程进行不同程度的干预，政府与市场提供社会公共服务的职能边界不清晰。随着市场经济的逐步发展和完善，由于政府与市场存在着各自“失灵”的情形，这种状态并非一成不变，政府与市场的作用在公共服务的提供中也存在此消彼长的关系。但是，政府单向度支配公共服务资源，缺乏与社会的有效协调，极易导致政府提供服务的职能和由此相伴的协调职能呈现出脆弱和不稳定的状态，这种情况反过来又迫使政府采用垄断式的生产方式来加强服务职能，维护政府权力的稳定性。

（二）服务提供者通过非竞争途径获得承包资格

一般来说，政府购买公共服务的方式可以分为公开招标、单一来源、竞争性谈判和邀请招标四种方式，这取决于政府引入市场机制的强弱程度。在“非竞争代言型”责任模式中，参与购买的主体之间并非通过公开招投标，而是通过指定、委托、协商等方式完成政府购买公共服务的行为，由政府选择合适的服务提供者。政府所指定、委托的对象可能是政府成立的社会组织，也可能是独立的私人承包商，服务提供者无须通过竞争就能够获得服务承接者的资格。一般来说，服务提供者通过非竞争途径获得服务承接者资格的情况分为两种：一种是主观原因，如政府与所选定的服务提供者之间存在利益关系，政府在特定的公共服务领域内、选择原本由政府推动成立的官办社会组织作为服务的承接主体，但可能存在潜在的竞争市场，这些社会组织具有可替代性，政府可以更换购买的对象；另一种是客观原因，如政府购买的公共服务发展并不成熟，具备服务提供资质、发展成熟的承接公共服务的社会组织和机构较少，政府没有更多的备选项，服务提供者具有垄断地位。非竞争性购买并没有得到学界的普遍认可，有学者指出，非竞争性购买侵害了政府购买的内涵与原则，不符合公共服务社会化和政府改革的真正要求。尤其是政府与自身有利益关系的社会组织的合作，即通过上述主观原因获得服务承接者资格的社会组织，他们与政府仅通过契约的方式形成了形式上的分离，难以严格地称之为两个完全平等、独立的主体之间的合作。①

因此，在市场中没有足够的服务竞争者的情况下，政府应该选择那些业已存在的服务提供者，这些组织具有独立性，他们因为购买事项而与政府部门发生合作关系，不依赖于购买资金生存。并且，政府应首选那些具有信誉优良、专业性强的服务提供者，以降低购买过程中的风险。

（三）公众被动接受服务

在“非竞争代言型”责任模式中，由于政府及其工作人员依靠行政力量推动政府购买，所购买的公共服务内容由政府单方面确定，政府是公众需求的“代言人”。而公众作为公共服务的“消费者”，由于没有畅通的渠道表达自身的服务需求，以及难以参与公共服务购买过程的其他环节，只能在公共服务购买过程中被动接受服务。政府通过审批、拨款、检查等传统的行政手段推动政府购买公共服务，服务提供者则通过申请、汇报等方式与政府互动，公众及其自身需求极易被边缘化。这就导致了服务提供者将迎合政府意志作为唯一的服务生产目标，不受到政府以外的任何力量的监督和干预，公众虽然是服务的“体验者”，但其真实的服务感受往往被忽略或者边缘化，公众难以对服务提供者产生约束。最终，政府购买的内容是政府与服务提供者相互选择和协商的结果，没有公众参与决策的过程。尽管在最初的公共服务购买中，公共服务以街道清洁、印刷等易于查验的服务为主进行购买，效率是主要的追求目标。但是，随着政府购买公共服务的发展，以公众为服务对象的“体验品”类复杂公共服务日益增多，公共服务购买中的政府责任不应只追求“效率”目标，更应该关注“消费者”的公共利益实现情况，应通过公众参与来维护公众权益，将公众置于公共服务购买质量评价的“中心”位置。②

---

① 张海，范斌. 我国政府购买社会组织公共服务方式的历史演进与优化路径［J］. 理论导刊，2013（11）.

② 彭婧. 中国公共服务购买中的政府责任研究——以 B 市为例［D］. 北京师范大学博士学位论文，2016.

三、政府购买公共服务的过程

政府购买社工培训服务，是B市政府提升社区服务水平，推动社工服务专业化、职业化发展的举措之一。从政府购买公共服务的过程来看，政府以定向委托购买的方式，政府掌握着选择服务提供者的权利，并且从政府的角度为社工确定所购买的服务内容，政府按照“申请—审批—补贴”的程序购买服务。[①]

（一）项目决策

2011年9月，中组部、中央政法委等18部门出台《关于加强社会工作专业人才队伍建设的意见》，提出要建立社工培训制度，强化社工素质培训，重点对社区服务组织、公益服务类事业单位、城乡基层居（村）民自治组织、基层社会服务部门、公益慈善类社会组织直接从事社会服务的人员进行规模化、系统化的社会工作专业知识培训，以提高其职业素质和专业水平。2011年10月，B市政府在《关于“首善之区社会工作人才发展工程”的实施意见》中提出，以现有的培训单位为基础，轮流对社会工作从业人员进行专业培训、职业水平考试培训及继续教育培训。2012年3月，在《B市中长期社会工作专业人才发展规划纲要（2011~2020年）》中，B市政府再次提出对社会工作者培训的重要性，实行岗位轮训制度，定期、轮流对在岗人员进行培训。

由此，在上述政策背景下，培养一批在政治素养、业务能力、服务水平等方面具有专业化、职业化水平的社区工作者，成为了B市提高社区管理服务能力、适应当前社区建设要求的主要目标。B市社会建设工作领导小组办公室和有关成员单位，包括市委组织部、市委社会工委、市人力社保局、市民政局联合实施了“万名社区工作者培训计划”，从2012年12月启动至2014年12月结束，累计开办了122期培训班，共培训社工3.4万余人，实现了将B市社区工作者轮训一遍的计划。2012年以集中培训为主，开展培训24期，培训班每

① 彭婧. 公共服务购买中的政府责任研究—— 一个分析框架［J］. 甘肃行政学院学报，2017（3）.

期5天，每期计40学时，培训7073人，使用财政资金310.26万元。到2013年底，共组织培训66期，累计培训20415人。2014年培训1.4万人。该项目在决策之初还确立了绩效目标：①为社会工作者接受继续教育、提高政治素质和专业素质提供新的载体和平台，提高社区工作者的专业素质和能力；②推动社会工作理论和实践的有机融合，突出首都特色，确保培训的理论性、时效性、实用性和针对性；③促进社会工作人才综合素质的全面提高，提升全市社会工作队伍的专业化、职业化水平，为首都社会建设提供有力的人才保障。[①]

（二）服务提供者的选择

B市政府购买“万名社区工作者培训计划”项目是由B市社会建设工作领导小组办公室（以下简称“社会办”）和有关成员单位，包括市委组织部、市委社会工委、市人力社保局、市民政局联合实施的。在项目实施的过程中，主要由B市社会办负责购买服务的具体工作。在服务提供者的选择上，B市社会办没有采取公开竞争招标的购买方式，而是通过比较B市已有的具备社工培训资格的组织，并与之沟通协商后，最终确定Z学院作为政府购买“万名社区工作者培训计划”项目的服务提供者。Z学院具有的优势在于其社会工作系是国内较早建立的社会工作专业和社会工作系之一，其社会工作专业属于B市高职示范性专业，社会工作专业教学团队曾被批准为B市优秀教学团队，以及Z学院拥有数量较多的校外实训基地。2012年12月，B市社会办与Z学院签署了“万名社区工作者培训计划”合作协议。[②] 表2-1为B市社会办购买“万名社区工作者培训计划”的专项资金项目申报书，其中对项目实施的责任处室、资金投入方式、项目委托的安排方向等进行了规定，阐述了项目申报理由和项目内容。此外，还对项目经费的测算依据作了初步预算，列出了预算支出的明细，主要包括培训资料费用、管理费用、课程建设费、工作人员补贴、教室租赁，以及学员餐费和教师课酬等，共计支出310.26万元。

---

① B市委社会工作委员会，B市社会建设工作办公室. 万名社区工作者培训财政支出绩效报告（2012年度）[Z]. 2012.

② 北京社会建设网.“B市万名社区工作者培训计划”正式启动［EB/OL］. http：//www.bjshjs.gov.cn/86/2012/12/03/69@9904.htm，2012-12-03.

表 2-1 "万名社区工作者培训计划"专项资金项目申报书

项目名称	社区工作者万人培训	责任处室	社会工作队伍建设处
资金投入方式	前补助、定额补助	安排方向	区县、Z 学院

项目申报理由和主要内容
(简要项目内容和方案以及项目经费的测算依据)

项目申报理由:
《首都中长期社会工作专业人才发展规划纲要（2011~2020 年）》：定期对社会工作从业人员进行专业培训。计划每 3~5 年，轮流对在岗人员进行一次培训。
《关于"首善之区社会工作人才发展工程"的实施意见》：依托现有的培训单位，以此为基础，轮流对社会工作从业人员进行专业培训、职业水平考试培训及继续教育培训。
主要内容:
每年计划培训 10000 名左右，分三年对全市社区工作者轮训一遍。根据实际情况，2012 年以集中培训为主。先期培训 24 期，培训班每期 5 天，计 40 学时，共培训 7073 人，共使用经费 310.26 万元。

预算支出明细表

序号	项目	名目	数量	标准	需求总额	需求时间
1	学员培训手册		7073 人	10 元/人	7.703 万元	
2	学员培训结业书		7073 人	30 元/本	21.219 万元	
3	学籍管理费		7073 人	10 元/人	7.073 万元	
4	培训资料费用		7073 人	50 元/人	35.365 万元	
5	Z 学院工作人员补贴		24 班次	5000 元/班次	12 万元	
6	课程评估费		240 课	300 元/课	7.2 万元	
7	讲师团组建费				10 万元	
8	培训课程建设费		10 讲		15 万元	
9	讲课费		240 班次	平均 2750 元/次	67 万元	
10	教室租赁费		24 班次 × 5 天	4000 元/天	48 万元	
11	学员餐费		7073 人	20 元/每人每天 × 5 天	70.73 万元	
12	区县工作人员补贴		24 班次	4000 元/天	9.6 万元	
					共计 310.26 万元	

注：资金投入方式分为：以奖代补、前补助、后补助、定额补助。安排方向：区县、市级枢纽型组织。

资料来源：B 市社会工委、社会办的《2012 年政府购买万名社区工作者培训计划》材料，以及笔者对 B 市社会办政府购买公共服务相关负责人员的访谈记录；访谈地点：B 市社会办；访谈时间：2014 年 12 月。

（三）服务生产

在政府购买"万名社区工作者培训计划"项目中，政府主动邀请有一定声望的服务提供者撰写服务计划书，政府部门和服务提供者建立合作关系后，共同研究确定合同内容和服务方式。作为“买方”的B市社会办和“卖方”的Z学院都是独立的决策主体，通过委托方式实现了购买行为，两者间形成了合同关系。服务的生产过程经历了这样几个步骤：政府制订购买公共服务的计划及确定资金规模，买卖双方签订服务合同，并明确购买者和服务承接者各自的职责；政府按照合约先行支付部分资金；服务提供者利用自身的技术和人力资源优势提供公共服务；政府对所购服务进行验收评价后，根据服务提供者所提供的公共服务数量和质量向其支付剩余费用。在服务生产的过程中，政府占主导地位，购买者与服务提供者双方按照合同履行义务，关系较为对等。①

在B市社会办购买“万名社区工作者培训计划”项目的具体实施过程中，B市社会办组织成立了B市万名社区工作者培训工作教学委员会，该委员会包括B市社会建设工作领导小组办公室有关成员单位，各区县社会工委、社会办和Z学院等成员单位组成。培训工作教学委员会主要负责培训教学的综合协调和统筹指导、组织选派培训师资、指导区县培训工作，以及培训工作管理等。在此基础上，形成了由B市社会办统筹，相关部门参与配合、Z学院协助管理、区县社会办具体实施的工作机制。B市社会办的职责在于负责统筹协调培训总体工作，组织专家制订培训计划和编写培训大纲，保障培训经费的支出，并督促指导区县实施培训。B市社会办还制定了讲师团相关工作制度，组织讲师团进行了集中备课，对授课教师讲稿的政治性、专业性和实用性进行审核。另外，还建立了“双联络员”制度，由区县社会办选派相关工作人员担任培训联络员，同时，Z学院选派教师担任联络员，到各区县协助培训的组织与管理。

各区县社会办的职责在于按照自身的情况具体组织实施本区县社区工作者参加培训。各区县参照市级培训工作领导机构的设置成立了本区县的培训组织领导机构，负责相关管理工作。各区县社会工委、社会办具体负责本区县参训人员的组织、日常管理，并配合Z学院做好教学评估、学员考核等工作。从各区县社会办组织实施的情况来看，政府所购买的培训时间一般为3~5天，培训采取自主学习、集中辅导、研讨交流相结合的方式进行。在培训对象上侧重于社区正职和大学生社工。各区县在培训内容和师资力量上较为一致，聘请“万名社区工作者培训”讲师团成员进行授课，主要按照《B市社区工作者培训大

① 贺巧知. 政府购买公共服务研究［D］. 财政部财政科学研究所博士学位论文，2014.

纲》的要求，内容涉及："党的十八大报告辅导""加强和创新服务管理、全面推进社区建设""如何做好社区工作""社区志愿服务及志愿者队伍建设"等。[①]

Z 学院的职责在于负责组建讲师团，从 B 市社会建设研究基地等有关高校、党委政府业务部门和街道社区中聘请有一定社会影响力的专家学者、领导干部、实践工作者组成社区工作者培训讲师团，到各区县开展培训工作。Z 学院还负责开展教学效果评估和学员考核，培训学籍、学时的登记，以及结业证书的发放等教学管理工作。

（四）资金的投入与使用情况

根据 B 市社会办 2012 年《B 市万名社区工作者培训财政支出绩效报告》显示，2012 年开展培训 24 期，共 7073 人，支出经费 303.187 万元。其中，安排拨付 Z 学院 114.93 万元，含教学管理费共计 99.93 万元，包括学员培训手册、学员培训结业证、学籍管理费、培训资料费（资料、考核、阅卷、通信录）、工作人员补贴（工作人员包括学院专职培训联络员、班主任及相关工作人员，费用含交通、通信、餐补、降温费等）、课程评估、讲师团组建管理等，以及培训课程建设费 15 万元（不含出版发行，包括课程讲义制作费、课程视频制作费等）。拨付区县社会工委 195.33 万元，含师资课酬共计 67 万元，以及区县培训工作补助共计 128.33 万元，包括教室租赁费、学员餐费、工作人员补贴。项目资金使用的详细情况如下：

1. 拨付 Z 学院（114.93 万元）

教学管理费：99.93 万元。

（1）学员培训手册：10 元/本，共计 7.073 万元；

（2）学员培训结业证：30 元/本，共计 21.219 万元；

（3）学籍管理费：10 元/人，共计 7.073 万元；

（4）培训资料费（资料、考核、阅卷、通信录）：50 元/人，共计 35.365 万元；

（5）工作人员补贴（工作人员包括学院专职培训联络员、班主任及相关工

---

① 北京社会建设网. 各区县启动万名社区工作者培训工作［EB/OL］. http：//www.bjshjs.gov.cn/412/2013/01/05/69%4010384.htm，2013-01-05.

作人员，费用含交通、通信、餐补、降温费等)：5000 元/班次 × 24 班次 = 12 万元；

(6) 课程评估（印制发放问卷、统计分析，2 元/份)：300 元/课次 × 240 课 = 7.2 万元；

(7) 讲师团组建管理：10 万元。

培训课程建设费：15 万元（不含出版发行)。

(1) 课程讲义制作费（十讲)：50000 元。

(2) 课程视频制作费（十讲)：100000 元。

2. 拨付区县社会工委（195.33 万元)

师资课酬：67 万元。

(1) 城区 2500 元/次 × 10 期 × 10 次 = 25 万元。

(2) 郊区 3000 元/次 × 14 期 × 10 次 = 42 万元。

区县培训工作补助：128.33 万元。

(1) 教室租赁费：24 班次 × 5 天 × 4000 元/天 = 48 万元。

(2) 学员餐费：20 元每人每天 × 5 天 × 7073 人 = 70.73 万元。

(3) 工作人员补贴：4000 元/班次 × 24 班次 = 9.6 万元。

表 2–2　2012 年 B 市万名社区工作者培训各区县拨款明细

区县	期数	人数	课酬（万元）	场租（万元）	餐费（万元）	补贴（万元）	总计（万元）
A 区	2	1000	5	4	10	0.8	19.8
B 区	2	400	5	4	4	0.8	13.8
C 区	1	300	2.5	2	3	0.4	7.9
D 区	2	600	5	4	6	0.8	15.8
E 区	2	740	5	4	7.4	0.8	17.2
F 区	1	210	2.5	2	2.1	0.4	7
G 区	1	260	3	2	2.6	0.4	8
H 区	1	420	3	2	4.2	0.4	9.6
I 区	1	300	3	2	3	0.4	8.4
J 区	1	300	3	2	3	0.4	8.4
K 区	2	520	6	4	5.2	0.8	16
L 区	2	600	6	4	6	0.8	16.8

续表

区县	期数	人数	课酬（万元）	场租（万元）	餐费（万元）	补贴（万元）	总计（万元）
M 区	1	320	3	2	3.2	0.4	8.6
N 区	2	383	6	4	3.83	0.8	14.63
O 县	2	500	6	4	5	0.8	15.8
P 县	1	220	3	2	2.2	0.4	7.6
共计	24	7073	67	48	70.73	9.6	195.33

（五）服务的监督与评价

B 市社会办对所购买社工培训服务的监督途径包括年度的总结汇报检查，以及在年度检查基础上针对政府购买培训服务执行情况的进度检测，以此作为政府监控服务质量的重要方式。在社工培训实施前，B 市社会办制定了讲师团相关工作制度，组织讲师团进行了集中备课，对各位授课教师讲稿的政治性、专业性和实用性进行审核，了解授课情况和实际效果。另外，还制定了培训班管理制度，为学员建立学籍档案，并由 Z 学院、各区县共同负责学员管理。同时，建立学员考核制度，加强平时听课情况的考核，全部课程结束时，对学员听课效果进行考查，并将学员综合考核情况作为年度奖金发放和评优选优的重要参考依据。在针对各区县的检查过程中，B 市社会办还召开专门的会议，了解存在的问题和反映意见。在项目结束时，B 市社会办还会对各区县培训资金的使用情况进行审计检查。

可以看出，在政府对所购买培训服务监督与评价的过程中，主要将培训人数、资金使用情况、项目进度等作为考察的重点，缺乏对服务过程的监督和对服务对象满意度情况的考察，重在通过对培训人数、培训期数等指标来对服务质量进行评价。在培训绩效评估报告中（见表 2-3、表 2-4），培训绩效情况统计表只是列出了对各区县投入的资金数、期数、每期培训人数、涉及街道或乡镇数、涉及社区数等情况，没有参加培训的社工意见反馈。在授课过程中，虽然每节课有学员测评，但这个评价主要由 Z 学院自己掌握，针对的是教师的授课情况，评价的结果也不反馈到 B 市社会办。B 市社会办对于 Z 学院的测评则来自于各区县社会办的反映建议。因此，参加培训的社工很难与政府进行有效互动，仅作为“被动的”服务对象接受培训。[①]

表 2–3 2012 年 B 市万人社工培训项目支出绩效目标申报表

<table>
<tr><td>项目名称</td><td>万名社区工作者培训</td><td>申请数合计</td><td>310.26 万元</td></tr>
<tr><td>项目绩效目标</td><td colspan="3">实施“万名社区工作者培训计划”，对全市社区工作者开展轮训。每年计划培训 10000 名左右，分三年对全市社区工作者轮训一遍</td></tr>
<tr><td rowspan="10">绩效指标</td><td>一级指标</td><td>二级指标</td><td>具体指标（指标内容、指标值）</td></tr>
<tr><td rowspan="4">产出指标</td><td>产出数量指标</td><td>2012 年培训社区工作者 7073 名</td></tr>
<tr><td>产出质量指标</td><td>有计划、分层次地对现有社会工作从业人员进行专业轮训、职业水平考试培训及继续教育培训</td></tr>
<tr><td>产出进度指标</td><td>2012 年 12 月底前完成</td></tr>
<tr><td>产出成本指标</td><td>共使用经费 310.26 万元</td></tr>
<tr><td rowspan="5">效益指标</td><td>经济效益指标</td><td>—</td></tr>
<tr><td>社会效益指标</td><td>全面提升 B 市社区工作者的服务管理能力，提升全市社会工作队伍的专业化、职业化水平</td></tr>
<tr><td>环境效益指标</td><td>—</td></tr>
<tr><td>可持续影响指标</td><td>—</td></tr>
<tr><td>服务对象满意度指标</td><td>—</td></tr>
<tr><td>其他说明的问题</td><td colspan="3"></td></tr>
</table>

表 2–4 2012 年 B 市万名社区工作者培训情况统计

区县	期数	每期培训人数	涉及街道、乡镇数（个）	涉及社区数（个）
东城	3	500	17	187
朝阳	2	150	4	46
海淀	2	300	29	570
丰台	2	330	17	294
门头沟	1	260	13	113
房山	1	500	6	93
顺义	4	300	17	91
大兴	2	485/100	5 个街道和 14 个镇	167

① 彭婧. 公共服务购买中的政府责任研究——一个分析框架［J］. 甘肃行政学院学报，2017（3）.

续表

区县	期数	每期培训人数	涉及街道、乡镇数（个）	涉及社区数（个）
昌平	2	300	2	57
平谷	2	330	3	27
怀柔	1	360	14个镇乡、2个街道	32
密云	2	250	3	42
延庆	1	199	18	46

四、政府责任履行的效果评价

（一）政府促进市场竞争的责任履行情况

在市场经济条件下，政府购买公共服务应充分引入多元化的主体参与竞争，如私营企业或非营利组织。一方面，充分的市场竞争对政府和服务提供者相互勾结、官员寻租等问题能够起到一定的抑制作用，从而维护政府购买服务的质量和效率；另一方面，随着市场经济的不断完善，市场主体也得以不断发展，具备提供公共服务资质的单位或者组织越来越多，在政府购买中引入竞争不但关乎社会公平和正义，还能够促进私营企业或非营利组织的不断发展。从B市社会办向Z学院购买社工培训服务的过程看，政府履行促进市场竞争的责任情况如下：

1. 竞争招标情况

政府购买公共服务中的规范性和规则性程度决定了政府购买的质量，政府应将政府购买公共服务建立在公平、公开的竞争性程序之上，使得竞争者之间机会均等和享受公平待遇成为市场经济健康发展的必要条件。[①] 在B市社会办购买社工培训服务的过程中，没有向社会公开招标，而是由政府通过比较和调研，自行确定了服务提供者。实际上，B市拥有大量的可以提供社工培训的单

① 师泽生，王冠群. 社会公正与政府责任［J］. 政治学研究，2006（4）.

位或组织，开设社工专业的高校或高职院校也为数不少，但许多符合条件的服务提供者却没有能够平等地参与竞标，政府履行促进市场竞争责任的关键指标没有完成，不利于保障政府购买公共服务质量的提升。

2. 政府购买过程的信息公开情况

政府在购买公共服务的过程中应承担信息公开的责任，信息公开包括服务购买的各个环节。在B市社会办购买社工服务的过程中，B市社会办按照上级文件精神和自身的工作需要，做出了政府购买"万人社工培训服务"的项目决策，政府没有广泛地向潜在的服务提供者发布公共服务招标的信息，也没有向B市的社会工作者发布相关的项目决策信息。在项目实施的过程中，政府定期对各区县项目执行情况进行检查和验收后，在B市社会办的官方网站上会公布年度培训情况，包括总的培训的人数、期数、培训内容，但没有公开资金的投入与使用情况、培训的绩效评估情况、财务审计情况等内容。[①]

3. 政府培育市场的情况

政府在履行促进市场竞争的责任中，还包括积极培育市场，促进潜在的服务提供者发展。培育市场的行为如扶持包括非营利组织、私人组织和非政府组织在内的第三部门，以及规范市场制度等。政府购买社工培训服务从本质上来说不同于一般实务性的政府购买项目，项目的目标不是着眼于某个微观的受益人群，而是以"服务社会"为最终目的，以"专业社工人才"和社会成员的整体为受益人。政府通过购买社工培训服务来提升社工的职业化和专业化程度，预期是最终能够提升第三部门的服务水平，这对于政府购买公共服务意义重大。社工素质的提升将逐步带动政府购买公共服务提供质量的提升，也有利于服务提供者之间的竞争。因此，政府履行培育市场的责任指标情况较为乐观。

（二）政府保障公众参与的责任履行情况

通过对政府购买社工培训服务过程的分析可见，政府作为社工的"代言人"，以上级文件精神和部门工作要求作为设计服务项目的依据。在具体项目的实施过程中，政府也聘请了专家团队来参与服务的选择和评价过程。此外，

① 北京社会建设网. B市万名社区工作者培训总结大会近日召开［EB/OL］. http：//www.bjshjs.gov.cn/, 2015-01-21.

在B市社工委购买社工培训服务过程中，定期在网上公布培训的人数和期数，社工可以通过网络获取部分服务信息。但是，总体来看，社工通过政府和专家团队的“代言”，只能是被动地接受服务，其参与服务购买过程的广度和范围都受到了一定的制约。从B市社会办向Z学院购买社工培训服务的过程来看，政府履行保障公众参与的责任情况如下：

1. 公众参与项目决策的情况

在政府购买社工培训服务的过程中，政府在项目决策上没有体现公众参与，上级文件精神是政府购买服务的主要决策依据。在政府所购买的项目内容上，也是由政府和服务提供者共同协商决定，没有反映出社工的服务需求和偏好，社工只是政府所购买服务的被动接受者，社工没有参与公共服务购买的必要性论证、具体方案设计、确定有资质的承包商、合同的签订等项目决策环节。因此，从公众参与项目决策的情况来看，参与的效果较差。

2. 公众监督服务生产的情况

在服务的生产过程中，社工作为服务对象参与的监督服务的环节主要是每节课后填写的教师授课评价表。但是，关于教师授课评价的结果最终只反馈到Z学院，而不会反馈到B市社会办。虽然对于个别反映较差的教师在下一轮的培训中不再聘用，但不影响Z学院整体的服务评价情况。在B市万人社工培训项目支出绩效目标申报表中（见表2-4），绩效指标的设置中虽然有“服务对象满意度”一项，但并未真正作为最终绩效评估的依据。所以，服务提供者生产服务的过程中，公众参与监督的效果较差，服务对象和政府之间缺乏服务情况的有效互动和沟通，政府对承包商的业绩考核情况、责任追究等方面没有充分保障公众的参与权利。

3. 公众自主选择服务的情况

在公共服务购买中，公众参与的实质在于政府通过提高公众的自主权利来实现其选择权，政府应保证公众具有选择服务提供者的自主权利。在政府购买社工培训服务的过程中，根据社工工作的地点，由各区县组织安排培训，社工不能够自己选择跨区县参加培训，更不能自行选择符合自身需求的服务提供者。另外，由于培训课程的内容基本上是统一的，社工即使选择不同期或不同地点的培训，意义也不大。因此，在政府购买社工服务的过程中，公众的参与程度较低，缺乏自主选择的权利，不利于政府购买公众满意度的提升。

（三）公众满意度情况

根据问卷调查的结果显示，接受培训的社工对政府购买的培训服务项目满意程度较低。调查中通过设置“非常不满意、不满意、一般、满意、非常满意”五个评价指标来衡量社工对服务项目的真实需求。调查对象中对项目设置非常满意的人数占总数的2.11%，满意的占51.89%，一般的占24.34%，不满意的占14.91%，非常不满意的占6.75%。在访谈中，一位受访的社工说：“其实我们就是按照社会办的安排去的，我自己大学毕业后工作过一年多，后来觉得干这个事（社会服务）特别有价值就坚持下来了，现在已经干了三年多了。培训的课程大部分我觉得不实用，但也没办法，我希望课程的时间和内容安排上能稍微灵活一点儿，毕竟不是每个人碰到的情况都一样。”

在访谈中，有不少社工都表示培训的课程内容趋于统一，在实际工作中难以灵活运用。另外，关于信息公开的情况，社工普遍表示是在接到通知的时候才得知政府购买了此类服务，事先并不清楚相关的服务购买情况，也没有参与过对此次服务的评价。总体来看，参加培训的社工满意度较低，参加培训的目标是为了配合政府相关部门的管理需要，社工对培训的期望度也不高。

五、存在的问题

在政府购买社工培训服务的过程中，虽然政府尝试引导社会力量参与服务供给，发挥市场机制的作用，达到提高服务数量和质量的双重目标。然而，政府在服务购买过程中仍然沿用了传统的政府主导的执行模式，忽视了市场竞争和公众参与对提升服务质量的重要作用。由于“非竞争代言型”责任模式主要依靠政府机构及其工作人员的行政力量推动执行，严重影响了市场机制作用的发挥。另外，在服务生产监督、公众自主选择等环节缺乏公众参与，使得政府责任流于形式。具体来说，存在以下问题：

（一）非竞争性购买侵害了市场主体公平交易权

公共服务购买中政府的关键责任之一就在于维护竞争，竞争是政府购买公共服务成功的关键。公共服务购买效率的提高关键在于公共服务市场中存在多个服务提供者，并且服务提供者之间是公平竞争的关系。在竞争的环境下，私人企业具有较高的效率，但如果不存在竞争，私人企业的效率也可能会低于国有企业。[①] 在政府购买社工培训服务的项目中，政府没有通过公开竞争招标的方式选择服务提供者，而是通过调研和比较确定了服务提供者。虽然，这种定向委托购买服务的方式使服务提供者在公共服务购买中能够获得稳定的支持、稳定的回报和稳定的市场，有利于被选定的服务提供者的发展。但是，由于政府未能有效吸引更多具有服务提供资质的民间资本参与竞争，没有为更多的竞争主体创造一个公平的竞争机会和环境，严重损害了市场主体的公平交易权，既不利于市场机制作用的发挥，也不利于竞争主体的发展。政府购买公共服务的初衷是利用竞争市场来提高公共服务质量和行政效率，非竞争性购买对具备相应资质的市场主体公平交易权的侵害最终会影响市场机制的良性发展。在政府购买社工培训服务中，政府不应局限于公立机构，而应该建立多元化的竞争格局。服务的提供者既可以是公办的高校，也可以是私立的职业院校，真正的问题不在于服务到底该由公共部门提供还是私营部门提供，而在于服务提供者之间是否存在竞争。只要存在竞争，不论公共部门还是私营部门，同样都是有效率的。[②]

（二）购买程序不公开不利于遏制官员寻租行为

在政府定向购买社工培训服务的过程中，在项目决策环节、服务生产环节、服务验收环节，均存在政府购买程序不公开的问题。购买程序的公开化、透明化能够将腐败、寻租等问题的发生率降低。在政府购买公共服务的实践中，市场主体需要了解政府购买服务的项目和标准，避免出现不同的竞争主体

① J A Kay, D J. Thompson. Privatization: Problems and priorities [J]. The Economic Journal, 1996, 106 (3).

② 饶常林，常健. 论公用事业民营化中的政府责任 [J]. 行政法学研究，2008 (3).

在竞逐过程中处于信息不对称的状态。公众则需要通过政府公布的信息了解购买的过程，以及对购买公共服务的生产过程进行监督。《政府采购法》也对相关的购买信息公开予以了明确的规定，相关的购买信息均应及时披露和公开，并且对信息的公开以制度化形式确立。但在政府购买的具体实施过程中，政府没有公开所购买服务的价格、服务目录，以及服务标准等。政府公共服务购买程序透明度不高。在核定服务价格方面存在过大的自由定价空间。这种做法极易导致“暗箱操作”而滋生腐败，不利于遏制官员的寻租行为，容易形成新的设租和寻租现象。另外，从市场竞争的角度来说，在程序公开、价格透明、责任明确、个人利益得到法律法规的有力保障的市场环境中，私营部门才有动力寻求发展、积极涉足公共服务领域，公共服务的质量才能够真正有所提升。

（三）公众缺乏自主权利导致个性化需求难以满足

在公共服务购买中除了引入竞争机制是政府提升公共服务满意度应履行的责任外，提升公众的自主权利允许公众自由选择服务也是政府购买公共服务必须履行的责任，同时也是提高公共服务供给效率、克服传统供给体系弊端的重要手段。然而，在政府购买社工培训服务的过程中，社工是明显缺乏自主选择权利的。在统一的授课大纲的安排下，不同学历层次、不同工作背景的社工接受着几乎相同的培训课程，结果可能是一部分社工重复学习着在实践中已经熟练运用的内容，而另一部分社工可能还处于培训课程的“入门”阶段，不利于社工素质的整体提升。如果服务提供者能够提供不同类型的培训服务，社工可以自行选择符合自身工作需求的服务内容来满足个性化需求，通过“用脚投票”来选择服务提供者，就能够自动淘汰服务质量低劣的服务提供者，更有利于社工培训目标的实现。因此，只有公众参与是维护公共利益最直接的途径，拥有选择权的公众会寻找能够最大限度满足其需求的服务提供者，避免出现服务提供者一味追求利益、忽略服务对象的基本要求、降低政府公共服务公信力等问题。①

① 彭婧. 中国公共服务购买中的政府责任研究——以 B 市为例［D］. 北京师范大学博士学位论文，2016.

六、本章小结

本章以 B 市政府购买社工培训服务为典型个案，描述在“非竞争代言型”责任模式中，政府按照上级文件精神和部门工作的需要制定服务购买的决策，服务购买的实施由政府为主导加以推行的购买过程。分析在服务购买过程中，该模式的典型特征，以及政府、服务提供者、公众的互动关系，重点分析政府购买服务的生产过程，评价政府履行促进市场竞争的责任和履行保障公众参与的责任情况。政府在公共服务购买过程中虽然制定了大量的规范类文件，但由于忽略了促进市场竞争和保障公众参与，导致政府购买的效率、公平、回应性均处于较低的水平。政府在对购买的服务提供者进行选择时，采用了定向委托的方式，使其他拥有服务提供资质的竞争者无法参与市场竞争；在服务生产过程中，由于缺乏必要的信息公开，使得服务购买未能接受有效的监督；而公众自主选择权利的缺乏又使其个性化需求难以得到满足，公共服务购买的效果和效益较差。总之，在政府购买社工培训服务的个案中，政府履行促进市场竞争的责任程度和保障公众参与的责任程度均为较低水平，政府购买服务的公众满意度也处于较低的水平。

第三章　竞争代言型责任模式：政府购买社会组织服务

政府购买社会组织服务是由政府出资，以项目的形式购买社会组织提供的公共服务的过程。2010 年以来，B 市开始尝试以服务民生为主题向社会组织购买服务，通过发挥社会组织的功能作用来推动政府职能转变、提高政府公共服务效能，也逐步成为推动社会治理和服务创新的一项重要举措。本章以 B 市政府购买社会组织服务为例，描述“竞争代言型”责任模式的典型特征、服务生产过程，评价政府履行促进市场竞争的责任情况和保障公众参与的责任情况，并分析其中存在的问题。

一、政策背景与政策概况

“社会组织”是指除政府和企业以外的面向社会提供特定领域公共服务的法人实体。在国际上，由于各国在文化传统和语言习惯方面存在差异，社会组织在不同的国家和地区有多种不同的称谓，如非政府组织、非营利组织、公民社会、第三部门或独立部门、志愿者组织、慈善组织、免税组织等。在官方的政策文件中，从 2007 年开始，我国正式开始使用“社会组织”一词替代了原有的“民间组织”。“社会组织”开始专指区别于政府和企业，且具有非营利性、非政府性、独立性、志愿性、公益性等基本特征的组织。我国政府将社会组织分为三类，即社会团体、基金会和民办非企业单位。[①] 在我国，政府购买社会

① 民政部民间组织管理局. 社会组织的概念、特征及分类［EB/OL］. http：//news.xinhuanet.com/politics/2010-09/12/c_12544379_2.htm，2010-09-12.

组织公共服务兴起于20世纪末期，这一方式被引入政策实践后，受到了学界学者的关注和肯定。随着2012年中央财政首次安排2亿元专项资金支持社会组织参与社会服务，政府购买社会组织公共服务逐步成为推动政府职能转变、建构社会服务新体系的途径之一，并逐渐从地方政府的创新性尝试，发展成为我国在公共服务供给中的一项制度性共识。①

截至2014年6月底，B市共登记社会组织8928个（市级社会组织2203个，区县6725个），其中社会团体3718个（市级1437个，区县2281个），基金会298个，民办非企业单位4912个（市级468个，区县4444个）。备案社区社会组织达到17344个，基本涉及社会生活的各个领域。社会组织吸纳从业人员14.56万人，个人会员达749万人。社会组织总资产424.8亿元，总收入219.4亿元，占B市国内生产总值1.22%。社会组织利用社会资源投入公益领域资金达134.9亿元，社会组织参与提供公共服务已经成为B市经济社会发展不可或缺的重要力量。②

2008年9月，在中共B市委办公厅发布的《关于加快推进社会组织改革与发展的意见》中对社会组织管理体制、工作机制和保障体系的建设提出了要求。该文件提出了加快推进政社分开、管办分离，构建“枢纽型”社会组织工作体系，以及逐步实行分类管理、分级负责，创新社会组织管理体制的发展目标。③

2009年3月，为了加强社会组织的建设、管理和服务，B市开始构建“枢纽型”社会组织工作体系，B市社工委发布了《关于构建市级“枢纽型”社会组织工作体系的暂行办法》，以此将性质相同的社会组织联结起来，促进共同发展。④ 随后，为了落实上述文件精神，B市社会建设工作领导小组又分别于2009年3月发布了《关于认定第一批市级“枢纽型”社会组织的通知》⑤，2010

① 张海，范斌. 我国政府购买社会组织公共服务方式的历史演进与优化路径［J］. 理论导刊，2013(11).

② B市民政局. B市政府购买社会组织公益服务情况介绍［Z］. 2014.

③ 中共B市委办公厅. 关于加快推进社会组织改革与发展的意见（京办发［2008］18号）［Z］. 2008.

④ B市社会建设工作领导小组. 关于构建市级“枢纽型”社会组织工作体系的暂行办法（京社领发［2009］1号）［Z］. 2009.

⑤ B市社会建设工作领导小组. 关于认定第一批市级“枢纽型”社会组织的通知（京社领发［2009］1号）［Z］. 2009.

年 12 月发布了《关于认定第二批市级“枢纽型”社会组织的通知》[①]，2012 年 1 月发布了《关于认定市级“枢纽型”社会组织的通知》[②]，对社会组织的工作体系加以完善。2012 年 12 月发布了《关于推进市级“枢纽型”社会组织规范化建设的意见（试行）》[③]，制定了市级“枢纽型”社会组织规范化考核评价指标，以提升“枢纽型”社会组织的服务管理水平。截至目前，政府购买公共服务已被纳入 B 市政府常态化工作中，其中，“枢纽型”社会组织成为 B 市政府购买公共服务的主要服务提供者。

另外，B 市民政局为了规范项目购买过程，制定了《政府购买社会组织服务项目管理办法》，对购买的项目管理的程序予以规范，以及《政府购买社会组织公益服务项目工作实施方案》，并在《B 市政府购买社会组织公益服务项目目录》中明确了项目评审指标、购买方式、职责分工等，对项目选择、资金管理、绩效评估等环节的操作方式，进一步加以规范。

2010 年以来，B 市民政局从社会组织开展的 2 万余个公益服务项目中，重点购买、资助了扶贫救助、扶老助残、赈灾济困、扶贫救孤、社会组织培育扶持等 442 个公益服务项目，累计投入资金 4080 万元。其中：2010 年投入资金 500 万元，购买了 132 项公益服务项目。2011 年，利用福彩资金 390 万元购买项目 104 项。2012 年和 2013 年，B 市民政局分别安排福彩资金 348 万元和 350 万元购买了公益服务项目 63 个。2014 年，B 市民政局加大了购买力度，利用福彩公益金 2492 万元分两批资助了 143 个社会组织公益服务项目。[④]

以下以 B 市民政局购买社会组织参与未成年人社会保护试点服务为例，由于在购买服务的过程中，政府较好地履行了促进市场竞争的作用，但在保障公众参与的责任履行上仍较为不足，因此将政府购买社会组织公共服务置于“竞争代言型责任模式”下，讨论该种模式的典型特征、服务购买过程、政府责任履行的效果评价，以及存在的问题。

---

① B 市社会建设工作领导小组. 关于认定第二批市级“枢纽型”社会组织的通知（京社领发［2010］1 号）［Z］. 2010.

② B 市社会建设工作领导小组. 关于认定市级“枢纽型”社会组织的通知（京社领发［2012］1 号）［Z］. 2012.

③ B 市社会建设工作领导小组. 关于推进市级“枢纽型”社会组织规范化建设的意见（试行）（京社领发［2012］10 号）［Z］. 2012.

④ 资料来源：B 市民政局. B 市政府购买社会组织公益服务情况介绍［Z］. 2014.

二、竞争代言型责任模式的特点

（一）政府注重市场化运作方式

在B市政府购买社会组织公共服务的过程中，政府较为注重市场化运作方式。政府设计特定的公共服务专项项目，面向社会公开招标。一般来说，政府主管部门会在每年年初集中发布政府购买服务的项目指南，B市已连续三年在1~3月集中在网络平台上发布该年政府购买社会组织的服务意向。① 从竞争招标环节开始，就有数量较为充分的服务提供者参与竞争，投标者通常在3个以上。各个投标者根据项目指南进行项目实施方案的设计，明确服务项目内容和将要开展的活动。政府在集中组织专家进行评审后，公布招投标的结果并发布项目立项通知。可以看出，与“非竞争代言型”责任模式下政府定向委托购买公共服务所不同，促进服务提供者竞争已受到充分重视。在B市政府购买社会组织公共服务的过程中，政府更加注重市场化运作方式，尤其是在公开招标的过程中，不仅有符合竞争性市场条件的、足够数量的投标者，并且竞争招标的过程中政府邀请第三方专家参与评审，投标者以现场答辩的形式解答专家的提问，符合政府购买公共服务的基本要素。在这个过程中，政府从具体的生产过程中脱离出来，更好地发挥了决策者的作用。并且，公开的竞争招标过程调动了社会组织的积极性，有利于提升公共服务效率。②

（二）社会组织被纳入政府层级制管理模式

层级制也被称为分级制，与职能制相对，用于描述组织结构形态，是指政府或公共组织在纵向上按照等级划分权限为不同的、上下节制的组织结构。

① 张书颖. 社会组织服务项目操作指南——以北京市朝阳区和丰台区社会组织服务为例［M］. 北京：知识产权出版社，2013.

② 李军鹏. 政府购买公共服务的学理因由、典型模式与推进策略［J］. 改革，2013（12）.

2009 年 3 月，B 市社工委为了加强社会组织建设，建立了“枢纽型”社会组织工作体系，将性质相同、业务相近的社会组织通过“枢纽型”社会组织联合起来。相关的文件明确要求“枢纽型”社会组织要“在政治上发挥桥梁纽带作用、在业务上处于龙头地位、在管理上经区委、区政府授权承担业务主管职能”。①“枢纽型”社会组织在工作的开展上接受区社会建设领导小组的统筹协调。由此，社会组织工作体系呈现出一种从上到下的“金字塔”形的阶梯等级。并且，为了畅通信息沟通和交流，“枢纽型”社会组织还承担了上级区社会建设和民政部门与下级社会组织之间的“上传下达”的功能。政府为了支持“枢纽型”社会组织工作的开展，通过“政府购买管理服务”等方式，对其承担政府授权的有关管理和服务工作，由公共财政给予一定的资金支持。这种层级节制的管理模式，优势在于权力关系清楚，有利于监督和指挥，也有利于提高效率。但是，“枢纽型”社会组织被纳入政府层级制管理模式中后，成为了非独立性质的政府职能部门的延伸，一方面，不利于发挥社会组织结构上的灵活性和创新性；另一方面，“枢纽型”社会组织可能会把大量的时间和精力花费在协调下级社会组织的工作方面，容易出现依附性上下级关系，不利于维护社会组织的独立性，极易导致“枢纽型”社会组织行政化。

（三）第三方专家评审被引入政府购买过程

在“竞争代言型”责任模式中，政府购买的竞争招标、项目中期评估、项目结项评估几个关键环节中，第三方评审被引入其中，且对服务提供者形成了一定的制约。在竞争招标环节，政府组织 3~5 人的专家组，对投标者的服务提供资质、以往的服务经验、现场的答辩情况等综合评分，得分最高者会成为服务的承接者，第三方专家的评价对投标者成功与否具有决定性作用；在项目执行的中期，为了评估项目是否朝着既定的目标前行，政府是否有必要继续投入后续的经费，政府也会组织专家团考察项目的执行情况，一般以答辩的方式进行，由承接服务的社会组织负责人准备 PPT 进行汇报，专家对其项目实施情况、资金使用情况、社会效益等进行评估，评估的结果能够对服务提供者形成

① B 市社会建设工作领导小组. 关于构建市级“枢纽型”社会组织工作体系的暂行办法（京社领发〔2009〕1 号）[Z]. 2009.

制约；在项目结项环节，与项目的中期评估相类似，政府组织专家评估服务提供者提供公共服务的情况，既包括中期评估的内容，还涉及未完成的目标、项目的完成达到了哪些效果、项目财务支出是否合理，以及项目的经验和教训的总结等。[①] 第三方专家评审的介入，改变了原本只有购买方和服务方互相评估，政府官员和社工机构出于自身利益的考量往往形成一片叫好声和赞扬声的状况。[②] 参与评审的专家作为第三方力量被引入政府购买的过程中，对于监督社会组织起到了积极的作用，相对于政府"一言堂"式的模式有了一定的提升，但由于缺乏公众参与，仍然很难对社会组织的服务质量进行全面的监督和评估。另外，还需避免政府就此甩掉责任"包袱"，使得公众的真实需求进一步陷入"真空"状态中。

三、政府购买公共服务的过程

（一）项目决策

B 市民政局向社会组织购买参与未成年人社会保护试点服务，主要是根据《B 市民政局关于开展未成年人社会保护试点工作的通知》，提出为维护未成年人合法权益，在 B 市建立受伤害未成年人发现、报告和响应的社区保护网络，建立由民政部门牵头协调、相关职能部门分工协作、社会力量广泛参与的未成年人社会保护工作机制。[③] B 市民政局为了提升 B 市救助管理机构社会化参与程度和专业化工作水平，发挥社会力量和专业社会工作在流浪乞讨人员救助服务中的积极作用，从 2013 年开始面向 B 市社会工作事务所购买社会组织参与未

① 张书颖. 社会组织服务项目操作指南——以北京市朝阳区和丰台区社会组织服务为例 [M]. 北京：知识产权出版社，2013.

② 隗苗苗. 公众参与与政策执行——以北京市政府购买养老服务为例 [D]. 北京师范大学博士学位论文，2013.

③ B 市民政局. B 市民政局关于开展未成年人社会保护试点工作的通知（京民救助发 [2013] 265 号）[Z]. 2013.

成年人社会保护试点服务项目。[①] 由 B 市救助管理事务中心负责政府购买的具体实施工作，服务项目的发布以公告的形式通过 B 市民政局网站发布，一般的发布时间在每年的 8~9 月。公告要求有意向的社会工作事务所在 B 市民政局网站下载填写《购买服务项目申报表》，根据各自的实际情况填写项目实施方案和经费预算。另外，还需在规定的时间内向 B 市救助管理事务中心报送组织机构代码证复印件、年检合格证明复印件等相关资料。与定向委托购买形式相比，由于服务项目的发布更加公开，相关的服务提供者均能够通过政府网络平台获取服务项目的发布消息，从而在一个更为公平的"起点"上参与竞争招标，服务购买的竞争性较强，政府向社会组织购买服务属于"竞争代言型"责任模式，该决策的制定吸引了众多具有服务提供资质的民间资本参与竞争，为竞争主体创造了公平竞争的机会和环境。

（二）服务提供者的选择

B 市民政局购买社会组织参与未成年人社会保护试点服务过程中对于服务提供者的选择方式主要是通过竞争招标。通常由负责具体购买事务的 B 市救助管理事务中心组织项目评审组专家对申报项目进行分类评审，并提出评审意见，在与项目实施的区县民政局达成一致意见后，一般会在当年 10 月下旬确定服务承接者，并在 B 市民政局网站上公示。在项目评审的过程中，政府会组建由社会工作和社会服务管理领域的专家学者组成的专家库，从中抽取 3~5 位专家进行项目评审。由政府制定评审说明和评审意见表，在申报主体通过资质审查后，参加项目的竞争招标会，项目申请者现场答辩，回答专家的提问。参与竞争招标的项目申请者在《购买服务项目申报表》中根据民政局购买社会组织参与未成年人社会保护试点服务的基本要求，自行拟定项目名称及所要开展项目的具体内容，需要详细阐述资源优势、项目实施方案以及具体的方法和途径、进度安排、预期效果等。项目评审专家根据《B 市救助管理事务中心购买社会组织服务评审表》中的指标打分，最终分值最高者获得服务提供者的资格（见表 3-1）。《B 市救助管理事务中心购买社会组织服务评审表》中的一级指标

---

① B 市救助管理事务中心购买社会组织参与未成年人社会保护试点服务项目公告［EB/OL］. http：//n.cnncy.cn/org/news.asp? id=755&class_id=15，2014-10-22.

包括符合社会需要程度、创新性、申报单位承接能力、经费预算额度。在各一级指标基础上又分别设置了二级指标及指标说明。需要注意的是，政府虽然在评审表的指标设置中将“符合社会需要程度”的权重值设置为45%，是一级指标中权重最高的评审指标，但在二级指标及指标说明中，所注重的是项目的可行性、服务群体规模、可持续性、社会效果及影响、可复制性等，较为空洞和笼统，并没有明确保障公众参与表达服务需求的权利和程序，而由政府和公众

表 3–1 B 市救助管理事务中心购买社会组织服务评审表

申请单位： 项目名称： 评审人签名：

一级指标及权重	二级指标	指标说明	分值	评分
符合社会需要程度（45）	可行性	项目设计描述清晰、项目成效可衡量	6	
		项目实施方案具备可操作性和良好的社区基础和群众基础	6	
		人员安排、资源配置、进度安排等能够保证完成项目要求	8	
	服务群体规模	合理安排资源，服务于尽可能多的对象	5	
	可持续性	项目的运作是否有计划和有步骤，是否可形成多个项目周期	10	
	社会效果及影响	项目对社会及其服务群体的改善程度，项目预期效果是否吸引目标群体和社会成员的关注，并产生持续、广泛、良性的影响	5	
	可复制性	可否形成可借鉴的优势经验，有利于项目成果的移植和推广	5	
创新性（15）	内容创新性	服务内容是否新颖、有创意	8	
	形式创新性	项目实施形式是否具有创新性	7	
申报单位承接能力（25）	组织资质	申请人的规模，如办公场地、固定资产、注册资金、员工人数、业务范围等	10	
	项目经验	有无成功完成类似项目的案例，并且是否可在本项目中发挥重要作用	5	
	专业理念	申请人在本项目涉及领域内的服务是否体现了社会工作服务的理念及伦理价值规范	10	
经费预算额度（15）	经费预算结构	实施项目经费预算编制是否合理，是否最大限度满足服务对象要求	10	
	自筹资金情况	有无能力拓展、整合其他资源	5	
项目总分				

注：①请确保每个申报项目填写一份评审表；②各项分值均保留至个位数。

以外的第三方专家代替服务对象反映需求和偏好，服务项目的确定经由这种“代言”形式进行服务的选择、监督和评价。虽然“代言”形式在一定程度上提高了政策执行的效率，但由于服务对象只能间接地参与服务购买过程，仍然存在着服务做表面文章的问题。①

（三）服务生产

社会组织根据政府购买社会组织服务项目所发布的公告，结合自身的优势向政府有关部门提出项目申请。政府部门组织专家评审后，通常以立项的方式予以确立，并支付部分资金，政府购买服务就进入了生产环节。一般来说，政府通过对服务生产过程的监督、绩效考核等方式来规范项目的运作过程。②2014 年 10 月，B 市民政局以竞争招标方式购买社会组织参与未成年人社会保护试点服务项目，获得服务承接者资格的是 B 市丰台区中鼎社会工作事务所，获批的项目名称为“童伴计划——房山区未成年人社会保护社工服务项目”。在为期一年的项目实施中，B 市民政局要求该项目的启动和实施过程如表 3-2 所示。

表 3-2　B 市民政局购买社会组织参与未成年人社会保护试点服务项目内容

<table>
<tr><th colspan="3">服务内容</th><th>量化指标</th><th>记录性材料</th></tr>
<tr><td rowspan="3">项目启动</td><td colspan="2">志愿者招募</td><td>陆续招募至少 100 名志愿者</td><td>①志愿者档案
②招募图片</td></tr>
<tr><td colspan="2">专业志愿者培训</td><td>打造专业化的困境儿童服务团队</td><td>①培训内容
②培训照片</td></tr>
<tr><td colspan="2">与相关单位的对接</td><td>对接民政局、妇联、社会保障部门及 8 个街道办事处、3 所学校、1 家律师事务所、1 个救助站</td><td>①协调照片
②协调内容</td></tr>
<tr><td rowspan="2">项目实施</td><td rowspan="2">前期准备工作</td><td>社会调查（社区观察，访谈，走访入户）</td><td>①进入至少 16 个社区，深入 500 户困境家庭进行社会调查
②建立 200 个危机档案</td><td>①调查问卷
②困境未成年人档案
③调研报告
④问卷调查、走访照片</td></tr>
<tr><td>开通热线</td><td>在工作日内开通社工 24 小时服务热线</td><td>①电话录音
②求助者档案</td></tr>
</table>

① 隗苗苗. 公众参与与政策执行——以北京市政府购买养老服务为例［D］. 北京师范大学博士学位论文，2013.

② 贺巧知. 政府购买公共服务研究［D］. 财政部财政科学研究所博士学位论文，2014.

续表

<table>
<tr><th colspan="3">服务内容</th><th>量化指标</th><th>记录性材料</th></tr>
<tr><td rowspan="6">项目实施</td><td rowspan="6">针对性的专业社工服务</td><td>针对家庭监护监督的“成长路、社工伴”活动</td><td>①对儿童家庭监护每周走访一次
②每月聘请专家进行一次家庭监护指导</td><td>①走访记录及评估
②走访和家庭监护指导照片
③新闻
④家长反馈意见表</td></tr>
<tr><td>针对贫困家庭的“把爱传出去”爱心之旅</td><td>①对至少10户贫困家庭进行的送爱心活动，每月一次
②对10户家庭进行相关的资源派送</td><td>①送爱心活动和资源派送照片
②家庭对于活动评价的文字性材料和视频资料</td></tr>
<tr><td>针对未成年人缺乏法律意识和法治观念的“未成年人法制讲堂”</td><td>①每月一次法制讲堂，共计开展10次
②每次发放《未成年人操作指南》500份</td><td>①小组活动计划书和记录表
②组员意见反馈表
③小组活动照片</td></tr>
<tr><td>针对父母无暇照顾的儿童和流浪儿童的成长两小时活动48次</td><td>①开班3期，每期10名儿童，为期一个月
②每天下午放学辅导儿童写作业，并开展小组游戏促进儿童心理成长</td><td>①活动方案
②活动照片
③活动记录</td></tr>
<tr><td>针对心理问题严重的儿童的个案访谈和心理治疗10次</td><td>对辖区内10名心理问题严重的儿童进行心理调节</td><td>①个案访谈记录
②个案访谈照片
③心理专家意见反馈</td></tr>
<tr><td>法律援助预计10人</td><td>项目服务对象有需求的提供法律援助</td><td>代写起诉书，直至法律援助完毕</td></tr>
<tr><td>项目巩固</td><td colspan="2">进一步完善受助儿童发现、报告的社会网络和相应的服务机制</td><td>①进行2次会议机制的讨论，完善机制
②编写《房山区未成年人救助机制》报告书一份</td><td>①会议记录
②《房山区未成年人救助机制》报告书
③会议照片</td></tr>
</table>

资料来源：2014年10月B市民政局购买社会组织参与未成年人社会保护试点服务项目申报表。

可以看出，在该个案中，政府向社会组织购买社工服务的生产过程主要包括项目启动前的准备工作、项目实施及项目巩固三个环节。社会组织产出的服务具体包括针对家庭监护监督的“成长路、社工伴”活动、针对未成年人缺乏法律意识和法治观念的“未成年人法制讲堂”、针对父母无暇照顾的儿童和流浪儿童的成长两小时活动、针对心理问题严重儿童的个案访谈和心理治疗，以及法律援助活动。服务内容通过量化指标予以细化执行，记录性材料则主要是为政府的监督和评价提供参考。

（四）服务的监督与评价

在上述B市民政局购买社会组织参与未成年人社会保护试点服务个案中，

项目实施时间为 2014 年 12 月至 2015 年 12 月。政府对项目实施情况的监督与评价主要是通过对项目的中期评估和项目结项评估两个环节。

1. 项目中期评估

项目的中期评估是指在项目执行过程的中期进行的评估和考察，以保证和督促项目的实施朝着既定的目标前行。只有社会组织通过项目的中期评估才能得到政府支付的剩余部分项目经费，服务流程才能得以完整展开。另外，中期评估的结果会对项目结项产生很大影响。因此，项目的中期评估在政府购买社会组织服务中具有举足轻重的地位。一般来说，中期评估是在项目执行周期中或中期后延一些的时间段内进行。从执行情况看，政府购买社会组织服务项目中期评估主要采用第三方专家评估的方式。一般由服务的购买方——政府组织 3~5 人的评估专家以答辩的方式开展评估，项目的承接方——社会组织负责人准备 5~10 分钟的汇报材料，就项目简介（包括项目目标、实施地点、受益人群）、项目实施情况（包括项目计划与实施情况对比、完成情况、超额部分、不足部分及原因）、社会效益（包括影响人群、复杂性、可推广性、可持续性）、项目效果（包括服务对象反馈、媒体报道）、资金使用情况、下一步工作计划（不足、项目开展中的问题与困难、对政府的建议、改进措施），以及项目感受等作总体汇报，并就服务情况回家专家的现场提问。①

2. 项目结项评估

项目的结项评估，与项目的中期评估内容相类似，是在项目周期的最后阶段进行的，结项评估包括中期评估的所有方面，但是侧重点有所不同。② 政府组织 3~5 位专家评估服务提供者提供公共服务的情况，除了包括中期评估的内容，还涉及项目结束后实现了哪些目标、结项后未完成的目标、项目的完成达到了哪些效果、项目财务支出是否合理，以及项目的经验和教训的总结等。③ 在上述 B 市民政局购买社会组织参与未成年人社会保护试点服务项目中，项目资金为 30 万元，在经费预算时可根据具体服务内容进行适当调整，在项目结项时政府会对项目资金的使用进行审查，审查的内容包括项目资金不能用于提

①③ 张书颖. 社会组织服务项目操作指南——以北京市朝阳区和丰台区社会组织服务为例［M］. 北京：知识产权出版社，2013.

② 彭婧. 政府购买社会组织服务的责任模式研究——以北京市为例［J］. 中国非营利评论，2018（1）.

高项目承接单位工作人员待遇、购置固定资产、进行基础设施建设和租赁办公场所等方面，政府通过财务审查社会组织是否存在违规使用资金的情况，并作为项目结项评估的主要依据。[①]

四、政府责任履行的效果评价

（一）政府促进市场竞争的责任履行情况

从B市民政局购买社会组织参与未成年人社会保护试点服务项目实施的情况来看，政府履行促进市场竞争的责任情况如下：

1. 竞争招标情况

在B市民政局购买社会组织参与未成年人社会保护试点服务项目中，政府注重市场化运作方式，采用了公开招标、评标的方式选择社会组织作为项目的合作伙伴。政府通过公开招投标程序购买服务，政府购买的招投标平台逐步建立，标志着服务购买开始逐步走向规范化，社会组织提供的公共服务项目经过公开的专家评审。在政府购买社会组织服务的竞争招标中，竞标者通常在3个以上，政府能够在多个社会组织提供的公共服务项目或方案中进行比较和择优，这也说明中国的政府购买社会组织公共服务开始进入竞争性购买的时代。竞争性购买还可以按照选择范围和决策情况分为有限竞争性购买和充分竞争性购买。当公共服务购买市场中存在3个及以上的竞标者时，可以说政府购买处于充分竞争状态，公共服务的质量就易于得到保障，公共服务的成本也更低。此外，政府与社会组织之间的关系，相较于其他的购买方式，更为独立与平等，不存在隶属或依附现象，事先签订的合约在购买过程中也能够得以完整地执行。[②]

① 陈荞. 北京民政局将向社会组织购未成年人保护服务项目［N］. 京华时报，2013-09-03.

② 张海，范斌. 我国政府购买社会组织公共服务方式的历史演进与优化路径［J］. 理论导刊，2013（11）.

2. 政府购买过程的信息公开情况

除了采用竞争招标的方式外，政府在向社会组织购买的过程中还应履行信息公开的责任，信息公开包括在政府购买的各个环节向社会组织发布信息和向服务对象公开信息。在B市民政局购买社会组织服务的过程中，B市民政局定期在其网站上发布面向B市社会工作事务所购买社会组织参与未成年人社会保护试点服务项目的公告。[①] 公告中包括项目申报的程序、要求、条件，以及资格审查需要提供的相关资料等。在服务项目竞争招标结束后，一般也会在政府网站上公布获得服务提供者资格的社会组织名单。因此，政府向社会组织发布的招标信息是较为公开的，与定向委托购买服务相比，政府在购买社会组织服务过程中竞标者之间信息较为对称，凡具有服务提供资格的社会组织均有机会获得相关的招标信息，能够有机会公平参与竞标。但是，在项目实施的过程中，政府定期对所购买服务项目执行情况进行检查和验收后，一般不在公共平台上公布受益人数、具体的服务内容、资金投入与使用情况、财务审计结果等该项目的中期评估和结项评估情况。向服务对象公开关于购买服务的相关信息不但有助于优化政府决策，还能够强化社会监督，这是政府在购买社会组织服务过程中需要改进和加强的一个方面。

3. 政府培育市场的情况

政府购买社会组织服务从服务购买的结果来说有利于公共服务市场的培育，购买过程中公开的竞争招标也能够促进潜在的服务提供者得以发展。政府通过竞标评审、第三方专家的参与等环节运用了市场机制，市场竞争制度不断完善。社会组织通过公开的市场竞争获得服务提供者的资格，竞争招标过程不断优化。社会组织为了获得更多的服务提供机会不断加强自身的服务能力，在竞争中得以不断发展，逐渐成为更加优质的服务提供者。同时，服务提供者能力的不断提升也会带动市场中公共服务质量的整体性提升。因此，从这个角度来说，政府购买社会组织服务有利于公共服务市场的培育。

---

① B市救助管理事务中心购买社会组织参与未成年人社会保护试点服务项目公告［EB/OL］. http：//n.cnncy.cn/org/news.asp？id=755&class_id=15，2014-10-22.

（二）政府保障公众参与的责任履行情况

在政府购买社会组织服务的过程中，首先由作为购买者的政府确定政府购买服务的总体方向，包括服务的对象、服务的内容、服务的周期等，政府会发出相应的招标公告。社会组织根据政府购买服务的要求，结合自身的优势制定服务方案。由此，政府是服务对象的间接“代言人”，而社会组织则是服务对象的直接“代言人”，社会组织获批的项目实施计划及方案成为政府所购买的具体服务内容。从B市民政局购买社会组织服务的过程来看，政府履行保障公众参与的责任情况如下：

1. 公众参与项目决策的情况

政府的责任意味着政府对社会的有效回应，政府只有当其回应并满足了“公众市场”的需求时，才是负责任的。从政府购买的过程来看，虽然政府定期发布公共服务购买的公告，公众可以通过登录政府网站获知政府购买服务的相关信息。但是，公众所获得的信息仅限于政府购买服务的类型、目标群体、金额等，政府购买的项目决策过程没有体现公众参与，上级文件精神和部门工作需要仍然是政府购买服务的主要决策依据。在政府所购买的项目内容上，也没有反映出服务对象的服务需求和偏好，缺乏对于服务对象意见的征询，公众只是政府所购买服务的被动接受者，公众没有参与公共服务购买的必要性论证、具体方案设计、确定有资质的承包商、合同的签订等项目决策环节。竞争招标环节主要由第三方专家参与评审，服务对象未能参与到竞争招标的评审中。因此，从公众参与项目决策的情况来看，参与的效果较差。

2. 公众监督服务生产的情况

在社会组织向服务对象提供服务的过程中，服务对象很难监督服务的生产过程。一方面，服务对象没有机会或渠道了解政府购买服务项目的详细内容，他们仅仅是被动的接受者；另一方面，接受社会组织服务的对象往往是社会的贫弱群体，他们在接受服务的过程中没有畅通的渠道表达、反馈和投诉，其真实的服务需求更容易被忽略或边缘化。在B市民政局购买社会组织参与未成年人社会保护试点服务项目的评审表（见表3-1）中，虽然有“符合社会需要程度”的指标及权重，但主要由第三方专家根据项目申报者提供的资料进行判断。在项目的中期评估和结项评估中，也是由第三方专家对项目实施情况进行评审，政府对服务提供者进行的检查以服务提供者提供的报告和资料为主，缺乏中立性和客观性。虽然有部分服务对象作为调查对象可以向社会组织和政府反映需求和偏好，以及作为服务的受益人可以在接受服务后进行意见反馈，但只能是间接地参与需求的表达和服务监督环节，并没有相应的制度来保障。因此，服务提供者生产服务的过程中，服务对象对政策执行过程的影响受到了多种因素的限制，公众参与监督的效果较差，服务对象和政府之间缺乏有关服务情况的有效互动和沟通，政府没有通过制度来保障公众监督服务生产的权利。

3. 公众自主选择服务的情况

政府是否有效履行责任，判断的依据并不在于政府是否是公共服务直接或唯一的提供者，关键在于政府如何规划、组织和引导公共服务的有效供给，且在服务质量、数量、多样性及灵活性上都能够使公众得到相当水准的满足。[①] 在政府购买社会组织服务的过程中，政府组织竞争招标来选择得分最高的竞标者作为服务提供者，服务提供者在定点的区域内向服务对象提供服务。如在上述个案中，B 市民政局向 B 市社会工作事务所购买社会组织参与未成年人社会保护试点服务项目，服务的区域是在 H 区，竞标成功的服务提供者将在为期一年的时间内，自行寻找符合未成年人保护项目要求的服务对象提供服务，在此地域内和时间段内，只有唯一的服务提供者提供服务，服务对象无法自行选择符合自身需求的服务提供者。政府责任的履行不但应该表现在对社会民众的需求作出回应，还表现在能够以公正、有效的方式实现公众的需求。[②] 在政府购买社会组织服务的过程中，公众的参与程度较低，缺乏自主选择的权利，不利于政府购买服务质量的提升。

（三）公众满意度情况

由于政府购买社会组织的服务对象以孤寡老人、自闭症儿童、单亲家庭儿童为主，这一类群体的特殊性致使很难找到满足问卷调查数量要求的样本，因此，只能以访谈方式对服务对象的服务满意度加以了解。笔者主要与三名服务对象进行了深入访谈，其中一位是接受精神慰藉服务的 14 岁未成年人，她的

① 陈国权. 责任政府：从权力本位到责任本位［M］. 杭州：浙江大学出版社，2009.

② ［美］格罗弗·斯塔林. 公共部门管理［M］. 陈宪等译. 上海：上海译文出版社，2003.

父母离异多年，她说："我打小儿就和爷爷奶奶在一起，后来爷爷去世了，我和奶奶一起，吃住都靠我们自己。爸爸在大连工作，现在他又有自己的家了，妈妈也很少回来，我们半个月打一回电话。从去年开始居委会就介绍社区里的姐姐（社工）来家里，怎么说呢，她来得挺多的（服务次数），不过我还是习惯自己一个人，家里的事儿说了她们也不懂。"

另外，笔者还对以下问题与其进行了交流：您是否熟悉政府购买公共服务的相关政策？被访谈者表示"不清楚，也不知道去哪里了解，不感兴趣"；您对政府购买公共服务的期望表现在哪些方面？被访谈者表示"如果能换成家政服务就好了"；您认为政府购买公共服务的质量如何？被访谈者表示"还可以吧，以前也没碰到过，有总比没有强"；您认为政府购买公共服务的效果主要体现在哪些方面？被访谈者表示"我觉得比以前受到重视了，我以为这些就是家里人的事儿"；对于目前政府购买公共服务的供给情况，您是否有"抱怨"感？若有，表现是什么？访谈者表示"没有抱怨"；您对于政府购买公共服务的信任度表现在哪里？被访谈者表示"说不清"。

从访谈的情况来看，服务对象对政府购买的服务情况并不了解，表现出了冷漠的态度，对政府购买服务的期望是能够换成更为实际的家政服务。总体来看，服务对象对所接受的服务满意度为"一般"，高于"非竞争代言型"责任模式。[①]

五、存在的问题

（一）政府被供应者俘获导致产出的公共性不足

实施政府购买公共服务后，政府将公共服务的提供权交给社会组织，社会组织成为服务的供给者，政府依据社会组织提供的项目报告对其进行查验，在这个过程中缺少了与服务对象的沟通和互动环节。社会组织在申请项目时，根

① 彭婧. 政府购买社会组织服务的责任模式研究——以北京市为例［J］. 中国非营利评论，2018（1）.

据项目指南自行确定服务项目、服务内容，以及服务对象。服务提供者会倾向于选择提供那些资源消耗较少、项目效果难以测定的服务。另外，服务提供者以公共主体的形式发挥作用，并履行传统公共管理职能时，其行为却无法广泛地运用公共权力来源或公共职能的标准接受审查。加之市场缺陷的存在和政府对合同管理能力的低下，可能强化政府对服务提供者的依赖关系，长期的合作极易导致服务提供者获得与政府谈判的能力，并左右政府对其服务质量评估的判定。在服务验收环节，公众参与的缺乏又使得政府对社会组织的评定缺乏全面性和真实性，因此，极易导致政府被社会组织“俘获”的问题。作为公共物品供应者的政府受到作为生产者的社会组织“俘获”行为的影响，导致某些不符合公众需求的服务产出过剩。只有当公众的需求成为政府追求的目标时，政府和服务提供者才会将公众需求置于“高位”，避免出现偏离甚至背弃委托人利益的风险。因此，政府购买公共服务必须以公众偏好更有效地表达为前提，确保更具有公共性的公共选择结果，防止服务提供者对政府的“俘获”及对服务对象的虚假性“代言”行为。①

（二）服务对象难以约束服务提供者

在政府购买社会组织服务过程中，政府进行的项目中期检查和项目结项检查过于倚重服务提供者提供的文字性材料，缺乏与服务对象的直接交流，这造成了信息不对称的问题，加之在很多情况下公共服务的数量、质量的可度量性较低，服务提供者具有较大的“自由裁量权”，能够根据现实的情况对行为作出反应和调整，服务对象可能很难对服务提供者的服务质量和数量作出准确的判断，导致服务对象难以约束服务提供者。另外，一些公共服务的提供只能展开有限的竞争，甚至基本不可能有竞争。当可度量性和可竞争性都处于较低水平时，通过常规的市场交易合同购买服务就会面临很高的交易成本，这种市场的不完善性随处可见。公共服务购买的核心责任人是政府，只有政府是负责的，服务提供者才可能是负责的，公共服务的质量才能得以保障。政府的责任在于保证服务对象获得满意的公共服务，公众参与的价值在于它相当于让消费

---

① 郑谦. 公共物品供应和生产的分离与“俘获”的发生——对地方“政绩工程”的另一种分析路径[J]. 上海行政学院学报，2011（11）.

者通过“用脚投票”来自行选择需要的服务，公共服务的质量只有在公众有效地参与监督的情况下才能够得到保障。[①] 同时，也让服务对象对政府购买的目标、程序及内容有所了解，降低信息不对称出现的概率，在一定程度上避免了由于市场缺陷引起的可购买性低的问题。[②]

（三）代理人偏离委托人目标寻求自身利益

只要存在委托—代理关系，就存在着代理人偏离委托人目标寻求自身利益的可能性。在服务购买过程中，政府作为委托人必然要对作为代理人的服务提供者进行监督和约束，政府也总是不遗余力力图控制服务提供者的行为。但是，在公共服务购买的过程中，监督约束成本的存在使政府难以完全实现这个目标。由于在政府购买中存在信息不对称、专业壁垒、人力资源匮乏等问题，政府控制服务提供者愿望的实现程度与其说是取决于政府的控制决心，还不如说是取决于监督约束成本。在 B 市民政局购买服务的过程中，“委托人”与“代理人”之间存在信息不对称现象，社会组织自行寻找并确定服务对象、服务的计划和实施方案，具有明显的信息优势，极易导致社会组织追求自身利益最大化行为的出现，加大了政府管理的难度。如果政府对社会组织的工作效率和努力程度的监督是无成本的，或者是低成本的，那么政府监督是可行的。然而，问题的关键在于政府的监督往往是有成本的，在信息不对称条件下成本可能是巨大的。并且，社工服务的生产过程也具有相当的复杂性，且周期较长，社会组织相对政府具有非常明显的信息优势，政府若要有效地控制社会组织的行为，就必然要付出高额的监督约束成本。这对于财力、物力、人力均受限的政府来说，在实践中又很难做到。因此，极易产生代理人偏离委托人目标寻求自身利益的问题。

---

① 周俊. 政府购买公共服务的风险及其防范［J］. 中国行政管理，2010（6）.

② 张春霖. 公共服务提供的制度基础：一个分析框架［M］. 北京：中信出版社，2005.

六、本章小结

本章首先介绍了B市民政局购买社会组织服务的政策背景与政策概况。其次总结了包括政府注重市场化运作、社会组织被纳入政府层级制管理模式、第三方专家评审被引入政府购买过程成为"竞争代言型"责任模式的典型特征，并描述了"竞争代言型"责任模式的服务生产过程。总体来看，与"非竞争代言型"责任模式相比，在"竞争代言型"责任模式中，竞争招标在政府购买过程中被较好地加以运用，并且政府购买社会组织的服务提供市场竞争性较为充分，政府能够在数量充足的服务提供者中进行比较和选择。从政府履行责任的情况看，政府促进市场竞争的责任履行情况较好，政府购买处于充分竞争状态，在一定程度上实现了降低公共服务成本、提高公共服务质量的目标。政府与社会组织之间的关系也更为独立和平等，但在信息公开方面仍存在一定的不足。政府履行保障公众参与的责任情况则较差，公众缺乏参与项目决策的权利、缺乏监督服务生产过程的权利，以及缺乏自主选择服务提供者的权利，这不利于资源配置效率和服务公平性的提升。这导致了该种模式下存在政府被服务提供者俘获的问题、服务对象难以约束服务提供者的问题，以及代理人偏离委托人目标寻求自身利益的风险。[1]

---

① 彭婧. 中国公共服务购买中的政府责任研究——以B市为例［D］. 北京师范大学博士学位论文，2016.

第四章　非竞争参与型责任模式：养老助残卡

本章以 B 市养老助残卡服务为例，描述在“非竞争参与型”责任模式中政府购买服务的情况。养老助残卡是政府向符合条件的老年人和残疾人发放的“凭单”，服务对象通过使用这些凭单来消费由社会组织或企业提供的养老助残服务。通过分析该种责任模式下政府购买公共服务的特点及生产过程，讨论政府、服务提供者、服务对象的互动情况，评价政府履行促进市场竞争的责任和保障公众参与的责任情况。[①]

一、政策背景与政策概况

中国目前正处于空巢老人、失能老人以及高龄老人数量不断攀升的状态。根据中国第六次人口普查数据，截至 2010 年底，全国总人口为 13.7 亿，其中 60 岁及以上人口为 1.78 亿，占全国总人口的 13.26%，65 岁及以上人口为 1.19 亿，占全国总人口的 8.87%。[②] 2014 年 2 月 19 日，中国民政部副部长窦玉沛在国新办新闻发布会上透露，中国 60 岁以上老年人数量已超过 2 亿，占总人口的 14.9%。[③] 并且，随着人口平均预期寿命的延长，高龄老年人口所占的比重将

① 彭婧. 政府购买养老服务责任模式的转型研究——基于 2009~2019 年 B 市的实践［J］. 云南民族大学学报（哲学社会科学版），2020（6）.

② 国务院人口普查办公室，国家统计局人口和就业统计司. 中国第六次人口普查数据［M］. 北京：中国统计出版社，2010.

③ 崔静，杜宇. 窦玉沛：中国 60 岁以上老年人数量超过 2 个亿［EB/OL］. 新华网，2014-02-19.

不断升高。根据2010年的统计数据，中国80岁以上的高龄老人占老年人口的比例已从13.6%（1999年统计数据），迅速增长至16.7%，预计到2050年，这一数字将达到33.3%。中国的人口老龄化趋势日益严峻，如何为老年人提供养老服务已经上升为国家层面的重大课题。[①] 2013年9月，《国务院关于加快发展养老服务业的若干意见》公布，提出从税收减免、土地供应、投融资、补贴支持、人才培养和就业等方面出台一系列优惠政策，促进发展养老服务事业和产业。并且，还提出了要完善市场机制，逐步使社会力量成为发展养老服务业的主体，营造平等参与、公平竞争的市场环境，向社会提供方便可及、价格合理的各类养老服务，以满足养老服务的多样化、多层次需求。[②]

B市是中国较早进入人口老龄化的城市。2000年，B市60岁以上老人占全市总人口数量的12.5%，[③] B市的养老服务社会化改革也始于这一时期。2000年12月，B市政府发布《关于加快实现社会福利社会化的意见》，首次提出"社会福利社会化"的概念，开始探索由社会力量兴办养老机构的做法。在B市老龄工作委员会发布的《B市2013年老年人口信息和老龄事业发展状况报告》中显示，B市的人口老龄化正在加速发展，这种高速增长状态将持续到2020年。[④] 2014年，B市60岁及以上老年人口为301万人，占户籍人口的22.6%；65岁及以上老年人口204.3万人，占户籍人口的15.3%。[⑤] B市的户籍人口老龄化程度已远高于全国平均水平。[⑥] 党的十八大报告指出，政府提供公共服务的方式应加以改进，加强公共服务体系建设，发挥群众参与社会管理的基础作用。[⑦] 在《国民经济和社会发展第十二个五年规划纲要》中也明确提出，要创新公共服务供给方式，在公共服务提供中引入竞争机制，加大购买服务的力度，实现服务提供主体和服务提供方式的多元化发展。[⑧] 2016年发布的《B市

---

① 隗苗苗. 公众参与与政策执行——以北京市政府购买养老服务为例［D］. 北京师范大学博士学位论文，2013.

② 摘自国务院《国务院关于加快发展养老服务业的若干意见》（国发［2013］35号），2012年9月6日发布。

③ 国务院人口普查办公室，国家统计局人口和就业统计司. 中国第五次人口普查数据［M］. 北京：中国统计出版社，2001.

④ B市老龄工作委员会办公室. B市2013年老年人口信息和老龄事业发展状况报告［Z］. 2014.

⑤ B市卫生计生委. 2014年B市卫生与人群健康状况报告［Z］. 2015.

⑥ 崔静，杜宇. 窦玉沛：中国60岁以上老年人数量超过2个亿［EB/OL］. 新华网，2014-02-19.

⑦ 摘自胡锦涛在中国共产党第十八次全国代表大会上的报告，2012年11月8日发布。

⑧ 摘自《中华人民共和国国民经济和社会发展第十二个五年规划纲要》，十一届全国人大四次会议2011年3月14日表决通过。

国民经济和社会发展第十三个五年规划纲要》中，再次明确提出，要建立健全政府购买服务机制，加大购买服务的力度。作为新的养老服务供给方式，政府购买已经成为了B市政府养老服务供给模式的变革之举。

二、非竞争参与型责任模式的特点

（一）公众参与程度较高

与“非竞争代言型”责任模式和“竞争代言型”责任模式相比，“非竞争参与型”责任模式中公众的参与程度较高，主要表现为服务对象的服务需求开始得到政府及服务提供者的回应，而政府对社会需求的有效回应也是政府对于其应付责任的一种担当。公众参与到公共服务的选择、评价、决策甚至提供中的价值与意义很明确，即寻求一种更为合理的与公众权利对等的公共服务价值体系。政府购买公共服务需要服务对象参与表达服务需求，参与监督服务生产过程。如B市政府在购买养老助残服务的过程中，购买的项目内容发生了从限制购物类服务到开放购物类服务的转变，不论这种转变是否违背了凭单制的初衷，但却反映出服务对象的服务需求开始得到回应，服务对象已经能够对政策取向产生一定的影响，服务对象不再是政府所购买服务的被动接受者，而是能够在一定程度上对服务提供者产生应有的约束的、影响生产过程的“选择者”。此外，对于市场而言，由于公众参与程度的提高，服务对象能够在一定范围内自主选择服务提供者、服务的内容或方式，市场会自动淘汰那些服务较差、信誉不佳的服务提供者。

（二）政府与服务提供者间的关系较为独立

一般来说，在公共服务购买中，要想达到理想的政府购买服务的效果并发挥社会组织和政府部门双方的比较优势，关键的要素之一是保持作为服务提供者的社会组织的独立性，并且建立公开透明的市场竞争机制。当公共服务购买过程中的政府部门和社会组织之间是基于契约合作关系而非行政隶属关系时，政府与社会组织之间的关系就是独立性的而非依赖性的，更易于向社会提供优质价廉的公共服务。① 政府部门和服务提供者双方按照合同承担各自的责任，政府为了降低购买的风险选择信誉良好的服务提供者，政府只充当监管者的角色。社会组织结合自身优势自愿参与竞争，在服务供给中也承担独立的责任，双方在权责关系上较为明晰。在“非竞争参与型”责任模式中，政府与服务提供者之间的关系较为独立，政府通过奖励、补助等形式向部分服务提供者给予政策上或资金上的帮扶，但服务提供者一般不依赖于政府提供的资金生存。如在B市政府通过养老助残卡购买养老助残服务的过程中，服务提供者有家政服务中心、饭店、理发店、洗衣店等，服务对象可以按照自身的需求选择服务提供者，不基于行政隶属关系的政府部门和服务提供者之间是合作关系，有利于政府在购买服务的过程中对其实施更为有效的监管职责，服务对象在选择服务的过程中受益程度较高。

（三）政府公共服务职能逐渐转移

从本质上来说，政府的公共服务职能是政府为了满足社会需求而运用公权力向社会提供服务来履行职责的过程。以往由政府部门及其附属机构承担着直接提供公共服务的职能，政府面临着机构不断臃肿、人员持续膨胀以及公共服务提供效率低下的状况，公众的满意度很难提高。随着公共服务市场化理念的提出，政府的公共服务职能开始发生转移，政府将其所承担的诸如养老、教育、医疗、环境卫生、就业等公共服务职能从政府这一主体转移到其他主体，以实现提高公共资源配置效率的目标，服务对象的真实需求逐渐被置于“高位”。因此，在非竞争参与型责任模式中，政府的公共服务职能逐渐转移，由社会组织直接面向服务对象提供公共服务，政府逐渐“瘦身”，这不但能够促进社会组织的发展，也能够促进政府职能的转变。从管理权限上说，政府逐步放权于社会组织，让社会组织承担了部分管理社会的职责。从管理方式上说，政府并未完全放手，政府责任的实现离不开对于监管、审批等权力的保留。长远看，在政府职能逐步转移的背景下，社会组织之间通过竞争得到成长，社会组织服务能力会逐步得以提高，服务素质逐步得以加强，公众的公共服务需求

① 王名，乐园. 中国民间组织参与公共服务购买的模式分析[J]. 中共浙江省委党校学报，2008（4）.

就更容易得到满足，政府投入的资金就会越来越得到有效的使用，公共资源配置的效率可以得到很大的提升。①

三、政府购买公共服务的过程

（一）项目决策

为了解决 B 市的养老与助残问题，2009 年开始，政府购买服务被引入养老和助残领域，以促进形成 90%的老年人居家养老，其余的实现社区养老和集中养老的城乡一体化社会化养老助残服务体系。2009 年 11 月，B 市政府按照“政府主导、部门协作、社会参与、个人自愿”的原则制定了《B 市市民居家养老（助残）服务（“九养”）办法》，这项养老助残券服务制度以政府购买服务的方式为符合条件的老年人和残疾人，包括拥有 B 市户籍的 80 周岁及以上老年人、60~79 周岁重度残疾人、16~59 周岁无工作的重度残疾人，每人每月发放面值 100 元的养老助残券，提供六大类 110 项养老助残服务，政府通过购买提供康复护理、家政、生活照料等方面的服务。② 除此之外，B 市政府在公共养老服务设施的建设上也逐步加强，如利用社会资源建立城乡社区养老助残餐桌、建立城乡社区托老（残）所、招聘居家服务养老助残员、配备养老助残无障碍服务车、开展养老助残精神关怀服务等，由政府适度补助租金、项目补贴等方式引导社会力量参与政府购买服务。③ 2010 年 4 月，B 市民政局等相关部门又印发了《B 市市民居家养老助残券管理使用规定（暂行）》，这份规定对养老助残券的使用制定了相应的规范。养老助残券是面值分别为 1 元、2 元、5 元、10 元、20 元的纸质券，政府每个季度向符合条件的人员发放一次，年度

---

① 彭婧. 中国公共服务购买中的政府责任研究——以 B 市为例［D］. 北京师范大学博士学位论文，2016.

② 陈斯. 今起试点养老助残券变卡［N］. 法制晚报，2014-07-09.

③ B 市人民政府办公厅. 关于 B 市市民居家养老（助残）服务（“九养”）办法的通知（京政办发［2009］104 号）［Z］. 2009.

内使用有效。政府还明确了使用用途为“用于在全市居家养老助残签约服务单位和指定服务单位购买服务，经区县主管部门批准也可支付家庭保姆费用，不得购物或兑换现金”。由相应各级政府主管部门负责定期结算和管理。[①] 截至2010年12月，B市共发放养老助残服务券4.3亿元，33.5万名老年人从中受益。[②] 项目实施以来，B市政府平均每年财政投入4亿元左右。[③] 根据2011年官方的统计数据，已结算的养老助残券金额4.1亿元，B市养老助残服务单位和企业达1.5万家，用养老助残券购买的各项服务中，家政服务占20%、医疗护理和其他服务各占10%、精神慰藉占5%、老年教育服务占5%，比重最高的是生活照料服务，占到了50%。[④] 截至2013年底，B市共向40余万名符合条件的老年人及残疾人每人每月发放100元养老助残券，其中老年人的年龄为80岁以上，残疾人为60~79岁的重度残疾人，全年发放总额4.5亿元。投入以奖代补资金5000万元，奖励了近2000家养老助残餐桌和托老（残）所。[⑤]

2014年7月，B市政府为了提高养老助残券的使用效率，解决养老助残券无法找零、补办的难题，政府改变了养老助残券的外在使用形式，将养老助残券变为养老助残卡，原有的纸质养老券被具有银行借记功能的芯片卡代替，并预留了交通一卡通、医保结算等接口。除了原有的服务提供单位外，还增加了物美、京客隆、超市发等签约单位。根据B市民政局负责人的介绍，此举将使政府每年节省约2000万元费用，包括1200万元的人工费用及800万元的印制养老券费用。同时，老年人的消费信息也会被记录在数据平台中，有关部门将根据这些数据分析老年人的消费习惯，来调整服务商的数量和结构。[⑥] 2017年1月1日以后，养老助残卡又增加了免费乘坐公交车和游览部分景区及公园的优待服务等功能；2019年1月1日以后，B市政府又将免费乘坐市域内地面公交车、游览政府办公园景区的优待条件由65周岁扩大到60周岁的本市户籍及

---

① B市民政局. B市市民居家养老助残券管理使用规定（暂行）（京民老龄发〔2010〕188号）[Z]. 2010.

② 郭金龙. 2011年北京市人民政府工作报告［EB/OL］. 新华网，2011-01-22.

③ 陈斯. 今起试点养老助残券变卡［N］. 法制晚报，2014-07-09.

④ 朱隽，陈一新. 北京市为80周岁以上老人发放养老服务券已一年有余——让养老服务更贴心［N］. 人民日报，2011-08-25.

⑤ B市老龄工作委员会办公室. B市2013年老年人口信息和老龄事业发展状况报告［EB/OL］. 2014-09-29.

⑥ 张品秋. 养老券变卡　年省成本2千万［N］. 北京晚报，2014-11-21.

有居住证的外埠老年人。截至 2019 年 5 月 31 日，已累计办理养老助残卡 418 万张。①

（二）服务提供者的选择

在政府购买养老助残服务的过程中，对服务提供者的选择经历了由政府为服务对象确定服务“定点单位”消费到逐步开放购物消费的过程，服务对象的参与程度随着服务提供者数量和种类的增加有所扩大。2009 年 10 月开始，B 市各区县符合“九养”政策的群体开始陆续领取到养老助残券，可以到政府指定的“定点单位”用券购买服务。政府确定定点服务商的程序是：由街道的社区服务中心对社区中可以提供养老服务的商家进行初审，然后再由街道办事处统一审查，审查的内容包括营业执照、卫生条件、服务价格、服务态度等。通过审查的服务商与街道签约成为政府定点购买服务单位，合约期为一年。合约期内，服务商必须在店内的明显位置摆放“养老助残定点单位”标志，并接受相关部门的监督和检查。在纸质的养老助残券使用时期，以 D 区 HL 社区为例，该社区约有 4000 多居民，可以领取养老助残券的 80 岁以上的老年人有 198 人。在实施养老助残券政策初期，这个社区只有不到 10 家服务定点单位。截至 2013 年，HL 社区接收养老助残券的签约服务商逐渐增加至 20 余家，包括家政服务中心、饭店、理发店、洗衣店等。其中最受老人欢迎的是能够提供餐饮服务的庆丰包子铺、华天小吃、金百万等餐饮连锁企业。② 在 C 区，签约的养老服务商有 1016 家，餐饮类的数量最多，达到了 30%~40%，如永和大王、宏状元、庆丰包子铺等，这些都是养老助残券消费最多的场所。③ 在调研中笔者还发现，有为数不少的老年人会把一年的养老助残券都积攒起来，到了年底一家人一起吃饭。另外，由于很多老年人有购物的需求，政府又逐步放宽了购物方面的限制，增加了京客隆、物美等超市作为服务商。从消费的比重上看，老年人对生活照料、家政服务、康复护理、精神慰藉类的服务鲜有问津。

养老助残券变为养老助残卡后，民政部门进一步降低了服务商的准入门

① 马瑾倩. 今起北京市养老助残卡制卡周期将缩短至一个月［N］. 新京报，2019-06-20.

② 隗苗苗. 公众参与与政策执行——以北京市政府购买养老服务为例［D］. 北京师范大学博士学位论文，2013.

③ 李泽伟，董鑫. 养老券变卡能让老人更便利吗？［N］. 北京青年报，2014-04-27.

槛，改变了原来需要逐级审批才能准入的制度。券变卡后，政府允许那些具有法人身份，能够承诺为老年人、残疾人提供更多更便捷服务的商家成为政府购买服务的提供者。并且，政府和服务提供者的资金结算时间也从原来的 90 天缩短至两天。审批制度的改革使得一些大型商场超市在券变卡过程中表现得更为积极，如超市发为持卡老人提供免费送货服务，物美专门开辟了养老助残卡结账通道。但是，一些小型的服务提供者则由于 POS 机不能及时安装、营业额达不到规定数额被征收小额账户管理费等原因选择了退出。[①] 截至 2018 年 11 月，B 市建立了以养老助残卡为载体的养老服务体系，囊括了 1.5 万家养老服务商，超过 1/3 的服务商安装了养老助残卡专用 POS 机进行结算。其中，发展数量最多的依次是社区便利店 3247 家、百货购物 1575 家、老年餐桌 2172 家，涵盖了超市发、稻香村等各种类型的企业。[②] 问卷调查结果显示，超市和餐饮连锁企业已成为养老助残卡的主要服务提供者。

（三）服务生产

2009 年 10 月至 2014 年 7 月，政府向符合条件的老年人和残疾人发放纸质的养老助残券，资金来源为 80 周岁及以上老年人的补贴经费由 B 市福利彩票公益金和各区财政按照 1∶1 的比例分担，16~79 周岁重度残疾人的补贴经费由各区残疾人就业保障金承担，服务提供者奖励资金由各区财政负担。[③] 根据 2013 年的 B 市老年人口信息和 B 市老龄委发布的相关数据显示，B 市各区县通过养老助残券来购买养老服务，这一年发放养老助残券的总金额达 44941.6 万元（见表 4-1）。需要说明的是，在公布的 2013 年的数据中，仅包括 80 周岁及以上老年人的发放结算情况，不包括残疾人。养老助残券全年结算总额为 42468.6 万元，结算率为 94.5%。

2013 年的 B 市居家养老助残服务单位中除了签约的服务商外，还包括指定服务单位，总数为 17014 家。但是，B 市养老（助残）服务单位总数的增加却并没有使得服务对象的需求得到更好的满足。政府对养老服务券实行定点消

---

① 左颖. 北京养老券“券变卡”试点遭遇小服务商退出［N］. 北京晚报，2014-07-28.

② 蒋梦惟. 管理新规敲定！北京已有 1.5 万家商户可刷养老助残卡［N］. 北京商报，2018-11-23.

③ B 市 J 区民政局. B 市 J 区人民政府办公室转发区民政局关于顺义区居家养老（助残）服务工作实施意见的通知（顺政办发［2010］52 号）［Z］. 2010.

表 4-1　2013 年 B 市各区县养老助残券的发放及居家养老服务提供者情况

	养老助残券			居家养老服务		
	全年发放总额（万元）	全年结算总额（万元）	结算率（%）	养老（助残）餐桌数（个）	托老（残）所数（个）	签约养老（助残）服务商数（个）
全市	44941.6	42468.6	94.5	4240	4363	5152
A 区	3951.9	4272.9	108	309	182	214
B 区	6036.8	8221.3	136	383	203	828
C 区	7989.3	6466.6	80.1	376	485	1016
E 区	5148.5	4188.6	81.4	286	307	241
F 区	1662.7	1981.1	119	109	104	333
D 区	8113.8	7526.5	92.8	458	524	1045
G 区	796.7	670.3	84.1	310	230	115
H 区	1721	1626	95	227	480	90
I 区	1926.8	1943.4	100.9	229	192	198
J 区	155.5	141.1	91.4	149	193	52
L 区	1748.8	2045.5	98.6	230	246	90
K 区	1712.8	2134	124.6	65	26	343
N 区	835.7	815.7	97.6	163	203	65
M 区	1162.7	1163.3	100.1	267	365	252
O 县	1158	1324.7	114.4	352	361	253
P 县	820.6	751.9	91.6	327	262	17

资料来源：户籍人口数据来自 B 市 2013 年老年人口信息。其余数据来自 B 市老龄工作系统截至 2013 年底的工作数据。[①]

费的目的包括两个方面：首先是限制养老服务券流向社区养老服务领域，以保证政策的效果。其次是选择优质的商户作为政府购买服务的对象，以保证社区服务的质量。然而，政府通过定点、定价的方式限制服务券的使用范围，如政府通过确定早餐的价格、小时工的价格来确保服务质量，引发了很多老年人的不满。一些服务提供者也由于服务成本较高，政府定价导致不能盈利而进退两难。因此，在一些老人建议取消“定点”服务单位的呼声下，街道办和居委会为方便老人生活与超市达成了可以用养老助残券购物的协议，采取“睁一只眼

① B 市老龄工作委员会办公室. B 市 2013 年老年人口信息和老龄事业发展状况报告［Z］. 2014.

闭一只眼”的策略，养老助残服务券逐渐成为了“生活补贴”券。[①] 2014 年 7 月后，养老助残券变为了养老助残卡，政府允许凡是签约服务商提供的商品和服务，都可以用养老助残卡消费，养老助残卡的用途不再受到原有的限制。同时，政府不再通过“政府购买服务、委托社会组织运营”的方式来指定服务商，而由 B 市社区服务协会对服务单位进行监管。对服务提供者的选择制度由原本偏重于雇保姆、洗澡理发、订奶订报等为老服务，逐渐演变为凡是具有独立法人资格、承诺为老人提供更优惠的商品或便捷服务的服务商，均能够成为政府购买养老服务的提供者。[②] 养老助残卡的使用范围囊括了购物、餐饮类消费，并且成为了老年人主要的消费项目。据统计，自 2017 年 1 月 1 日至 2019 年 5 月 31 日，B 市老年人享受免费公交约 11.3 亿次，日平均约 128 万次。截至 2018 年 12 月，总发卡量估计将超过 390 万张。[③]

（四）服务的监督与评价

在 B 市政府以养老助残券这种凭单制方式购买服务的过程中，对于所购买服务的监督与评价工作主要是由政府部门完成的，由 B 市民政局负责综合协调，并会同责任部门对各项政策的落实情况进行监督检查，各区县为了配合 B 市民政局也相应采取了相应的措施。如海淀区，发布了《海淀区政府购买养老服务实施办法》，在政府购买养老服务的监管上明确了区民政局是政府购买养老服务工作的主管部门，区财政局负责资金的保障工作。各街道负责对服务机构的服务质量进行跟踪评估，各区民政局、街道（镇）则应建立享受居家养老政府购买服务补贴对象数据库，建立和完善相关工作台账，对补贴对象进行定期核查。此外，各区民政局、各区财政局对购买服务工作定期进行监督检查。[④] 顺义区为提升服务水平，出台了针对养老服务提供者的考核实施办法。对于新建的服务站点按照制定的验收标准进行考核验收；大兴区老龄办加大了对优秀服务商的奖励扶持力度，经过考核验收对优秀的为老服务单位进行奖励。总的

---

① 隗苗苗. 公众参与与政策执行——以北京市政府购买养老服务为例 [D]. 北京师范大学博士学位论文，2013.

② 张雪弢. 北京试点养老券变卡 2015 年全面铺开 [N]. 公益时报，2014-07-16.

③ 马瑾倩. 今起北京市养老助残卡制卡周期将缩短至一个月 [N]. 新京报，2019-06-20.

④ B 市 D 区民政信息网. 海淀区政府购买养老服务实施办法（试行）[Z]. 2014.

来说，一般的流程是各区老龄办联合财政局、残联等有关部门负责组织协调、指导、监督、检查，考评推荐的优秀服务提供者，改进存在的问题，并组织专题交流。根据考核结果，综合评定出优秀的养老助残服务提供者，向其发放资金补贴，进行表彰奖励，以此来起到发挥典型引领的作用。① 但是，对于服务提供者的规范化管理标准和考核指标等并不明确。②

养老助残券变为养老助残卡后，由于服务对象可以根据自己的喜好选择购物、餐饮或其他服务，对于服务提供者的选择范围扩大，服务对象可以在有限的范围内通过“用脚投票”机制来淘汰不满意的服务提供者，实现了参与对养老助残服务提供者的监督和评价。另外，B 市民政局也对外公布了服务监督电话，如果老年人或残疾人对服务提供者的服务不满意，或者与定点服务单位发生纠纷，可以进行反馈和投诉。③

四、政府责任履行的效果评价

（一）政府促进市场竞争的责任履行情况

从 B 市政府通过养老助残卡购买养老助残服务的情况来看，政府履行促进市场竞争的责任情况如下：

1. 竞争招标情况

竞争招标的前提条件是要有足够数量的投标者，一般来说，当竞标者达到 3 个或 3 个以上时，竞争的状态较为充分，服务购买者就能够从中进行比较和择优，服务成本和服务质量也会相应地降低或升高。因此，市场竞争主体是否充分也能够反映竞争招标的情况。在以养老助残卡购买服务的案例中，经历了

① B 市老龄工作委员会办公室. B 市 2013 年老年人口信息和老龄事业发展状况报告［Z］. 2014.

② 彭婧. 政府购买养老服务责任模式的转型研究——基于 2009-2019 年 B 市的实践［J］. 云南民族大学学报（哲学社会科学版），2020（6）.

③ 彭婧. 中国公共服务购买中的政府责任研究——以 B 市为例［D］. 北京师范大学博士学位论文，2016.

养老助残券时期的由政府为服务对象确定服务“定点单位”消费，发展到逐步开放购物消费，服务提供者的数量和种类均有所增加，尤其是以京客隆、物美、超市发等购物型企业的加入，购物类和餐饮类的企业成为了养老助残卡的主要服务提供者。截至目前，政府允许所有具有法人身份，能够承诺为老年人、残疾人提供更多更便捷服务的商家成为政府购买服务的提供者，改革了烦琐的逐级审批制度，政府与服务提供者之间的关系更为独立和平等。虽然没有公开的竞争招标过程，但是，由于餐饮类和购物类可供服务对象选择的服务提供者数量增多，在这两类服务购买过程中实际上已经实现了充分竞争。需要注意的是，提供家政服务、医疗护理、精神慰藉类养老服务的服务提供者并未增加，而这类服务提供者对于提升社会总体养老助残服务水平来说又是极为关键的部分。因此，以凭单制形式实现政府购买服务的养老助残卡，由于服务对象只能在部分领域发挥其自由选择的权利，并未实现完全意义上的服务提供者之间的有效竞争。

2. 政府购买过程的信息公开情况

B 市政府以养老助残卡形式购买公共服务的过程中，在项目决策、服务提供者的选择、服务生产、服务的监督与评价过程中，信息的公开情况较以往有所改善。实施《B 市市民居家养老（助残）服务（“九养”）办法》后，政府在该文件精神的指导下，通过凭单制方式购买服务来提升社会的养老和助残服务水平，在民政信息网站上、政府工作报告中，以及 B 市的地方性媒体中均有所发布，各区县下辖的街道和居委会也向所在区域内的受众群体及时发布了通知。在养老助残券向养老助残卡转变的过程中，以购物类和餐饮类为主的服务提供者数量的增加部分源于很多老年人呼吁开放购物的要求得以满足的结果。[①] 政府通过媒体向各类潜在的服务提供者发布了相关的信息，鼓励他们成为政府购买养老助残服务的提供者。另外，关于养老助残卡的签约服务单位情况，会定期刊登在《B 市广播电视报——小帮手特刊》上，服务对象也可以通过拨打 B 市社区服务热线进行查询。B 市政府网站上还会公布每年用于购买养老助残服务的投入情况、资金结算情况、各区县的资金分配情况等。总体来说，政府购买过程的信息公开情况较为乐观，政府积极承担了信息公开的责任。

---

① 李泽伟，董鑫. 养老券变卡能让老人更便利吗？［N］. 北京青年报，2014-04-27.

3. 政府培育市场的情况

在政府采用养老助残卡这种凭单制模式购买公共服务的过程中，与“非竞争代言型”责任模式和“竞争代言型”责任模式不同，虽然作为服务对象的老年人（或残疾人）拥有自由选择服务提供者、服务内容及服务方式的权利，不再被政府或社会组织“代言”，但是，由于养老助残卡的服务提供者种类十分有限，尤其是养老助残服务类的服务提供者十分匮乏，难以保障服务市场的充分供给，加之政府没有进一步扶持和发展养老助残类的服务提供者，导致缺乏市场竞争。政府开放购物类和餐饮类服务提供者大量加入的举措，不但没能促进市场竞争，反而加剧了对市场主体发展的限制，不利于公共服务市场的培育。因此，在B市政府通过养老助残券购买服务的案例中，应有的服务提供者未能得到较好的培育和发展，这不符合凭单制的基本理念。

（二）政府保障公众参与的责任履行情况

通过分析政府以养老助残卡形式为服务对象购买公共服务的过程来看，政府已不再是服务对象的“代言人”，服务对象被赋予了更多的权利能够参与到服务购买的过程中，政府履行保障公众参与的责任情况如下：

1. 公众参与项目决策的情况

如前所述，政府的责任意味着政府对社会需求的有效回应。在以养老助残卡购买养老助残服务的过程中，政府定期在电子媒体和纸质媒体上发布相关的公告，少数服务对象有机会通过媒体、访谈等形式参与到养老助残卡项目的决策中，但参与的偶然性较大，没有以制度形式予以确立。另外，2010~2014年，每年的两会上都有代表委员根据老年人（或残疾人）的意见针对养老助残券提出新的建议、议案，包括提出养老助残券变为养老助残卡的建议和设想。[①] 此外，在政府所购买的项目内容上，从养老助残券时期以购买养老助残服务为主，限制购物类的服务，后来发展到养老助残卡时期开放购物类服务提供者的加入，虽然这种转变并不符合政府购买服务的基本要义，但体现了部分老年人（或残疾人）的服务需求得到回应，反映了服务对象的服务需求和偏好，服务对象不再是政府所购买服务的被动接受者。因此，从公众参与项目决策的情况

① 陈荞. 北京试点养老助残券变卡［N］. 京华时报，2014-07-10.

看，参与的效果较好。

2. 公众监督服务生产的情况

在老年人（或残疾人）使用养老助残卡的过程中，对于所购买服务的选择、参与过程实质上也是实现了对生产过程的监督。服务对象通过消费养老助残卡的过程向服务提供者和政府反映了需求和偏好，由于能够在一定范围内自主选择服务提供者、服务的内容或方式，市场的淘汰机制开始发挥作用，那些服务较差、信用不良的服务提供者会逐渐被市场淘汰，而能够为老年人（或残疾人）提供满意服务的服务提供者会受到青睐，政府不需要再对服务提供者进行专门的检查。[①] 因此，服务提供者生产服务的过程中，服务对象对服务生产过程的监督作用得以发挥，公众参与监督的效果较好，短期内服务对象和政府之间也不会因缺乏有效的互动和沟通而导致服务对象利益受损，服务对象能够通过"用脚投票"来自动维护自身利益的最大化。

3. 公众自主选择服务的情况

与"非竞争代言型"责任模式和"竞争代言型"责任模式相比，作为服务对象的老年人（或残疾人）在自主选择服务上有了较大的改善。尤其是在养老助残券变为养老助残卡后，政府在所购买服务质量、数量、多样性及灵活性上使服务对象得到了一定程度上的满足，老年人（或残疾人）能够通过消费服务卡在市场上自行选择所需要的服务、内容及方式。实质上，老年人（或残疾人）手中持有的养老助残卡，即为享有支配自身福利资源的权利，他们可以向服务提供者表达自己的需求和偏好，而非被动地被政府或服务提供者所"代言"，能够在一定程度上对服务提供者产生应有的约束，服务对象参与的广度和深度明显增加。

（三）公众满意度情况

根据问卷调查的结果显示，接受养老助残卡的老年人对政府购买的服务项目满意程度总体较高。[②] 调查中通过设置"非常不满意、不满意、一般、满意、

---

① 隗苗苗. 公众参与与政策执行——以北京市政府购买养老服务为例［D］. 北京师范大学博士学位论文，2013.

② 养老助残卡项目的服务对象是符合政策条件的老年人和残疾人，但由于问卷调查的过程中很难找到符合样本数量要求的残疾人，所以在调研中问卷调查对象均为 80 周岁及以上的老年人。

非常满意”五个评价指标来衡量老年人对服务项目的真实需求。调查对象中对项目设置非常满意的人数占总数的12.91%，满意的占60.85%，一般的占21.21%，不满意的占5.03%，非常不满意的占0%。笔者在访谈的过程中了解到，在养老助残券时期，老人对定点消费的制度安排意见较大，很多老人认为不应该设置固定的消费地点，他们建议养老服务券应该在更大的范围内使用，还有的老人建议取消“定点”，自己选择需要的服务提供者。券变卡后，老年人的服务选择范围扩大，“定点”消费单位被取消，老人们对服务的满意度也随之提高。如在石景山区八大处居住的胡奶奶告诉我们：“我和我老伴儿都有卡，政府给免费办的。以前发的是纸质的券，限制使用的地点，用起来不方便，我们腿脚不利索就交给女儿管着，给小孩剪头发，洗冬天的羽绒服，但是价格都比外边的贵，觉得不合算。后来变成了卡，可以到稻香村买熟食觉得特别好，还可以在物美买点儿日用品，选择的余地大多了，就是每个月100元钱太少了。”①

总体来看，在“非竞争参与型”责任模式下，由于强化了公众参与，公民个人能够自己选择所需要的服务，公众的满意度比“非竞争代言型”责任模式和“竞争代言型”责任模式都有较大的提高，公众参与提高了回应性，公共服务供给的效率和满意度均得以提升，服务的公平性也得以增强。②

五、存在的问题

（一）政府职能定位不当

在政府由养老助残券转为养老助残卡购买公共服务的过程中，我们可以看到政府职能定位不当的问题。首先，在养老助残券时期，突出表现为政府职能

① 资料来源：笔者对社区老人使用养老服务卡情况的访谈记录，访谈地点：石景山区八大处公园，访谈时间：2014年12月。

② 彭婧.政府购买养老服务责任模式的转型研究——基于2009~2019年B市的实践［J］.云南民族大学学报（哲学社会科学版），2020（6）.

的"越位"问题。2012年7月，B市政府发布了《B市居家养老助残服务指导性收费标准》，对家政服务、医疗护理、生活照料、精神慰藉、老年教育等六大类110项居家养老社会服务价格给出了指导性意见，要求服务商的服务定价不得高于这一标准。例如，小时工（做饭、代购、取药等）为15~20元每小时，熨衣服为3元每件，定点用餐的标准最高为早餐5元、午餐15元、晚餐12元，病人护理为50~100元每天。[①] 这种通过定点、定价的方式对养老助残券的市场消费行为进行干涉的行为带有明显的管制特点，由于养老助残服务的复杂性和多样性，这种定价方式很难得到市场的认可，造成了服务对象和服务提供者的不满，属于政府职能的"越位"。其次，政府在购买养老助残服务的过程中，存在政府职能的"缺位"问题。一般来说，政府职能"缺位"主要表现在执法不足和提供公共服务不足两个方面。本来应该由政府提供的医疗、养老等公共服务供给不足，以及相应的基础设施建设力度不够，不能满足社会日益增长的需要。政府以拥有B市户籍的80周岁及以上老年人为养老服务对象，以60~79周岁和16~59周岁无工作的重度残疾人为助残服务对象，这种以年龄进行机械划分来确定服务对象的做法具有明显的"一刀切"特征，缺乏针对性和有效性。政府发放养老助残卡的过程中，也缺乏对于服务对象实际需求的调查评估环节。没有将服务对象按照身体状况、经济状况等区分等级，并分别确定其享受不同的补贴和服务。此外，向服务对象每人每月发放面值100元的养老助残卡，虽然提供多达六大类110项养老助残服务，但这种"撒胡椒面"的做法并不能帮助有实际困难的老年人或残疾人提高生活质量，由于金额过低很难真正起到养老助残的作用，最终使得养老助残卡成为老年人购物的"生活补贴卡"。

（二）服务提供者市场发育不均衡

在2010年4月发布的《B市市民居家养老助残券管理使用规定（暂行）》中，B市政府明确规定："养老助残券用于在全市居家养老助残签约服务单位和指定服务单位购买服务，经区县主管部门批准也可支付家庭保姆费用，不得购物或兑换现金。"即使在过渡时期，由于生活照料和医疗护理等服务提供者

① 童曙泉. 居家养老服务出收费标准［N］. 北京日报，2011-07-23.

发育不完善，允许临时性购物行为的存在，也应对用于购物的比例和用于购买服务的比例做出一定的限制。但养老助残券变为养老助残卡后，政府完全放开了购物消费，且没有对养老助残卡使用的比例进行合理的规制，这就使得养老助残卡变成了购物卡，背离了养老助残服务的本意。此外，在养老助残券变为养老助残卡后，老年人（或残疾人）的消费信息也会被记录在信息平台中，政府会根据这些数据来分析老年人的消费习惯，用于调整服务提供者的数量和结构。[①] 由此，服务对象手中有限的选择会进一步导致数据分析结果的失真，这样最终会致使提供购物服务类的企业成为市场竞争主体，而以提供养老助残服务为主的社会组织则进一步被边缘化、弱小化，更加难以在市场竞争中得到发展的机会。发达国家的实践已经证明，老年人最需要的服务是医疗护理，其次是生活照料。因此，长远看，这也是公共服务购买市场缺乏有效竞争的一个重要原因——缺乏服务类的竞争主体，政府不但没能促进市场竞争，反而阻碍了公共服务市场主体的均衡发展和培育。

（三）服务对象观念滞后

政府设计养老助残券的初衷是利用凭单制的理念解决服务对象的养老或助残服务问题，增加服务对象的自主权利，由第三方社会组织向符合条件的公众提供所需要的服务，并非购买商品。从 2009 年养老助残券开始发放后，就有媒体反映养老助残券被用于购物的情况。有学者在 B 市部分区县开展的问卷调查显示，76.9%的老人主要将养老服务券消费在餐饮和超市购物方面。[②] 与购买服务相比，老年人更喜欢把养老助残券用于购买米面油等生活必需品。在记者的采访中，对于老年人回避购买服务，更倾向于购物的现象，有市民曾这样回应："我花养老券请一个小时工回去俩老人就说我乱花钱，买两盒包子他们就高兴，那我还不如买包子。"[③] 究其原因，老年人养老观念的滞后问题也是导致这种现象的一个主要因素。一些老年人在生活上能够自理，或者依赖于家人的照顾，认为购买服务是"乱花钱，不实惠"的选择。而将养老助残券或养老助

---

① 张品秋. 养老券变卡 年省成本 2 千万 [N]. 北京晚报，2014-11-21.

② 隗苗苗. 公众参与与政策执行——以北京市政府购买养老服务为例 [D]. 北京师范大学博士学位论文，2013.

③ 李泽伟，董鑫. 养老券变卡能让老人更便利吗？[N]. 北京青年报，2014-04-27.

残卡用于换取食品和日用品，则更为实惠。据统计，以“购物券”方式来消费养老服务券（卡）的现象十分普遍，老年人或残疾人主要将养老服务券（卡）用来购买食品和日用品，对购买服务并不热衷，购买服务难以成为服务对象的首选，用于购买理发、洗衣服、小时工等服务的不足10%。[①] 一些独居的老年人在面对社区向其推荐的专业心理咨询服务时，往往选择一口回绝。[②] 随着中国老龄化社会问题的加剧，传统的家庭养老功能将日益弱化，由专业的服务提供者向老年人或残疾人提供生活照料服务必将成为未来的大趋势，尤其是对老年人而言，养老必然逐渐走向社会化。采用政府购买服务的形式，提倡老人居家养老、社区养老，是养老服务体系发展的一个方向。因此，对老年人进行观念上的引导也应成为提升公共服务质量的一个重要方面。[③]

六、本章小结

本章以养老助残卡为典型个案，描述在“非竞争参与型”责任模式中政府购买公共服务的政策背景及概况、购买过程及特点，分析了服务对象通过消费养老助残卡参与公共服务的选择、生产、监督环节的现状。重点分析了在该种模式下政府责任履行的效果情况，包括政府履行促进市场竞争的责任情况和政府保障公众参与的责任情况。研究发现，在政府履行促进市场竞争的责任上，虽然政府与服务提供者之间的关系更为独立和平等，可是，由于服务提供者数量的增加主要依赖于餐饮类和购物类服务提供者的加入，而提供家政服务、医疗护理、精神慰藉类服务的服务提供者并未增加，但这类服务提供者对于提升

---

① 相关新闻报道反映了养老券变身购物券的情况，参见郑梦超. 无奈！100元养老券买包子［N］. 中国消费者报，2010-08-13；于静. 养老服务券演变成购物券　负责人：应专券专用［N］. 北京青年报，2010-01-17；王晔君. 北京试行养老助残券遇难题：惠民服务有霸王条款［N］. 北京商报，2012-08-21；于静，李嘉瑞，李鸿雁. 居家养老服务券缘何变成购物券［N］. 北京青年报，2009-12-19；李红梅. 养老券不能“乱炖”［N］. 人民日报，2011-04-28；许峰玮. 养老助残券“违规”换粮油［N］. 法制晚报，2010-04-01.

② 李泽伟，董鑫. 养老券变卡能让老人更便利吗？［N］. 北京青年报，2014-04-27.

③ 彭婧. 政府购买养老服务责任模式的转型研究——基于2009-2019年B市的实践［J］. 云南民族大学学报（哲学社会科学版），2020（6）.

社会总体养老助残服务水平来说又非常重要，由此，服务提供者的单一性导致缺乏真正的竞争性市场。因此，以凭单制形式实现政府购买服务的养老助残卡，只能在部分领域发挥服务对象自由选择的作用，并未实现完全意义上的服务提供者之间的有效竞争，不利于公共服务市场的发展。另外，政府保障公众参与的责任履行情况较为乐观，尤其是从养老助残券转变为养老助残卡后，政府在所购买服务质量、数量、多样性及灵活性上使服务对象得到了一定程度上的满足，老年人（或残疾人）能够通过消费服务券在市场上自行选择所需要的服务、内容及方式，以此表达自己的需求和偏好，而非被动的被政府或服务提供者所“代言”，服务对象参与的广度和深度明显增加，公众满意度得以提升。需要注意的是，由于政府职能定位的“越位”和“缺位”，导致了养老助残卡的发放缺乏针对性和有效性，养老助残卡最终演变成了“生活补贴卡”，难以发挥养老助残的作用。另外，服务提供者市场发育不均衡和服务对象观念滞后也是政府购买养老助残服务中存在的主要问题。[①]

① 彭婧. 政府购买养老服务责任模式的转型研究——基于 2009~2019 年 B 市的实践［J］. 云南民族大学学报（哲学社会科学版），2020（6）.

第五章　非竞争参与型责任模式：便民为老服务中心

本章以 M 市便民为老服务中心为例，描述在“非竞争参与型”责任模式中政府购买服务的情况。便民为老服务中心是政府向符合条件的老年人提供打包定额养老服务。通过分析该种责任模式下政府购买公共服务的特点及生产过程，讨论政府、服务提供者、服务对象的互动情况，评价政府履行促进市场竞争的责任和保障公众参与的责任情况。[①]

一、政策背景与政策概况

内蒙古自治区 M 市位于内蒙古自治区最西部，总面积约 27 万平方千米，占内蒙古自治区总面积的 22.8%，但同时又是人口和行政建制最少的地区，截至 2016 年，M 市下辖 3 旗[②]（L 旗、R 旗、E 旗）、4 个自治区级开发区，共有 30 个苏木镇、198 个嘎查村、4 个街道和 52 个社区。常住人口仅为 24.57 万人。其中城镇人口 18.96 万人，乡村人口 5.61 万人，有蒙古族、汉族、回族、藏族等 28 个民族。[③] 截至 2016 年底，M 市 60 岁以上户籍人口 2.7 万人，占 M 市总人口 24 万的 11.4%；80 岁以上高龄老人 3000 余人，占老年人口总数的

① 本章的调研和撰写工作能够顺利展开要特别感谢 M 市民政局王迎翔局长、欧春燕副局长和杨超科长在资料获取、深度访谈和实地调研上的大力协助和支持。

② 旗、苏木、嘎查是中国行政区划的方式之一。旗在内蒙古自治区为县级行政区，行政地位与县相同。旗上级是地级行政区，下级是乡级行政区。苏木的行政地位与乡相同，嘎查的行政地位与村相同。

③ M 市统计局. M 市 2016 年国民经济和社会发展统计公报［EB/OL］. M 市政府门户网站，http：//www.als.gov.cn/contents/175/593362.html，2019-03-20.

11.3%；失能半失能老年人5000余人，占老年人口总数的19.6%。[①] 截至2017年底，内蒙古60周岁以上老年人口已达436万人，占内蒙古自治区总人口的17.4%；80周岁以上老年人58.8万人，占内蒙古自治区老年人口的13.5%，且高龄、失能、半失能老年人逐年增多。

内蒙古自治区开始逐步建立以居家为基础、强调社区为依托、兼具机构为补充、发展医养相结合的养老服务体系，但与老年人日益增长和多样化的养老服务需求相比仍有较大差距。[②] 2014年，内蒙古自治区人民政府发布了《关于加快发展养老服务业的实施意见》，在这个意见中提出为了贯彻《国务院关于加快发展养老服务业的若干意见》，缓解内蒙古自治区老年人比例高于全国平均值3.3个百分点的状况，加快发展养老服务业，以此来适应传统养老模式转变、满足人民群众养老服务需求。也是解决失能、半失能老年群体的养老问题。[③] 在此政策背景下，政府购买公共服务逐渐成为政府解决养老问题的主要途径之一。

二、政府购买公共服务的过程

（一）项目决策

为了解决内蒙古自治区的养老问题，自2014年开始，政府购买服务被引入养老领域，要求加快政府职能转变，充分发挥政府的主导和兜底作用，充分发挥市场在养老资源配置中的决定性作用，充分发挥社会力量的主体作用，按照政策引导、政府扶持、社会兴办、市场推动的总体要求，采取居家养老与社会养老相结合、政府支持与市场运作相结合、公益性服务与经营性服务相结

① 欧春燕，何桂芳. 落实政策　加大改革　多元发展——阿拉善盟推进养老服务业综合改革[J]. 福利中国，2017（5）.

② 李云平. 内蒙古将利用2000万元福利彩票公益金购买居家养老和社会服务［EB/OL］. 新华社，2018-03-29；欧春燕，何桂芳. 阿拉善盟让农牧区养老服务发展有了章法［N］. 中国社会报，2018-01-12.

③ 内蒙古自治区人民政府办公厅. 关于加快发展养老服务业的实施意见（内政发［2014］57号）［Z］. 2014.

合、专业服务与志愿服务相结合的办法，全力推进养老服务业全面健康快速发展。基本原则是政府主导，社会参与。政策导向主要体现在政府谋划社会养老事业、健全政策保障体系、建设公办福利机构、培育民办养老机构、购买养老公益服务、建立高龄老人生活补贴和困难老人护理补贴、强化财政支撑体系，引导市场资源、扶持社会力量积极参与社会养老服务，逐步建立与市场经济相适应的社会养老服务发展模式、管理方式和运行机制。①

2014 年 7 月，内蒙古自治区 M 市行政公署②（简称“行署”）办公厅发布了《关于印发 M 市鼓励和扶持社会力量兴办养老机构优惠办法的通知》，提出社会力量兴办的养老机构服务对象主要为 M 市户籍 60 周岁及以上老年人。对符合城市规划和用地条件的社会力量兴办的养老机构项目，发改、规划等有关部门要根据 M 市民政部门同意筹办批准文书予以优先立项、审批。相关部门要免收城市基础设施配套费。以招标、拍卖或者挂牌方式供应养老服务设施用地时，不得设置要求竞买人具备相应资质、资格等影响公平公正竞争的限制条件。非营利性养老服务机构，按国家税收政策规定免征营业税、企业所得税、城市建设维护税和教育附加费，暂免征收自用的房产、土地的房产税以及城镇土地使用税、车船使用税，以及应免交有关行政事业性收费，并优先验审。③

2016 年 12 月，M 市行政公署办公厅发布了居家养老的重要文件——《关于印发 M 市推进居家养老服务实施办法的通知》（以下简称《办法》），提出将居家养老服务分为政府购买和自费购买两种类型。符合政府购买服务条件的老年人购买居家养老服务费用，实行政府适当补贴，超出补助额度部分的服务费用由受助者个人支付。凡政府购买居家养老服务对象范围以外的老年人，所购买居家养老服务产生的费用，由老年人或其子女、家庭自费承担。推动各旗区按照《办法》规定标准落实政府购买居家养老服务补贴制度。通过培育和引导老

---

① 内蒙古自治区人民政府办公厅. 关于加快发展养老服务业的实施意见（内政发［2014］57 号）［Z］. 2014.

② 根据 1982 年 12 月 10 日第五届全国人民代表大会第五次会议《关于修改〈中华人民共和国地方各级人民代表大会和地方各级人民政府组织法〉的若干规定的决议》修正中，规定省、自治区的人民政府在必要时，经国务院批准，可以设立若干行政公署，作为它的派出机关。其任务是代表省、自治区的人民政府督促、检查、指导所属县、市、自治县人民政府的工作，并办理上级人民政府主管部门交办的事项。该制度延续至今。M 市行政公署有政府体系（各职能部门），统管县级行政区。

③ 内蒙古自治区 M 市行政公署办公厅. 关于印发 M 市鼓励和扶持社会力量兴办养老机构优惠办法的通知（M 署办发［2014］78 号）［Z］. 2014.

年社会组织发展，让更多老年人走出家门、参与社会，发挥老年人积极作用。[①]

M市政府购买居家养老服务补贴的对象为：M市户籍且常住的60周岁以上失能老年人、半失能老年人、重度残疾老年人及重病老年人；70周岁以上城乡低保老年人、五保老年人、三无老年人、三民老年人、重点优抚对象老年人等民政服务对象，孤寡老年人、无子女老年人、失独老年人及独生子女三级以上伤残的计生特扶家庭老年人及空巢老年人。补贴标准为：对M市户籍70周岁以上的低保、五保、三无、三民、重点优抚对象等民政服务对象，70周岁以上孤寡、无子女、计生特扶家庭老年人及空巢老年人，60周岁以上失能老年人、半失能老年人、重度残疾老年人及重病老年人分别给予每人每年480元、360元、240元的养老服务补贴。已申领重度残疾人护理补贴，或申领部分丧失生活自理能力、完全丧失生活自理能力特困人员照料护理费的老年人，不再纳入政府购买居家养老服务范围。政府购买服务所需资金由M市、旗财政2∶8分配，并纳入地方财政预算。[②]

2017年11月28日，内蒙古自治区民政厅向下辖的民政局和社会组织发布了《关于开展2017年度民政厅向社会力量购买服务工作的通知》，提出为了健全和完善民政系统向社会力量购买服务的机制，进一步优化职能，改善公共服务，民政厅向社会力量购买服务内容包括七类：社区老人居家养老服务、社区社会工作服务、社会组织孵化基地运营服务、自治区社会组织登记管理辅助服务、社会组织等级评估服务、社会组织人员培训服务、购买服务评估验收服务。[③] 2018年11月，M市行政公署办公室又印发了《关于落实自治区制定和实施老年人照顾服务项目实施意见任务分工的通知》，提出全面落实针对特困供养老年人、重度残疾老年人的照顾护理补贴制度。鼓励有条件的地区逐步将护理补贴制度覆盖到经济困难的高龄、失能老年人。提出要进一步健全城乡居民最低生活保障制度，确保将符合条件的老年人全部纳入保障范围，实现应保尽保。[④]

---

① 内蒙古自治区M市行政公署办公厅. 关于印发M市推进居家养老服务实施办法的通知（M署办发〔2016〕183号）[Z]. 2016.

② 张彧. 阿拉善盟《推进居家养老服务实施办法》出台 [N]. 阿拉善日报，2017-02-09.

③ 内蒙古自治区民政厅. 关于开展2017年度民政厅向社会力量购买服务工作的通知（M署办发〔2017〕81号）[Z]. 2017.

④ 内蒙古自治区M市行政公署办公厅. 关于落实自治区制定和实施老年人照顾服务项目实施意见任务分工的通知（M署办发〔2018〕57号）[Z]. 2018.

（二）服务提供者的选择

M 市“12349”便民为老服务平台是由 M 市政府全额投资，按照“政府搭建、社会参与、市场运作、服务外包、惠及百姓”的思路进行建设，推进当地社区服务信息化建设，提高政府公共服务效能和公众满意度的公共服务信息平台，同时也是 M 市行署《M 市城镇化社区发展规划（2010~2014 年）》三年规划的数字化为老服务平台建设项目。实践中，是由 M 市民政局主导并成立了非营利性单位——M 市“12349”便民为老服务中心，专门负责平台投资工作、建设工作、管理工作、运营工作及财务工作事宜，通过“统一规划、集中管理、有序推进、逐步完善”的方式，推出各项服务内容，服务范围为 M 市，并在实践过程中与非营利组织合作，逐步形成较为完善的社区服务体系。“12349”呼叫信息平台是政府出资建设，采取的是公建民营的模式。基本框架体系为四个部分，如表 5-1 所示。

表 5-1　M 市“12349”呼叫信息平台基本框架体系

“12349”便民为老服务呼叫网络及运营管理平台	申请开通了民政系统专用公益号码“12349”短号电话，开发相关数据库和软件系统，接受语音接入等呼叫服务，为居民提供信息咨询、服务派工、紧急救助、电话转接等各类服务
健康管理服务平台	基于数字化健康管理服务平台为基层居民提供数字化健康管理服务，主要包含：一体机终端服务、门户社区网站服务、数据交换服务等
网站平台	建立门户网站（www.am12349.cn），并开通网络 QQ、服务投递信箱、网络贴墙、短信服务等信息交互工具，为各类公共事务、生活服务、商务服务等提供网络信息发布和查询平台
结算平台	在上述三大平台的基础上，根据入网服务发展情况及市民实际需求，逐步推行电子结算系统，提供快速、便捷、安全的在线结算服务

资料来源：M 市民政局内部资料，2018 年。

2013 年 10 月，经多次选择，反复研究，M 市民政局将“M 市‘12349’便民为老服务中心”平台选定在 M 市 L 旗额鲁特东路 1 号民政综合服务大楼二楼。总投资 460 万元，组织开展了 M 市级平台的场地建设任务，共建设 107.8 平方米的呼叫中心大厅、110 平方米的办公场所（3 间办公室）和 10 平方米的机房，录入数据 119482 条，其中 60 岁老人 15021 人。截至 2016 年已完成中心机房装修、呼叫平台设备采购、安装及 R 旗、E 旗、W 经济开发区分级中心建设并投入使用，如图 5-1 所示。

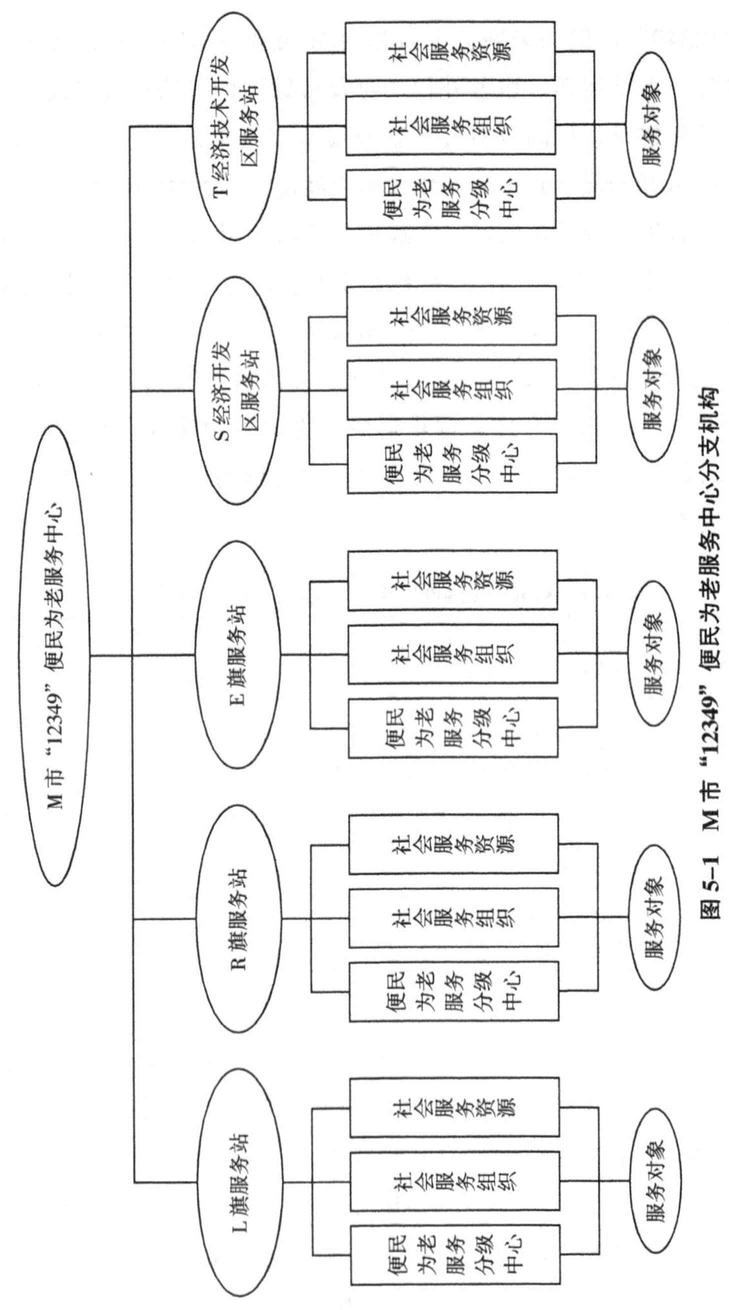

图5-1　M市“12349”便民为老服务中心分支机构

M 市“12349”便民为老服务中心是 M 市民政局批准成立的民办非企业。根据驻地化服务的要求，通过本地企业出资 50 万元①，在 M 市注册成立民办非企业——“M 市‘12349’便民为老服务中心”，负责全 M 市的具体运营服务，政府负责监管。该中心的宗旨是以满足群众不同层次的多种服务需求为目标，以“12349”便民为老服务呼叫网络平台为基础②，支撑培育社会服务组织，将信息技术和便民为老服务组织相结合，为居民提供养老服务。③ 成立时该组织共有工作人员 20 人（含旗区），其中理事 4 人，监事 3 人，座席人员 8 人，工作人员 5 人。截至 2016 年，该组织有服务人员 45 人。

为建设高素质的养老服务信息平台工作人员队伍，M 市民政局要求“M 市‘12349’便民为老服务中心”对新招聘工作人员进行业务培训。通过在“河南安泰居家养老服务信息中心”专业上岗培训和 1 个多月的系统测试、不断摸索，该中心逐步形成了统一着装、文明用语、挂牌服务等标准化服务。在吸取全国各地服务体系建设经验的基础上，按照“自建队伍为主、整合社会服务队伍为辅、同时吸纳部分公司作为加盟队伍”的模式，指导中心注册成立了“M 市驼乡情便民为老服务有限责任公司”，下设驼乡情日间照料居家养老服务中心，如图 5-2 所示。

图 5-2　M 市“12349”驼乡情日间照料居家养老服务中心

① 该出资人是民办非企业——“M 市‘12349’便民为老服务中心”的理事会成员。

② M 市“12349”便民为老服务信息平台是政府全额投资建立的，M 市“12349”便民为老服务中心借助这个平台开展为老服务。

③ M 市“12349”便民为老服务中心. 2017 年中央财政支持社会组织参与社会服务扶老助老示范项目审计文件［R］. 内部资料，2017-11.

通过“统一培训上岗、统一服务标准、统一服务价格”，目标是建造功能齐全、内容丰富、服务上乘、群众满意的队伍。管理方式上，采取可持续的运用模式，以政府主导、社会参与、市场化运营的方式，通过公益化和市场化项目的融合，采用“无偿、抵偿、有偿”相结合的方式为老年人提供针对性的服务项目。项目合作采用“公建民营、民建公助”的协作模式。街道及社区负责运营场地及公益性项目的设施投入，河南安泰居家养老服务信息中心负责市场化项目的资金投入，招募人员、组建专业团队、制定服务标准，自负盈亏、独立经营。业务上接受民政部门及所在街道的监督。①

另外，政府还对服务主体进行了人力资源和资金扶持。由于“12349”便民为老服务中心是民办非企业，属公益性工作，2014 年底，M 市民政局解决了“12349”便民为老服务中心 12 个人公益性岗位（工资每人每月 1500 元）。在财政保障机制上，要求将养老服务业经费列入财政预算，由财政专项经费予以支持。M 市级政府应将福利彩票公益金进行分配使用，其总额 50%用于支持发展当地的养老服务业，设立购买养老服务专项资金支持养老业的发展，建立与老年人口增长和经济社会发展水平相适应的财政保障机制。

截至 2014 年底，“12349”便民为老服务中心系统中，全 M 市入网用户达到 13269 人，M 市加盟服务商达到 670 家。M 市 L 旗服务商有 396 家，与“12349”服务中心达成服务合作的有 29 家，签订长期服务合作协议的有 18 家。表 5-2 为 M 市 L 旗提供为老服务的企业。至 2016 年，M 市加盟服务商达到 1173 家。与“12349”服务中心达成服务合作的有 56 家，签订长期服务合作协议的有 47 家。

这些服务商与政府合作，陆续开展了紧急救援服务、养老服务、家政服务、生活帮助服务、喜庆礼仪服务、客服咨询服务等九大类 100 多项服务（见表 5-2）。印发宣传传单 5000 多份；截至 2016 年 12 月 15 日，接听有效来电 8779 个，其中家政服务热线 2324 件、养老服务 1653 件、经济救援服务 1 件、生活帮助服务 3654 件、客服咨询 1018 件、喜庆礼仪服务 24 件，其他服务 105 件；截至 2017 年 10 月 1 日，接听有效来电 12327 个。以上服务热线办结率、

① M 市“12349”便民为老服务中心. 内蒙古自治区民政厅向社会力量购买服务入围响应文件［R］. 内部资料，2017.

表 5-2　M 市“12349”的服务提供商及服务领域情况

医疗服务		家庭服务		生活百事		教育培训		公共服务	
医院	6	家政	22	开锁	1	幼儿园	4	公司	33
药店	9	家电维修	10	宠物店	5	小学	8	事业单位	89
邮寄服务		蔬菜粮油	30	旅行社	2	学校	2	委员会	13
邮寄	11	理发	9	广告店	3	喜庆礼仪		办公室	5
养老服务		房屋维修	1	银行	9	婚庆	11	物业	1
卫生室	7	餐饮	31	酒店宾馆	19	蛋糕店	6	殡葬服务	
		送气送水	5	旧货回收	1	摄影	11	花圈	5
		干洗店	13	卖家具家电	2	花店	9		
				通信	5				

回馈率均为 100%；截至 2018 年 4 月 30 日，接听有效来电 18188 个，以上服务热线办结率、回馈率均为 100%。内蒙古民政厅对 M 市“12349”便民为老服务中心服务模式给予了较好评价，并在内蒙古自治区予以推广。

由于 M 市“12349”便民为老服务中心是该地区唯一具有服务能力的社会组织，即成为了唯一的服务提供者。2015 年，首次承接内蒙古自治区民政厅 2015 年向社会力量购买服务，社区老人居家养老服务项目，服务老人 650 名。2016 年，第二次承接内蒙古自治区民政厅 2016 年度向社会力量购买服务，社区老人居家养老服务项目，服务老人 552 名。2017 年，M 市“12349”便民为老服务中心扶老助老示范项目活动于 2017 年 7 月 20 日正式启动，服务老人 535 名。2017 年，第三次承接内蒙古自治区民政厅 2017 年度向社会力量购买服务，社区老人居家养老服务项目，服务老人 415 名。以上承接的中央财政支持项目和民政厅向社会力量购买服务项目对象及范围、服务内容上略有所区别，如表 5-3 所示。

表 5-3　M 市“12349”便民为老服务中心承接项目情况

	中央财政支持项目	民政厅向社会力量购买服务项目
对象及范围	年满 65 周岁以上、无子女照顾或子女因残疾等无能力照料的低保、低收入户、生活不能自理的老年人；年满 65 周岁以上、无子女照顾或子女因残疾等无能力照料的劳动模范和重点优抚对象中的三属（烈士、因公牺牲军人、病故军人的遗属）中生活不能自理的老年人	M 市本地户籍并实际居住在本地范围内年龄在 65 周岁以上独居、残疾、失能、半失能的困难居家老人

续表

	中央财政支持项目	民政厅向社会力量购买服务项目
服务内容	营养早餐、按摩足浴、医疗护理、文化娱乐	提供远程看护、生活照料、家政服务、医疗康复等服务，同时兼顾老年人文化娱乐、学习教育、体育健身、精神慰藉和法律咨询等服务

其中，M 市“12349”便民为老服务中心承接了中央财政支持的社区组织参与社会服务项目——扶老助老示范项目的立项申报书（见表 5-4），以及内蒙古自治区民政厅 2017 年政府向社会力量购买服务项目——社区老人居家养老服务的项目申请书，如表 5-5 所示。

总体来看，M 市“12349”便民为老服务中心根据老人的生活需求，主要为 M 市 L 旗年龄在 65 周岁以上独居、空巢、残疾、失能、半失能的困难居家老人提供养老服务。提供包括日间照料、家政服务、康复护理等居家养老服务，同时兼顾老年人文化娱乐需求、学习教育需求、体育健身需求、精神慰藉需求和法律咨询需求等服务。实践中，提供的服务内容以家政类服务为主，照料类服务为辅助，呈现出了由易到难、逐步拓展的特点。具体来说，社区老人居家养老服务内容包括：擦玻璃、洗衣洗物、家庭保洁（地面、厨房、卫生间、门）、理发、足疗、康复按摩等服务。[①] M 市“12349”便民为老服务中心还包括五个分站，分别为 L 旗服务站、R 旗服务站、E 旗服务站、M 市 S 经济开发区服务站和 T 经济技术开发区服务站。每个服务站内都有“12349”便民为老分级服务中心、社会服务组织和社会服务资源，分别向区域内的服务对象提供居家养老服务。[②]

（三）服务生产

根据《M 市推进居家养老服务实施办法》中的规定，政府购买养老服务申请审核程序需要经过申请、审批（受理、审核、复核）、备案三个环节。在申请环节需要填写《政府购买居家养老服务申请表》，进而社区受理，进行入户核

① M 市“12349”便民为老服务中心.内蒙古自治区民政厅向社会力量 2017 年购买服务评估验收执行文件［R］. 内部资料，2018.

② 欧春燕，何桂芳. 阿拉善盟让农牧区养老服务发展有了章法［N］. 中国社会报，2018-01-12.

表 5–4　中央财政支持社区组织参与社会服务项目立项申报书

项目名称	M 市“12349”便民为老服务中心扶老助老示范项目					
申报单位	M 市“12349”便民为老服务中心	是否承担过中央财政支持社会组织参与社会服务示范项目	否	曾获	—	次立项
				分别是	—	类项目
业务主管单位	M 市民政局					
登记证号	A013					
通信地址	M 市额鲁特东路 16 号 M 市民政局二楼					
2015 年度年检结论	合格	评估等级	无	年	无	
实施地域	M 市；M 市 L 旗					
曾获何种奖励（限填三个）						
户名	M 市“12349”便民为老服务中心					
开户账号	*********					
开户行	中国银行股份有限公司 M 市分行土尔扈特支行					
	姓名	手机	电子邮箱			
项目负责人	徐某某	183********	********@qq.com			
项目联系人	张某某	156********	********@qq.com			
项目预算						
资金总体情况						

续表

资金来源		金额（万元）
申请中央财政资金		25.00
配套资金	自有资金	20.00
	社会募集资金	0.00
	其他财政资金（含福彩资金）	11.00
	配套资金合计	31.00
资金总额合计		56.00
资金预算支出明细		
项目		金额（万元）
申报资金支出计划		
一、社会服务支出		25.00
(一）开展服务支出（格式如：服务人员数量×金额；人数×场次×金额等)		22.20
老年营养早餐：40 人×180 天×10 元		7.20
老年按摩足浴：100 人×30 次×50 元		15.00
		0.00
(二）发放款物支出		2.80
老年用品：140 人×200 元		2.80
二、固定资产购置支出		0.00

续表

三、项目执行费用	0.00
1. 交通费	0.00
2. 会议费	0.00
3. 印刷宣传费	0.00
中央财政资金支出合计	25.00
配套资金支出计划	
一、社会服务支出	11.70
(一) 开展服务支出（格式如：服务人员数量 × 金额；人数 × 场次 × 金额等）	11.70
老年营养早餐：40 人 × 180 天 × 10 元	7.20
老年按摩足浴：100 人 × 9 次 × 50 元	4.50
(二) 发放款物支出	0.00
二、服务设施购置支出	18.20
按摩椅、足浴盆 6 套 × 4000 元	2.40
社区服务站装修	15.00
棋牌室 8 套 × 1000 元	0.80
三、项目执行费用	1.10
1. 交通费	0.10

续表

2. 会议费	0.00
3. 印刷宣传费	1.00
4. 其他费用	0.00
配套资金支出合计	31.00
资金支出合计	56.00
项目内容（200字以内）	在南梁街社区设立社区服务站，为520名65岁以上失能半失能空巢老人、残疾人提供老年营养早餐、按摩足浴、医疗健康等服务以解决居民的生活困难。同时根据需要提供2项免费服务
项目支撑（项目有关工作是否已经开展过或正在开展，取得了哪些成效，200字以内）	在吸取西花园社区服务体系建设的基础上，按照“自建队伍为主、整合社会服务队伍为辅、同时吸纳部分公司作为加盟队伍”的模式，通过“统一培训上岗、统一服务标准、统一服务价格”，努力打造一支功能齐全、内容丰富、服务上乘、群众满意的队伍
预期效果（200字以内）	社区具有较好的社区居民认同以及丰富的社区资源，同时也有提升社区服务、更好地服务居民的愿望；公司具有较强的专业力量，且在独立性、自主性方面具有优势，同时希望能够通过建立社区服务平台，找到服务的延伸、拓展点；目前公司在西花园设有社区服务站，有服务人员20人，与50多家服务企业达成加盟服务意向，与20多家签订了服务协议
项目特色（创新性、示范性、可推广性）（100字以内）	社区服务站混合式的平台，突破了传统的体制，使居家养老的运作具有较大的独立性、自主性和灵活性，保证了服务的专业性，可以与原有社区组织积极互动互助，合作共赢，达到有机融合，且服务成本较低，服务效率较高
本单位在承接社会服务方面发挥的作用和已有经验（200字以内）	在开展该项目服务时，针对社区的老人开展了服务需求调查，发放问卷1000份，为400多名社区空巢、孤寡老人建立了基本情况档案。初步建立了社区服务与志愿服务结合共存的社区养老支持网络，使那些空巢、孤寡、疾病等老人得到温暖关怀关爱，受益老年人达700多人次
项目进度安排：项目实施的主要活动内容、时间、地点和详细资金安排（300字以内）	为M市L旗年龄在65周岁以上独居、失能、半失能的困难居家老人。以老人的生活需求形成服务重心，提供营养早餐服务、按摩足浴服务、医疗护理等服务，同时兼顾老年人文化娱乐需求、学习教育需求、精神慰藉需求和法律咨询需求等服务，服务内容可从易到难，逐步拓展。拟于2017年3月中旬分别在M市L旗水木年华（南梁社区）、绿色之光（八卦泉社区）举行“中央财政2017年向M市‘12349’便民为老服务中心购买扶老助老服务”的主题宣传活动。并对受益对象提供服务。3月份资金计划为5万元、4月份资金计划为5万元、5月份资金计划为3万元、6月份资金计划为3万元、7月份资金计划为3万元、8月份资金计划为3万元、9月份资金计划为3万元

续表

项目沟通计划、宣传方案（200字以内）	充分利用M市电视台、M市日报官方媒体，宣传政府购买服务工作的意义和要求，做好政策解读，扩大公众关注度和公众参与性，努力营造良好的舆论环境。同时在M市民政局网站对此次中央财政购买服务进行宣传。现场共悬挂宣传标语1条，设咨询台1个，发放中央财政向社会组织购买服务宣传资料1000余份		
受益对象	年龄在65周岁以上独居、失能、半失能的困难居家老人	预计直接受益人数	独居老人320名，失能老人100名，半失能老人100名
预算编制要求：			
①申请单位应当在了解相关管理规定、做好调查研究、充分预计支出的基础上，确定资金的来源及金额，在确定配套资金金额时应量力而行，并保证配套资金足额投入并使用			
②立项单位应分别编制中央财政资金和配套资金的使用预算			
③社会服务支出是指直接用于受益对象和开展社会服务活动的支出；立项单位应以开展社会服务活动的种类为基础编列社会服务支出预算，在项目方案列明的服务种类或受益对象的基础上，填列“资金预算支出明细表”，列明拟开展服务活动和发放款物的具体种类、数量、标准和金额。具体编制时，“单位”根据项目具体情况填列所开展活动或发放款物的计量单位，包括次、人、天、个、人天、人次等，“数量”是指具体服务活动、受益对象等的数量，“标准”是指开展服务或活动的、发放物品的单价等			
④固定资产购置支出包括购置的办公设备支出和开展社会服务活动必须的服务设施支出。发展示范项目可以在中央财政资金中列报电脑、打印机、传真机、复印机等必要的办公设备、服务设施。除培训项目外，项目单位可以在配套资金中列报与开展本项目直接相关的服务设施支出。编制预算时，立项单位应本着节约、适用原则，列明预计购置固定资产的种类、数量和金额等，未申报的固定资产购买支出不得列支			
⑤项目执行费用包括执行项目所必需的交通、会议、印刷和宣传等费用，编制预算时，立项单位应本着节约的原则，合理预计执行项目所需费用，所列费用是否合理、节约，将作为项目评审的重要因素			
⑥编制预算时的相关费用标准，具体标准请参照《中央财政支持社会组织参与社会服务项目财务管理指引》及国家其他有规定执行。国家无相关规定的，费用标准应本着节约的原则，根据项目实际情况确定			
⑦发展示范项目（A类）可在中央财政资金中列支5万元以内的电脑、打印机、传真机、复印机等必要的办公设备、服务设施和执行项目需要的交通、印刷等成本，不足部分由配套资金支付。项目执行中必需的交通、会议、印刷和宣传等费用，列支金额不得超过申报资金总额的8%，不足部分由配套资金支付			
⑧立项单位不得列支购买或建楼、缴纳罚款罚金、对外投资、购买汽车等支出，不得无故捐赠、赞助支出等，不得以任何名义从项目资金中提取管理费			

注：编制单位：M市“12349”便民为老服务中心。

填报时间：2017-05-14。

表 5-5　内蒙古自治区民政厅 2017 年政府向社会力量购买服务项目购买服务项目申请表

项目名称	社区老人居家养老服务							
申报单位	M 市“12349”便民为老服务中心							
申报资金	20 万元整							
统一社会信用代码	52152900070147411L		成立时间	2013	年	6	月	
通信地址	M 市额鲁特东路 16 号（民政局二楼）							
曾获何种荣誉								
2013 年度年检结论	合格	2014 年度年检结论	合格					
有无免税资格	有	评估等级		A		年		
服务领域	M 市	实施时间	2018	年	1	月至	5	月
实施地域	M 市 L 旗	实施地址	M 市 L 旗					
受益对象类别	独居、失能、半失能的困难居家老人，年龄在 65 周岁以上	受益人数	415 人					
户名	M 市“12349”便民为老服务中心							
开户账号	150********							
开户行	中国银行股份有限公司 M 市分行土尔扈特支行							
税务登记证号	1529210********							
	姓名	办公电话	手机	电子邮箱				
项目负责人	徐某某		183********	********@126.com				
项目联系人	宋某某		152********	********@qq.com				
项目预算								
资金预算支出明细	金额							
1. 现场条幅、现场布置、M 市电视台宣传、印制宣传单	4000.00 元							
2. 交通费	1000.00 元							
3. 劳务费	195000.00 元							
合计	200000.00 元							
一、申报单位基本情况								
本单位宗旨、业务范围、历史、活动品牌、荣誉声誉								
2013 年 10 月 18 日，正式开通了“12349”便民为老服务平台。为了确保服务系统规范有序健康发展，我们批准成立了 M 市“12349”便民为老服务中心，为民办非企业。在吸取全国各地服务体系建设经验的基础上，按照“自建队伍为主、整合社会服务队伍为辅、同时吸纳部分公司作为加盟队伍”的模式，指导中心注册成立了“M 市驼乡情便民为老服务有限责任公司”，为员工制服务企业。通过“统一培训上								

续表

岗、统一服务标准、统一服务价格”，努力打造一支功能齐全、内容丰富、服务上乘、群众满意的队伍。目前公司有服务人员 45 人，与 500 多家服务企业达成加盟服务意向，与 80 多家签订了服务协议。现在开展了紧急救援、养老、家政、生活帮助、喜庆礼仪、客服咨询等九大类 108 小项。印发宣传传单 5000 多份。截至 2018 年 4 月 30 日，接听有效来电 18188 个，以上服务热线办结率、回馈率均为 100%

二、项目方案

（一）项目内容

具体服务内容：
M 市“12349”便民为老服务中心根据他们的实际情况和服务需求，以家庭为服务对象有偿服务。主要有：擦玻璃、洗衣洗物、家庭保洁（地面、厨房、卫生间、门）、理发、康复按摩、老年保健信息、关怀慰问、自我照料小常识、家政预约等服务
在 M 市 L 旗为 400 余名失能半失能空巢老年人老年人提供自选服务项目，不超过 500 元/户的居家养老项目服务

M 市“12349”便民为老服务中心居家养老服务项目内容

服务项目	服务内容	单人（户）受益金额	单价	服务时间	人数
智慧养老	远程看护	500 元	500 元	4 个月	40 人
康复服务	肢体康复训练	500 元	50 元/次	30 分钟/次	375 人
	听力康复训练		80 元/次	60 分钟/次	
	视力康复训练		80 元/次	60 分钟/次	
	智力康复训练		80 元/次	60 分钟/次	
	精神康复训练		50 元/次	30 分钟/次	
助洁	上门理发		20 元/次	30 分钟/次	
	足浴		50 元/次	30 分钟/次	
	修剪指甲、翻身擦身		30 元/次	30 分钟/次	
	家庭保洁		200 元/次（80 平方米以内）	超出部分按 3 元/平方米收费	
	合计				415 人

（二）实施地域、受益对象（数量、群体、受益金额等）

实施范围涵盖 L 旗，为 400 余名受益对象提供金额不超过 500 元/户的居家养老项目服务

（三）项目进度安排（时间、地点、内容）

①2017 年 12 月 25 日至 2018 年 1 月 5 日进行筛选受益群体
②2018 年 1 月 15 日至 2018 年 1 月 30 日在各社区公示受益人员名单
③2018 年 1 月 10 日至 2018 年 4 月 30 日为受益群体提供服务
④2018 年 5 月 1 日至 2018 年 5 月 30 日服务总结，接受审计评价工作

续表

(四) 项目解决的问题与社会效益
M 市养老服务管理平台有效提高老年人养老生活质量，使老年人老有所学、老有所乐、老有所为，帮助老人切实解决赡养的问题；提升养老服务业的整体水平；增进福利、推动再就业、减贫脱困、促进新兴产业发展、创建和谐社会
(五) 宣传总结：项目的宣传和总结方案
各旗（区）民政部门在项目启动时，建议联合当地移动公司共同举办“12349 居家养老呼叫服务网络项目启动仪式”。以 M 市“12349”便民为老服务呼叫网络平台建设为抓手、以政府采购服务为推手、以培育社会组织为支撑，将先进的通信技术和便民为老服务设施、服务队伍相结合，以群众需求为导向逐步整合社会便民为老服务资源，为居民提供安全、便捷、专业的综合性便民为老服务内容，构建符合本地实际情况的智能化、信息化的便民为老服务呼叫网络体系，推动 M 市社会化便民为老服务事业和产业的跨越式发展
三、项目背景
(一) 项目的意义和必要性
社区是社会与家庭的中间纽带，加强社区服务网络建设对于改善老年人居家养老有重要意义。在推进养老服务发展中，通过完善社区服务设施、建立社区养老服务信息平台等，极大提升了社区为老服务能力和服务水平
(二) 项目可行性：工作团队、活动能力、经验等
在吸取全国各地服务体系建设的基础上，按照“自建队伍为主、整合社会服务队伍为辅、同时吸纳部分公司作为加盟队伍”的模式，指导中心注册成立了“M 市驼乡情便民为老服务有限责任公司”，为员工制服务企业。通过“统一培训上岗、统一服务标准、统一服务价格”，努力打造一支功能齐全、内容丰富、服务上乘、群众满意的队伍。目前公司有服务人员 45 人，与 500 多家服务企业达成加盟服务意向，与 80 多家签订了服务协议。现在开展了紧急救援、养老、家政、生活帮助、喜庆礼仪、客服咨询等九大类 108 小项

实，符合条件的在申请人居住的居民小区及社区办公场地进行为期 7 天的公示，接受公众监督。公示结束后，街道办对社区上报的经公示无异议的申请人材料进行复核。经复核无异议的，报旗（区）民政部门备案；有异议的，退回社区、退还申请人。如申请人对告知初评结论有异议，可在 5 个工作日内向街道办申请再次复核。备案环节是由旗（区）民政部门对街道办上报的政府购买养老服务申请人资料进行备案，并按季度组织下发政府购买养老服务券（每季度第一个月的 10 日前，完成上一季度政府购买养老服务券的下发工作）。[①] M 市“12349”便民为老服务中心承接的中央财政支持的社区组织参与社会服务

① 内蒙古自治区 M 市行政公署办公厅. 关于印发 M 市推进居家养老服务实施办法的通知（M 署办发[2016] 183 号）[Z]. 2016.

项目——扶老助老示范项目和内蒙古自治区民政厅2017年政府向社会力量购买服务项目——社区老人居家养老服务项目在服务的生产过程中，根据《M市推进居家养老服务实施办法》，增加了服务需求统计调查环节，经历了服务对象个人申请环节、资格审核环节和服务提供环节。

1. 服务需求统计调查

M市“12349”便民为老服务中心在承接服务之前，为更好地了解和掌握社区老人的生活状况和需求的服务类型，首先要向区域内的服务对象进行服务需求的统计调查，以便确定提供的服务内容。例如，M市L旗额鲁特街道办对土尔扈特北路社区进行调研，辖区面积为7.77平方千米，辖额鲁特、贺兰山、园林、土尔扈特北路、柳树沟五个社区居委会，共有9646户，27418人，所辖范围为雅布赖路北，和硕特路东，额鲁特路西以北的地区。资料显示，M市“12349”便民服务中心工作人员以早上晨练和老年人聚集点较多的地点为中心，对试点社区“M市L旗土尔扈特北路社区”的部分老人进行了《M市“12349”便民为老服务中心老年人用户信息登记表》和《M市城市老人居家养老服务需求调查》问卷的信息登记和调查。

通过分析老年人信息登记统计情况和调查问卷情况，发现参加《M市“12349”便民为老服务中心老年人用户信息登记表》已在网内完善信息的老人有314名。针对这314名老人的身体现状和需求的服务类型进行统计，60岁以上有相应服务需求的类型分析统计情况为：紧急救援126人，占调查数的40%；医疗服务241人，占调查数的77%；助餐服务24人，占调查数的8%；助行服务67人，占调查数的21%；助洁服务11人，占调查数的4%；巡视走访43人，占调查数的13%；日托9人，占调查数的3%；家政服务213人，占调查数的68%；文化娱乐144人，占调查数的46%；生活照料11人，占调查数的4%；健康咨询207人，占调查数的66%；慢病管理199人，占调查数的63%；政策咨询211人，占调查数的67%。

参加了《M市城市老年人居家养老服务需求调查》问卷的老人有233人。被调查对象中，60~69岁的有137人，占调查人数的59%；70~74岁的有66人，占调查人数的28%；75~79岁的有19人，占调查人数的8%；80岁以上的有11人，占调查人数的5%。其中，关于在生活中遇到困难希望得到谁的帮助，选择配偶、子女（及其配偶）的有103人，占调查人数的44%；选择亲友的有 68 人，占调查人数的 29%；选择社区工作人员的有 26 人，占调查人数的 11%；其他为 36 人，占调查人数的 15%。关于对老年人是否需要社区提供居家养老服务，其中，需要提供居家养老服务的是 199 人，占调查人数的 85%；不需要提供居家养老服务的是 34 人，占调查人数的 15%。关于对有相应社区服务需求的类型分析统计为：要求家政服务、送医送药上门、文化娱乐、紧急救助的有 132 人，占调查人数的 57%；日间照料中心的有 6 人，占调查人数的 3%；陪同看病的有 27 人，占调查人数的 12%；老年人服务热线的有 61 人，占调查人数的 28%；聊天解闷的有 7 人，占调查人数的 3%。①

2. 服务对象个人申请

在 M 市“12349”便民服务中心提供居家养老服务的五个站点，区域内居住的 65 岁以上的符合居家养老服务对象的老年人，可以凭户口本或身份证向社区居家养老服务站提出申请。所在社区的居家养老服务站收到服务对象提出的申请后，根据服务的对象进行评估初审，报社区居委会审核。

3. 资格审核

社区居委会对居家养老服务站报来的初审情况进行资格审核后，同时报 M 市、旗社会福利科和老龄委备案。经过 M 市、旗社会福利科和老龄委审核后，再返回所在社区的居家养老服务站。通过资格审核的老年人，填写《中央财政资金支持社会组织参与社会服务项目受益对象确认书》，包括受益对象的基本情况和受助情况等，如表 5-6 所示。

表 5-6　中央财政资金支持社会组织参与社会服务项目受益对象确认书

<table>
<tr><td>项目名称</td><td colspan="3">M 市“12349”便民为老服务中心扶老助老示范项目</td><td>项目编号</td><td>A011</td></tr>
<tr><td>受益人姓名</td><td></td><td>年龄</td><td></td><td>性别</td><td>男□　女□</td></tr>
<tr><td>家庭住址</td><td colspan="3"></td><td>身份证号</td><td></td></tr>
<tr><td>联系方式</td><td colspan="3">手机：</td><td>电话</td><td></td></tr>
<tr><td rowspan="2">受助情况</td><td rowspan="2">现金</td><td colspan="3">金额</td><td>备注</td></tr>
<tr><td colspan="3"></td><td></td></tr>
</table>

① M 市“12349”便民为老服务中心. 2017 年中央财政支持社会组织参与社会服务扶老助老示范项目审计文件［R］. 内部资料，2017.

续表

受助情况	实物资产□	名称	规格	数量	总金额	
	劳务或服务□	服务内容			次数	
受益对象（或监护人）签字					签字日期：	年 月 日

注：受益人请注意：为保证项目实施的有效性，中央财政资金支持社会组织参与社会服务项目办公室将采用电话方式就您是否接受过救助、救助方式、救助金额等进行回访，请您予以配合，谢谢！

项目执行单位：M 市“12349”便民为老服务中心。

确认书编号：ZYCZA01112349001。

4. 服务提供

M 市“12349”便民为老服务中心收到经过 M 市、旗社会福利科和老龄委审核后的服务名单，根据名单向服务对象提供服务、管理和定期检查，并进行回访。2014~2016 年提供的服务情况如下：

（1）开展服务项目的基本情况。2014 年 12 月，M 市“12349”便民为老服务中心开展的服务项目有九大项 81 小项，主要开展的服务项目有家庭服务、养老服务、生活百事、医疗服务、教育培训、喜庆礼仪、邮政服务、咨询讲座、殡葬服务等，2014 年度热线服务量情况，如图 5-3、图 5-4 所示。

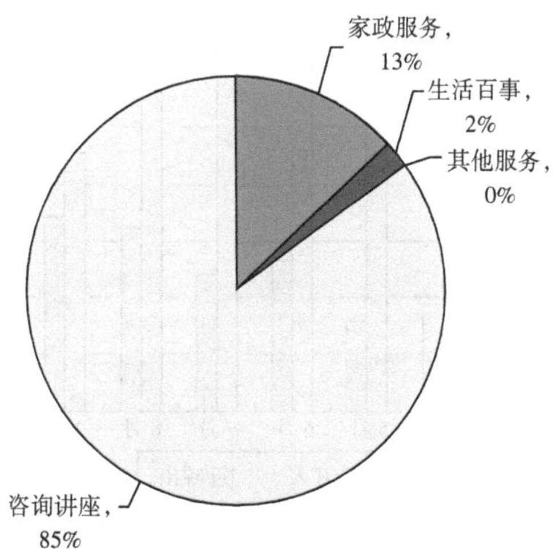

图 5-3 2014 年 M 市“12349”热线服务量比例

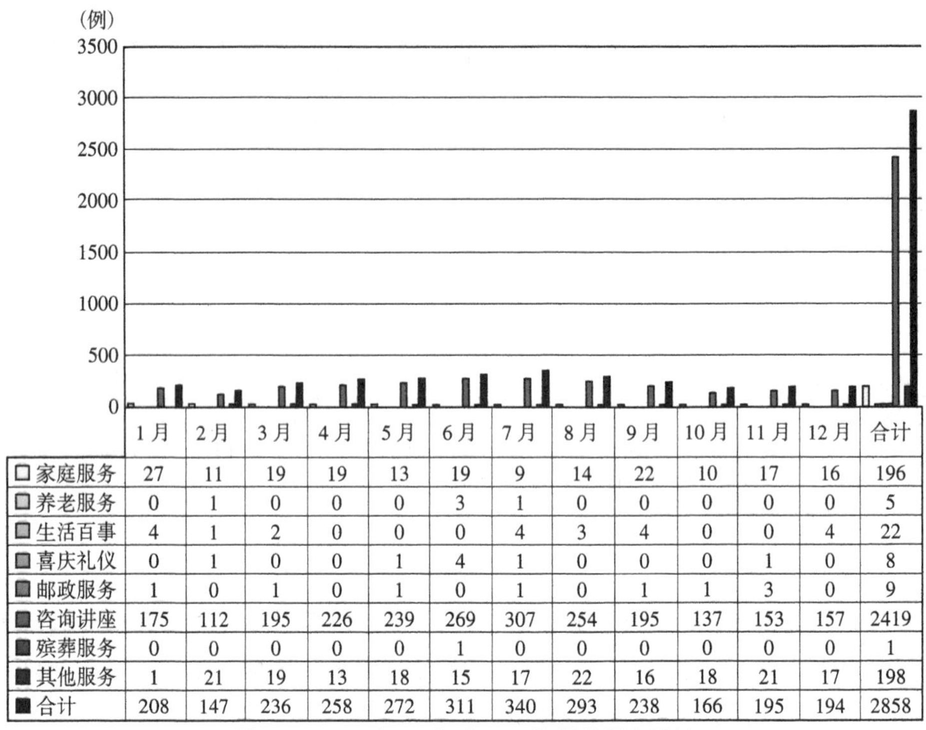

	1月	2月	3月	4月	5月	6月	7月	8月	9月	10月	11月	12月	合计
家庭服务	27	11	19	19	13	19	9	14	22	10	17	16	196
养老服务	0	1	0	0	0	3	1	0	0	0	0	0	5
生活百事	4	1	2	0	0	0	4	3	4	0	0	4	22
喜庆礼仪	0	1	0	0	1	4	1	0	0	0	1	0	8
邮政服务	1	0	1	0	1	0	1	0	1	1	3	0	9
咨询讲座	175	112	195	226	239	269	307	254	195	137	153	157	2419
殡葬服务	0	0	0	0	0	1	0	0	0	0	0	0	1
其他服务	1	21	19	13	18	15	17	22	16	18	21	17	198
合计	208	147	236	258	272	311	340	293	238	166	195	194	2858

图 5-4 2014 年 M 市“12349”热线服务统计

截至 2014 年 12 月底，M 市“12349”服务热线电话总计呼入量为 2858 例，2014 年每个月的服务热线电话量中的呼入和呼出量如图 5-5 所示。

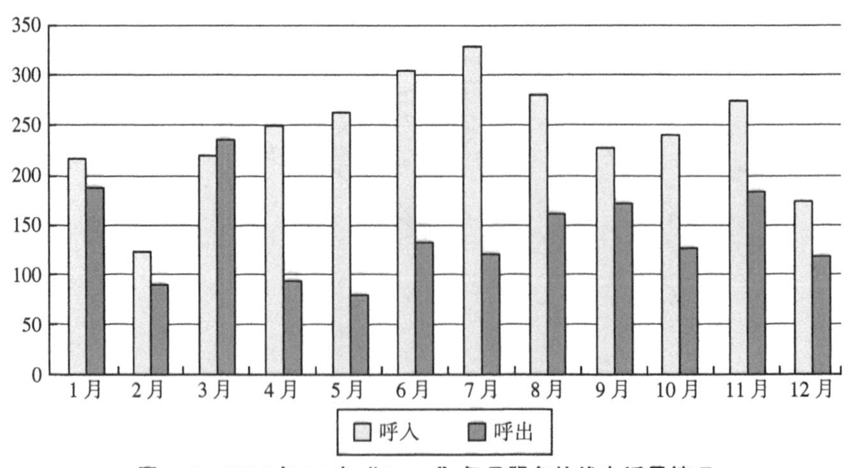

图 5-5 2014 年 M 市“12349”每月服务热线电话量情况

（2）2014 年服务情况。

1）社区入户走访。2014 年 03 月，M 市“12349”便民为老服务中心联合 M 市中心医院、好帮手家政服务公司及 M 市驼乡情便民为老服务公司，开展了对社区孤寡老人、低保老人、三无老人、空巢老人、残疾等 200 余名老人进行的入户走访活动，主要服务内容为帮助老年人量血压测血糖、免费打扫卫生、擦洗身体、陪老人聊天，为老人提供送医到家、送洁到家、送情到家的服务，了解社区老年人的服务需求。

2）老年人文体娱乐活动。根据 M 市四个社区的特点和需求，M 市“12349”便民为老服务中心组织爱心人士、志愿者以及家政服务公司工作人员对老年人日间照料中心进行布置，制作制度标牌、宣传条幅，购买了日常所需的办公用品及生活用品（如窗帘、扫帚、垃圾桶等），针对所在社区老人的作息时间、文化程度、生活习惯，制定了详细、可行和内容丰富多彩的老年人日间照料服务活动，包括传统形式的打扑克、聊天、打麻将、跳广场舞等娱乐活动，以及具有创新意识的老年人怀旧小组、老年人志愿者服务、老年人生日会、老年人健康知识讲座活动等内容。

3）开展健康保健知识讲座。2014 年 5 月至 2014 年 10 月，M 市“12349”便民为老服务中心为了逐步推动社区养老与机构养老相结合的养老模式，在四个试点社区举办 8 场讲座，分别是 L 旗职业学院、M 市中心医院、珑祥医院等，涉及生活小常识、心理健康、保健知识、安全知识等内容。

4）开展推广宣传活动。M 市民政局、M 市老龄办委托 M 市“12349”便民为老服务中心举办了 M 市首届“12349 阳光杯”健康保健知识竞赛。活动自 2014 年 6 月 26 日开始至 7 月 28 日结束，共收到有效答卷近千份，此次活动知识问答与文艺节目相结合，1000 多名观众参与了活动。让社会各界认识在娱乐中对“12349”有了更深入的了解。

5）其他服务活动。2014 年 12 月 M 市“12349”便民为老服务中心联合 M 市好帮手家政服务公司全体工作人员组织社区老人开展大型“庆圣诞、迎元旦”文艺汇演活动，包括文艺演出活动、知识竞猜游戏等。

（3）2015 年服务情况。2015 年 5 月 29 日，M 市“12349”便民为老服务中心和 M 市驼乡情便民为老服务有限公司“健康夕阳红”在 L 旗公园门前广场举办了宣传活动，参加宣传服务活动的服务商有驼乡情便民为老服务公司、L

旗东城区社区卫生服务中心、M 市邮政局以及社会各界爱心志愿者提供各种便民服务活动，活动现场受益居民有 130 余人。宣传服务活动以趣味知识问答的形式和在场的老年朋友们进行互动，提供了免费测量血压、血氧、健康咨询，老年人常见疾病咨询服务，志愿者免费为老年朋友理发、维持秩序、照看老年人的安全，发放宣传彩页等服务。

（4）2017 年中央财政资金支持社会组织参与社会服务项目的服务内容。

1）与民政部门合作为孤寡、残疾及重病老人量血压。

2）安全保障服务。通过建立相应的联系制度，充分发挥助老服务员、社区工作者和志愿者的作用，通过定期打电话、走访、探视等形式，加强对“空巢”老人等的帮扶联系。开展了在社区老年人生病期间“经常看望、关注，敲敲门、打打电话”的服务。同时建立相应的应急救助机制，在老年人遇到意外情况时，能得到及时、快捷、有效的救助和帮助。

3）生活照料服务。主要为老年人提供日间托老、购物、配餐、送餐、陪护等特殊照料的服务和打扫卫生、做饭菜、洗衣物、家电维修、管道疏通等一般家政服务。

4）医疗保健服务。主要为老年人提供疾病防治（测血压、量体温等）、陪同看病、康复护理、心理卫生、临终关怀、健康教育、建立健康档案、开设家庭病床等服务。

5）文化娱乐服务。主要为老年人提供学习和活动场所、体育健身设施和组织健身团队，组织引导老年人参加学习培训、书法绘画、知识讲座、图书阅览等服务；积极引导老年人参与各类文体活动。

6）精神慰藉服务。主要为老年人提供邻里交流、聊天谈心、心理咨询，有苦闷矛盾时进行劝解等服务。

7）法律维权服务。主要为老年人提供法律咨询、法律援助、司法维权及维护老年人财产、赡养、婚姻等合法权益的服务。

8）其他方面的服务。主要是根据老年人不同年龄及不同生活状况提供与之相适应的其他各类服务，如表 5-7 至表 5-10 所示。

表 5-7　M 市“12349”便民为老服务中心居家养老服务项目内容

服务项目	服务内容	单人（户）受益金额	单价	服务时间	人数
智慧养老	远程看护	500 元	500 元	4 个月	40 人
康复服务	肢体康复训练	500 元	50 元/次	30 分钟/次	375 人
	听力康复训练		80 元/次	60 分钟/次	
	视力康复训练		80 元/次	60 分钟/次	
	智力康复训练		80 元/次	60 分钟/次	
	精神康复训练		50 元/次	30 分钟/次	
助洁	上门理发		20 元/次	30 分钟/次	
	足浴		50 元/次	30 分钟/次	
	修剪指甲、翻身擦身		30 元/次	30 分钟/次	
	家庭保洁		200 元/次（80 平方米以内）	超出部分按 3 元/平方米收费	
	合计				415 人

表 5-8　驼乡情日间照料居家养老服务中心基础服务项目

类别	项目内容（免费）
生活服务	天气资讯通知、法律咨询、时政信息传递、小件物品托管、子女 QQ 群沟通、心理疏导、信息查询、网上代办等
文化娱乐	棋牌愉悦、棋牌比赛、聊天谈心、义演组织、各种活动比赛组织等
医疗保健	监测血压、血糖、血氧、心电及体重等心理指标，建立长期的健康档案，联合专业医疗机构开展健康义务、慢病管理、健康讲座和就医绿色通道等服务
图书阅览	读书、看报、查阅资料、聊天、书法练习
多功能活动室	戏曲学习、针织学习、剪纸学习、花艺学习、种植学习、厨艺学习、音乐欣赏、养生课堂、健康饮食、书法爱好培养、书法展览、书法比赛、跳棋比赛、太极拳学习交流、合唱比赛、老年联谊会、节日活动安排、重要节日慰问、乒乓球娱乐、乒乓球比赛、踢毽娱乐、踢毽比赛、空竹乐园、空竹比赛、棋牌娱乐、棋牌比赛、桌球、迷戏擂台、卡拉 OK 娱乐、电视娱乐、电影欣赏娱乐
志愿者服务	搭建志愿者服务平台，组织志愿者和义工，为老年人提供免费理发、精神慰藉，以及各类生活帮助

表 5-9　驼乡情日间照料居家养老服务中心经营性服务项目

服务方式	服务收费			服务内容	备注
	自理	半自理	全护理		
日托 1	20 元/天·人			①提供中餐 ②文化娱乐活动 ③医疗康复活动	日托服务请提前一天预订 日间照料中心开放时间：7:30~18:00 中餐时间：11:30~12:00 中餐标准：一荤两素一汤，分餐制 就餐地点：日间照料中心二楼餐厅 午休时间：12:30~14:30 免费提供茶水 文化娱乐活动包括棋牌、阅览、健身操、歌舞、手工、书法、培训班、讲座等 健康服务包括医疗会诊、健康监测、健身、康复锻炼、免费测血压、体温、脉搏等，建立健康档案、组织义诊等
日托 2	50 元/天·人	90 元/天·人		提供中餐 午休床位 文化娱乐活动 健身康复活动	
月托	2200 元/月·人	3500 元/月·人	4000 元/月·人	提供三餐 专业护理 文化娱乐活动 康复保健活动 每月提供两次 4 小时家政服务 每月定时洗漱 每月赠送一次免费理发	相关服务说明如上 按月预订、整月缴费，当月消费，不退费、不顺延（当月消费 10 天以上的不退费，不顺延，10 天以内如遇突发情况可与中心协商后按菜单式计算退费或顺延） 家政服务由护理人员与老人预订（约）上门服务
其他日间照料	需早餐、晚餐服务或其他服务请从菜单式服务中自行选择，另行收费				其他服务见菜单式服务公式

5. 自查与回访

M 市“12349”便民为老服务中心对辖区开展的居家养老工作情况进行管理和定期检查，并进行回访。检查的标准也有一定的规范可循，如提供的保洁服务，M 市“12349”便民为老服务中心制定了专门的服务范围及标准，包括服务的流程、质量标准及要求，如表 5-11 所示。

表 5–10　2017 年中央财政资金支持社会组织参与社会服务项目的服务进度

项目实施进度	时间表（项目实施条件、环境具备情况下，以计划天数为单位）																				
服务开始时间：2017 年 7 月 10 日　结束时间：2017 年 11 月 10 日																					
里程碑	1	2	3	4	5	6	7	8	9	10	20	30	40	50	60	70	80	90	100	110	120
受益对象筛选公示																					
受益对象公示																					
中央财政扶老助老示范项目启动仪式																					
居家养老便民服务中心																					
服务总结																					

表 5-11 M 市"12349"便民为老服务中心保洁专项方案的服务范围及标准

<table>
<tr><th>清洁项目</th><th>保洁程序</th><th>质量标准及要求</th><th>备注</th></tr>
<tr><td>公共区域</td><td>①用微湿的抹布对墙壁、扶手、装饰品、烟灰缸等物品进行擦拭，区分地板材质，稀释专用清洁液用尘推或拖把对地面进行保洁
②对有污渍的地方要用清洁剂和百洁布进行清洁</td><td>地面、无污渍、水渍灰尘、无乱堆乱放；护手栏干净、光亮、无显著脏污；地脚线和大理石地面干净无明显灰尘，目视干净无杂物、污迹；玻璃部分、墙面部分、门窗部分保持干净</td><td rowspan="4">①统一着装，准点签到
②每人配备毛巾不得少于3块（干、湿、油）
③毛巾分色、分类使用
④地面材质不同必须选取不同的清洁剂且按比例调
⑤清洁工具使用后必须及时做消毒处理，分类保管
⑥特殊区域特殊保洁，如：门厅扶手
⑦凡涉及"墙面"均指 2 米以下范围</td></tr>
<tr><td>卫生间</td><td>①收接、更换垃圾和垃圾袋，添加卫生纸
②清洁面盆和台面
③清洗大、小便器
④擦拭隔板和墙面
⑤从内往外地将地面拖干净
⑥喷洒空气清新剂
⑦将清洁工具和垃圾带走</td><td>地面、洗手池、水龙头等均无尘土、碎纸、积水、尿迹、污迹（凡含酸性的清洁剂不允许洒落在地面上）</td></tr>
<tr><td>厨房</td><td>①清洗煤气灶灶头
②清洁排气扇
③清洁厨房墙壁污垢
④清洗地板上的油渍</td><td>①灶台：表面无污渍
②地面：无污渍、无纸屑，地面清理干净光亮
③玻璃门：光亮净洁无手印</td></tr>
<tr><td>餐厅</td><td>①清洁桌椅
②分清地面材质，使用专门的清洁液清洁地面</td><td>①日常清洁桌椅无灰尘、无明显污渍
②地面无明显污渍、无碎纸屑</td></tr>
</table>

（四）资金的投入与使用情况

在资金的管理和使用上，中央财政支持的社区组织参与社会服务项目由民政部、财政部对各地项目资金使用管理等情况进行抽查。项目引入社会审计和评估，年度项目执行完毕后进行全覆盖审计。项目还引入财政支出绩效评价，通过对服务情况的评价，对项目资金使用情况和总体实施效果进行考评。内蒙古自治区民政厅 2017 年向社会力量购买服务项目中，M 市旗（区）财政部门负责加强对居家养老服务各项经费、补贴资金的拨付、使用效益和专款专用等方面的监管。[①] 要求承包服务的社会组织进行申报用途使用资金，不得用于购买或修建楼堂、缴纳罚款罚金、对外投资、购买汽车等支出，不得挤占、截留、挪用项目资金。

---

① 内蒙古自治区 M 市行政公署办公厅. 关于印发 M 市推进居家养老服务实施办法的通知（M 署办发［2016］183 号）［Z］. 2016.

在资金的执行上也有明确要求，要求按期履行约定义务。项目不得外包和无故调整。在执行过程中由于特殊原因需要改变合同内容的，须严格按照程序报批。M 市“12349”便民为老服务中心项目执行期间的资金账目使用、收支明细情况均需定期向民政部门汇报，并在项目结束后接受第三方审计的检查，如图 5-6、表 5-12 至表 5-15 所示。

内蒙古奥展招标有限公司

成 交 通 知 书

致：　　“12349”便民为老服务中心

内蒙古奥展招标有限公司受内蒙古自治区民政厅的委托，于 2016 年 7 月 19 日下午 3:00 就其向社会力量购买服务入围（采购文件编号：NMA　　）按照规定程序采用竞争性谈判的方式进行了采购。经谈判小组评审、采购人确认，贵公司为本项目的成交供应商，成交项目内容如下：

包号	具体服务内容
1	社区老人居家养老服务

请贵单位在本通知书发出之日起 30 日内，到内蒙古自治区民政厅洽谈签订合同等有关事项。

采购人：内蒙古自治区民政厅　　代理机构：内蒙古奥晨招标有限公司
日　期：2016 年 7 月 20 日　　日　　期：2016 年 7 月 20 日

地址：内蒙古呼和浩特市乌兰察布东路甲 106 号兴安国景 2 号楼 902 室　　邮编：010010
电话：0471-3677025　　传真：0471-3697510
网址：http：//www.negaceben.com　　邮箱：aochenzhaoblaosina.com

图 5-6 M 市“12349”政府购买公共服务竞争性谈判成交通知书

表 5–12 M 市“12349”便民为老服务中心项目执行期间的资金账目

序号	支付内容（费用明细）	支付金额（元）
1	服务设施购置——广播系统	31900.00
2	项目执行费——广告费	2574.00
3	项目执行费——交通费	1000.00
4	项目执行费——广告印刷费	7226.00
5	项目执行费——广告印刷费	400.00
6	社会服务支出老年服务	49500.00
7	社会服务支出老年用品	22000.00
8	服务设施购置——棋牌	8000.00
9	服务设施购置——按摩椅、足浴盆	24000.00
10	社会服务支出老年服务	95000.00
11	服务设施购置——阅览室	38000.00
12	社会服务支出老年用品	6000.00
13	社会服务支出老年服务	77500.00
14	服务设施购置——广告机	19000.00
15	社会服务支出老年服务	80000.00
16	社会服务支出老年服务	97000.00

M 市“12349”便民为老服务中心也按照《民间非营利组织会计制度》要求制定了《项目资金管理办法》，按照“专款专用、单独核算、注重绩效”的原则，及时建立健全内控制度、核算等制度。单独核算项目资金并纳入中心财务统一管理，便于追踪、监督检查项目管理中发现的问题。[①]

① M 市“12349”便民为老服务中心. 内蒙古自治区民政厅向社会力量 2017 年购买服务评估验收文件（法律文件、内控文件）[R]. 内部资料，2018.

表 5-13　M 市“12349”政府购买公共服务项目资金收支表

项目单位：（加盖公章）　　　　　　　　　　　　　　　　　　单位：万元

序号	收支内容	预算金额					申报发生金额				
		中央财政资金	自有资金	社会募集资金	地方财政资金	小计	中央财政资金	自有资金	社会募集资金	地方财政资金	小计
一	收入	25.00	20.00		11.00	56.00	25.00	20.00		11.00	56.00
二	支出	25.00	20.00	0.00	11.00	39.90	25.00	19.89	0.00	11.00	55.89
（一）	开展服务支出	22.20	6.70	0.00	11.00	39.90	22.20	6.70	0.00	11.00	39.90
1						0.00					0.00
2						0.00					0.00
3						0.00					0.00
（二）	发放款物支出	2.80				2.80	2.80				2.80
1						0.00					0.00
2						0.00					0.00
3						0.00					0.00
（三）	固定资产购置支出		12.20			12.20		12.09			12.09
1						0.00					0.00
2						0.00					0.00
（四）	执行费用		1.10			1.10		1.10			1.10
1						0.00					0.00
2						0.00					0.00
3						0.00					0.00
4						0.00					0.00
三	收支结余	0.00	0.00		0.00	0.00	0.00	0.11			0.11

注：①预算金额栏中，中央财政资金总额按批复金额填列，其他财政资金和社会资金按批复的中央财政资金同比例缩减的金额向下取整至万元填列。②预算支出明细可根据预算明细表金额填列，对有预算调整的项目，按经批准调整后的金额填列。③配套资金的收入审计确认金额应与配套资金的支出金额一致，配套资金无结余。

表 5-14　M 市“12349”政府购买公共服务资金支出明细表

项目单位：（加盖公章）　　　　单位：元

序号	支付时间	凭证号	资金性质	支付内容（费用明细）	支出金额	支付方式
1	2017.07.27	7 月第 006 号	自有资金	服务设施购置——广播系统	31900.00	银行转账
2	2017.08.09	8 月第 014 号	自有资金	项目执行费——广告费	2574.00	银行转账
3	2017.08.09	8 月第 008 号	自有资金	项目执行费——交通费	1000.00	现金
4	2017.08.09	8 月第 010 号	自有资金	项目执行费——广告印刷费	7226.00	银行转账
5	2017.08.18	8 月第 016 号	自有资金	项目执行费——广告印刷费	400.00	银行转账
6	2017.08.24	8 月第 018 号	中央财政	社会服务支出老年服务	49500.00	银行转账
7	2017.08.24	8 月第 019 号	中央财政	社会服务支出老年用品	22000.00	银行转账
8	2017.09.04	9 月第 001 号	自有资金	服务设施购置——棋牌	8000.00	银行转账
9	2017.09.13	9 月第 006 号	自有资金	服务设施购置——按摩椅足浴盆	24000.00	银行转账
10	2017.09.15	9 月第 007 号	中央财政	社会服务支出老年服务	95000.00	银行转账
11	2017.09.26	9 月第 016 号	自有资金	服务设施购置——阅览室	38000.00	银行转账
12	2017.09.26	9 月第 017 号	中央财政	社会服务支出老年用品	6000.00	银行转账
13	2017.09.27	9 月第 019 号	中央财政	社会服务支出老年服务	77500.00	银行转账
14	2017.10.11	10 月第 02 号	自有资金	服务设施购置——广告机	19000.00	银行转账
15	2017.10.18	10 月第 03 号	自有资金	社会服务支出老年服务	80000.00	银行转账
16	2017.12.15	12 月第 006 号	其他财政资金	社会服务支出老年服务	97000.00	银行转账
17						
18						
19						
20						
	合计				559100.00	

注：①已单独设置明细科目或项目账核算的，可不填列。②资金性质包括中央财政资金、自有资金、社会募集资金、其他财政资金。

表 5-15　M 市“12349”政府购买公共服务项目支出明细表

附件 4

项目支出明细表

2017 年　　单位：元

序号	项目	支付时间	凭证号	支付内容（费用明细）	中央资金支付金额	配套资金支付金额			支付方式
						自有资金支付	社会募集资金支付	地方财政资金支付	
(一)	开展服务支出	开展服务支出合计金额			222000.00	67000.00		110000.00	
1	老年营养早餐 40 人×180 天×10 元/人·次=7.2 万元；老年足浴按摩：100 人×51 次×50 元=25.5 万元	2017.08.02	8 月第 018 号	社会服务支出老年服务	49500.00				银行转账
		2017.09.01	9 月第 007 号	社会服务支出老年服务	95000.00				银行转账
		2017.09.02	9 月第 019 号	社会服务支出老年服务	77500.00				银行转账
小计					222000.00	—	—	—	
2	老年营养早餐 40 人×180 天×10 元/人·次=7.2 万元；老年足浴按摩：100 人×51 次×50 元=25.5 万元	2017.10.01	10 月第 03 号	社会服务支出老年服务				80000.00	银行转账
		2017.12.15	12 月第 006 号	社会服务支出老年服务		67000.00		30000.00	银行转账
小计					—	67000.00	—	110000.00	
(二)	发放款物支出	发放款物支出合计金额			28000.00				
	老年用品：140 人×200 元=2.8 万元	2017.08.02	8 月第 019 号	社会服务支出老年用品	22000.00				银行转账
		2017.09.02	9 月第 017 号	社会服务支出老年用品	6000.00				银行转账
小计					28000.00	—	—	—	
(三)	固定资产购置支出	固定资产购置支出合计金额				122000.00			
	服务设施购置	2017.07.27	7 月第 006 号	服务设施购置——广播系统		31900.00			银行转账
		2017.09.02	9 月第 002 号	服务设施购置——棋牌		8000.00			银行转账

续表

序号	项目	支付时间	凭证号	支付内容（费用明细）	中央资金支付金额	配套资金支付金额			支付方式
						自有资金支付	社会募集资金支付	地方财政资金支付	
	服务设施购置	2017.09.01	9月第006号	服务设施购置——按摩足浴盆		24000.00			银行转账
		2017.09.02	9月第016号	服务设施购置——阅览室		38000.00			银行转账
		2017.10.01	10月第002号	服务设施购置——广告机		19000.00			银行转账
小计					—	120900.00	—	—	
(四)	执行费	执行费金额合计				11000.00	—	—	
1	交通费	2017.08.08	8月第008号	项目执行费——交通费		1000.00			现金
交通费小计金额						1000.00	—	—	
会议费小计金额					—	—	—	—	
3	宣传、印刷费	2017.08.08	8月第014号	项目执行费——广告费		2574.00			银行转账
		2017.08.08	8月第010号	项目执行费——广告印刷费		7226.00			银行转账
		2017.08.01	8月第016号	项目执行费——广告印刷费		400.00			银行转账
宣传印刷费小计金额						10200.00	—	—	
其他费用小计金额									
		合计			250000.00	199100.00		110000.00	

（五）服务的监督与评价

在 M 市政府购买养老服务的过程中，政府的角色从公共服务的提供者转变为监督者和管理者，在 M 市行政公署办公厅发布的《关于印发 M 市推进居家养老服务实施办法的通知》中明确规定，M 市、旗（区）应当将居家养老服务工作落实情况纳入监督和年度目标责任制考核，并建立责任追究制度。内蒙古自治区民政厅向社会力量购买服务试点考核评估验收标准中，考核的一级指标包括机构建设、项目运作、服务质量和社会效益，如表 5-16 所示。

表 5-16　内蒙古自治区民政厅向社会力量购买服务试点考核评估验收标准

<table>
<tr><th rowspan="2">评估项目</th><th rowspan="2">评估内容</th><th rowspan="2">评分标准</th><th colspan="3">量化分值</th><th rowspan="2">考核评估方法</th></tr>
<tr><th>标准分</th><th>自评分</th><th>评估小组考核分</th></tr>
<tr><td rowspan="10">机构建设（10 分）</td><td>法定代表人</td><td>依法按规定程序产生</td><td>1</td><td></td><td></td><td rowspan="10">检查资料</td></tr>
<tr><td>领导机构</td><td>依法按规定程序产生，运转正常</td><td>1</td><td></td><td></td></tr>
<tr><td>内设机构</td><td>按规定要求设置，内设机构健全，运行正常</td><td>1</td><td></td><td></td></tr>
<tr><td>专业资质</td><td>具备购买服务相应的资质和条件</td><td>1</td><td></td><td></td></tr>
<tr><td>专业队伍建设</td><td>具有一定数量从事本行业的专业技术人员</td><td>1</td><td></td><td></td></tr>
<tr><td>制度建设</td><td>制度健全完善并得到有效执行</td><td>1</td><td></td><td></td></tr>
<tr><td>财务管理</td><td>配有专（兼）职财务人员，严格执行社会组织财务会计制度管理规范</td><td>1</td><td></td><td></td></tr>
<tr><td>重大事项报告</td><td>重大事项及时履行报告制度</td><td>1</td><td></td><td></td></tr>
<tr><td>信息公开</td><td>按要求通过有关途径和载体公开重要信息</td><td>1</td><td></td><td></td></tr>
<tr><td>年度检查</td><td>上年度年检合格（入驻孵化园的社会组织除外）</td><td>1</td><td></td><td></td></tr>
<tr><td rowspan="3">项目运作（40 分）</td><td>组织领导</td><td>成立了项目实施工作领导机构，做到了分工明确，责任落实</td><td>3</td><td></td><td></td><td>检查资料</td></tr>
<tr><td>实施方案</td><td>制定了符合实际、操作性较强的项目实施方案</td><td>5</td><td></td><td></td><td>检查资料</td></tr>
<tr><td>工作计划</td><td>围绕购买服务项目制订了总体工作计划，对各项任务进行分解细化，明确任务分工和时限要求，并按计划组织实施</td><td>3</td><td></td><td></td><td>检查资料</td></tr>
</table>

续表

评估项目	评估内容	评分标准	量化分值			考核评估方法
			标准分	自评分	评估小组考核分	
项目运作（40分）	相关制度	建立了与服务项目实施相适应的管理服务制度	2			检查资料
	资金管理	制定了项目资金专项管理办法和审批流程，项目资金实行单独核算，专款专用，专人负责，合理安排，不得挪作他用。报销票据须为真实票据，不得出现假发票、白条、收据等	5			检查资料
	宣传方案	制定总体的宣传方案，对购买服务项目进行宣传	3			检查资料
	规范运作	承接主体在执行项目过程中，如因特殊情况需要变更项目内容的，须按程序履行变更手续，批准后方可实施；项目执行中，每项活动事前有具体的安排方案，事后有活动小结及针对存在不足或问题提出的改进措施。面向社区居民的，应主动运用社会工作的专业方法，包括个案工作、小组工作和社区工作等手法开展活动	4			检查资料 实地了解
	吸纳意见	在项目实施过程中，广泛收集和采纳服务对象、社区、社工及相关单位的意见	2			检查资料 实地了解
	服务记录	全面、真实地记录其服务运作、服务活动以及投诉处理情况，并完整保存	5			检查资料 实地了解
	资料保管	及时收集整理各项活动资料，确保整个项目从方案制定到实施完毕全过程资料的完整齐全，并分类装订、清晰明了（培训类项目应保留培训课件等执行要求中明确的资料文件）	5			检查资料
	接受监督管理	根据项目执行情况，上报项目进展情况及有关数据报表，自觉接受有关部门和社会监督，积极配合做好考核评估工作	3			检查资料
服务质量（30分）	受益对象选择标准	制定了清晰、明确的受益对象选择机制，并严格按照受益对象选择程序，对符合标准的受益对象提供服务	6			检查受益对象制定标准的相关资料
	服务人次	按照合同约定的受益对象人数开展服务项目，在服务合同约定的受益对象数量完成100%的得满分；90%以上的（含90%）得4分；80%以上的（含80%）得2分；未达到80%的不得分	6			检查受益对象花名册及受益对象确认书

续表

评估项目	评估内容	评分标准	量化分值			考核评估方法
			标准分	自评分	评估小组考核分	
服务质量（30分）	服务内容	承接主体向受益对象提供服务内容和人均受益金额与合同约定时的服务内容和人均受益金额一致，在服务合同约定的受益对象接受服务内容和受益金额完成100%的得满分；90%以上的（含90%）得5分；85%以上的（含85%）得3分；未达到85%的不得分	6			通过问卷调查并从受益对象中随机抽查
	受益对象确认	承接主体为受益对象提供服务后，由受益对象或监护人按照受益对象确认书要求格式，签署受益对象确认书（培训类及城乡社区文化宣传类可为签到册），并附受益对象身份证复印件	8			检查受益对象确认书并从受益对象中随机抽查
	完成时间	保证项目在合同约定完成时间之内，如因特殊原因不能如期完成，应提前15日向民政厅购买服务领导小组申请延期，获得批准后生效	4			检查资料实地了解
社会效益（20分）	受益对象对承接主体提供服务满意度	购买服务项目完成后，评估组随机回访受益对象，对承接主体提供的服务满意度进行调查。满意度达到80%以上（含80%）得满分；60%以上（含60%）得5分；未达到60%的不得分	10			从受益对象中随机抽查10人
	媒体宣传	通过报纸、广播、印发宣传资料、对本次项目进行宣传	5			检查资料
	相关单位对项目实施情况整体评价	购买服务实施地域登记管理机关、街道、社区等相关单位对承接主体项目实施整体情况给予评价	5			问卷调查

另外，政府相关部门要监督社区养老设施的管理者、使用者，如果政府投资或者资助建设、配置的养老设施功能和用途被擅自改变的，由民政部门责令限期改正，惩罚措施包括退赔补贴资金、费用，以及收回管理权、使用权。对享受了政府补贴或者政策优惠的养老服务企业事业单位和社会组织，但没有履行相应义务的，不但要取消并追回补贴，还要记入信用信息系统。

M市各级民政部门还建立了统一的居家养老服务信息管理系统，实时监管社区养老服务机构工作开展情况，定期对居家养老服务、经费补贴和奖励项目等进行检查，受理有关投诉，依法查处违法违规行为，加强绩效考核，建立奖惩机制。如在中央财政支持扶老助老示范项目中，每个服务对象都填写了服务实施评价表（见表 5-20），其中涉及对养老服务几项工作的满意度调查，调查结果经过统计汇总后，作为政府评价的主要依据。

对社会组织中提供养老服务的工作人员也制定了服务标准和服务规范，养老服务人员 1 年内受到服务对象 3 次及以上投诉或媒体曝光批评，政府相关部门经查证属实的，取消其养老护理上岗资格。政府管理部门要求养老服务机构应与服务对象签订服务协议，明确服务内容、服务时间、权利义务以及纠纷解决办法等，对由其直接提供或转介提供的服务质量和后果负责，并定期对服务对象的满意度进行抽查，不断提高服务质量和服务对象的满意度。①

社会组织制定的服务管理制度、服务评价制度等其他制度还包括《居家养老服务站职责》《居家养老服务站安全制度》《居家养老服务站站长职责》《社区居家养老服务中心（站）档案管理制度》《社区居家养老服务中心（站）学习例会制度》。其中，《社区居家养老服务中心（站）档案管理制度》规定，做好社区有需求老年人的调查摸底工作，进行登记造册，每季度核实一次，并做好记录，便于动态管理。定期回访服务对象，并做好相关信息记录；《居家养老服务站工作人员守则》，规定接受服务站的统一管理、指导，及时为居家养老服务对象提供优质、高效的服务；以及《居家养老服务站老人守则》和《服务评价制度》，如表 5-17 所示。

表 5-17　居家养老服务站服务评价指标

指标名称	指标率（%）	管理指标具体内容
客户满意度	98	客户对我们的管理团队、提供的服务感到满意
员工满意率	95	员工对公司有向心力，对工资、福利感到满意
安全事故发生率	0	安全心系公司，防微杜渐，防患于未然
安全事件处理及时率	100	违章杜绝在事发前，建立跟踪、回访记录
客户投诉处理及时率	100	按客户服务程序做细各项工作，提高管理人员素质，协调关系，服务业主，及时处理
员工上岗（培训）合格率	100	持证上岗人员达 100%，培训与自学习相结合，每半年轮训一次

① 内蒙古自治区 M 市行政公署办公厅. 关于印发 M 市推进居家养老服务实施办法的通知（M 署办发〔2016〕183 号）[Z]. 2016.

续表

指标名称	指标率（%）	管理指标具体内容
环境卫生质量达标率	99	清洁区域洁净卫生、垃圾日产日清，22 小时卫生保洁制
违章发生率	1 以下	建立巡视制度，跟踪管理，及时发现及时处理
档案资料建立完好率	100	建立资料库，档案齐全

此外，还有居家养老服务协会，制定了行业发展规划、行业服务标准，组织从业人员和志愿者培训，对服务质量实施行业监督，加强行业管理和行业自律。[①]

三、政府责任履行的效果评价

（一）政府促进市场竞争的责任履行情况

从内蒙古自治区 M 市便民为老服务中心承担政府委托的养老服务的情况来看，政府履行促进市场竞争的责任情况如下：

1. 竞争招标情况

前文已述及，竞争招标的前提条件是有足够数量的投标者，根据国内外政府购买服务的竞标情况，当竞标者达到 3 个或 3 个以上时，竞争的状态较为充分，政府从中进行比较和择优的结果较为理想，相应地会带动服务质量的提升和服务成本的下降。在政府购买便民为老服务中心的案例中，由于缺乏具有承接能力的社会组织，M 市“12349”便民为老服务信息平台是政府全额投资建立的，M 市“12349”便民为老服务中心借助这个平台开展为老服务。M 市“12349”便民为老服务中心经过政府扶持，成为该地区唯一具有服务能力的社会组织，政府与服务提供者之间关系的独立性和平等性欠佳。

“竞争性磋商”和“竞争性谈判”通常都是甲方（政府）邀请来的。公开

① 内蒙古自治区 M 市行政公署办公厅. 关于印发 M 市推进居家养老服务实施办法的通知（M 署办发〔2016〕183 号）[Z]. 2016.

招标与竞争性谈判、竞争性磋商都是招标采购一方从多位竞争供应商中选择中标者，公开招标是通过发布公告邀请不特定的供应商来参与投标。政府启用竞争性谈判的前提是公开招标后，没有供应商投标，或者投标的供应商资质不合格，或者数量不够 3 家；或者服务性质特殊等原因。政府启用竞争性磋商的前提是政府购买服务项目或者市场竞争不充分的，如科技成果转化项目等，或者服务价格难以估算的项目。竞争性谈判与竞争性磋商除发布公告外，还可以从财政厅及更高级别的财政部门建立的供应商库中随机抽取，另外需要采购人、评审专家分别作书面推荐。在政府购买服务的过程中，内蒙古自治区民政厅分别采用了竞争性谈判和竞争性磋商两种方式购买服务。2016 年 7 月，委托内蒙古自治区奥晨招标有限公司与 M 市“12349”便民为老服务中心进行竞争性谈

表 5-18　M 市“12349”政府购买公共服务商务规格响应文件

项目名称：向社会力量购买服务入围　　　采购文件编号：　　　包号：第 1 包

序号	竞争性磋商文件 商务要求的项目	响应文件 响应的商务项目	响应程度	说明
1	项目完成时间：2018 年 5 月底前完成（评估验收服务于 2018 年 6 月底前完成）	社会力量应在 2018 年 5 月底前完成（评估验收服务于 2018 年 6 月底前完成）	完全响应	详见本投标文件“五、社会力量申报项目基本情况表”
2	响应文件份数：正本 1 份 副本 6 份	社会力量应将响应文件正本和所有的副本分开密封装在单独的信封中	完全响应	详见本投标文件“一、承诺书”
3	磋商有效期：开标之日起 90 个日历日	本磋商有效期为开标之日起 90 个日历日	完全响应	详见本投标文件“一、承诺书”
4	付款方式及履约质保金：签订合同后，服务经费在 10 万元（含）以上的承接主体向民政厅指定的银行账户缴纳 10%的履约质保金，服务经费在 10 万元（不含）以下的不需缴纳履约质保金，民政厅确认收到履约质保金后，按照国库资金支付流程将购买服务资金一次性拨付承接主体法人账户	“12349”便民为老服务中心依法在中华人民共和国注册及经营的合法企业，遵守国家有关法律、法规和规章，财务独立、运作合法，且具有独立承担民事责任能力的企业	完全响应	详见本投标文件“三、社会力量资格证明文件有中华人民共和国境内依法注册的企业法人或其他组织证明文件”

注：按照表格左侧“竞争性磋商文件商务要求的项目”，按实际情况填写右侧“响应文件响应的商务项目”，并填写响应程度为响应、不响应。

社会力量（公章）：　　　　“12349”便民为老服务中心

授权代表（签字）：

日　　期：2017 年 12 月 6 日

判，并要求其提供与其竞标有关的所有数据或资料。[①] 2017 年 12 月，采用竞争性磋商的方式向社会力量购买服务。因此，由于服务提供者数量上的限制，并未实现完全意义上的服务提供者之间的有效竞争。

2. 政府购买过程的信息公开情况

在内蒙古自治区民政厅和 M 市民政局向 M 市“12349”便民为老服务中心购买公共服务的过程中，信息公开主要体现在业务宣传的环境中，而在项目决策、服务提供者的选择、服务生产、服务的监督与评价过程中，信息公开则明显不足。在实施购买前，政府部门除了在相关政策在网站、社区、养老服务站等地进行公开宣传外，政府相关部门还充分利用地方电视台、地方日报等官方媒体，宣传购买社会力量服务工作的目的、意义、目标任务和相关要求，进行政策解读，强化舆论引导，扩大公众知晓度和社会参与面以营造良好的舆论环境。在中央财政购买服务项目中，M 市民政局网站还进行了专栏宣传。现场宣传中通过悬挂宣传标语、设咨询台、发放服务宣传资料等方式，从宣传上进行了较为充分的信息公开。[②] 此外，在服务对象的选择上，受益群体名单的信息公开也成为基本要求。在中央财政支持 M 市“12349”便民为老服务中心扶老助老示范项目中，M 市“12349”便民为老服务中心公示了服务的区域、服务人员名单，服务标准和服务内容（见图 5-7）。总体来说，在此案例中，政府购买过程的信息公开以业务宣传和服务对象公示方面的信息公开为主，对于资金的使用和审计情况、政府中期及结项审查、公众满意度及投诉等问题没有进行及时的、大范围的公开和公示。

3. 政府培育市场的情况

在政府培育市场的责任履行上，政府在政策制定、社会组织孵化、资金扶持、人员培训等方面进行了大量的举措。2014 年 7 月，M 市行政公署办公厅发布了《关于印发 M 市鼓励和扶持社会力量兴办养老机构优惠办法的通知》，提出对社会力量兴办的养老机构项目，有关部门要根据 M 市民政部门批准文书予以优先审批，要免收基础设施配套费。以招标、挂牌等方式供应养老服务设

① M 市“12349”便民为老服务中心. 内蒙古自治区民政厅向社会力量购买服务入围响应文件 [R]. 内部资料，2017.

② 内蒙古自治区民政厅. 关于开展 2017 年度民政厅向社会力量购买服务工作的通知（内民政发〔2017〕81 号）[Z]. 2017.

居家养老服务公示

为贯彻落实《2017 年内蒙古自治区民政厅向社会力量购买服务执行要求》，健全和完善民政系统向社会力量购买服务的体制机制，进一步优化民政职能，改善公共服务。

将按照自治区和盟旗民政部门的要求，[illegible]“12349”便民为老服务中心提供社区老人居家养老服务。主要为[illegible]（年龄在 65 周岁以上独居、残疾、失能、半失能的困难居家老人。以老人的生活需求为重点，提供生活照料、家政服务、智慧养老等服务。）

现对符合条件民政厅购买居家养老服务金额不超过 500 元人名单公示如下。公示期一周（1 月 19 日至 1 月 26 日），如有异议，请向柳树沟社区（12349）反映。

联系人：宋[illegible]
联系电话：0483–12349

额鲁特街道柳树沟社区
2018 年 1 月 18 日

“12349”便民为老服务中心
2018 年 1 月 18 日

附件：2017 年享受民政厅购买居家养老服务名单

图 5–7 M 市“12349”便民为老服务中心居家养老服务公示

施用地时，不得设置影响公平公正竞争的限制条件。还规定非营利性养老服务机构，免征营业税、城市建设维护税等和教育附加费，暂免征收房产税以及土地使用税及应免交有关行政事业性收费，并优先验审。①

2017 年 11 月 28 日，内蒙古自治区民政厅向下辖的民政局和社会组织发布了《关于开展 2017 年度民政厅向社会力量购买服务工作的通知》，提出的民政厅向社会力量购买服务内容中的七类中就包括社会组织孵化基地运营服务、社会组织登记管理辅助服务及社会组织人员培训服务，这三类服务的购买有助于政府购买服务市场的建立及培育。② 2017 年中央财政支持社会组织参与社会服务项目共立项 480 个项目。其中的建设标准还包括“壮大工作队伍”的措施。

① 内蒙古自治区 M 市行政公署办公厅. 关于印发 M 市鼓励和扶持社会力量兴办养老机构优惠办法的通知（M 署办发〔2014〕78 号）[Z]. 2014.

② 内蒙古自治区民政厅. 关于开展 2017 年度民政厅向社会力量购买服务工作的通知（内民政发〔2017〕81 号）[Z]. 2017.

工作队伍包括专兼职管理人员和服务队伍。[①] 2017年，民政厅向社会力量购买服务安排220万元用于购买社会组织孵化基地运营服务、安排80万元用于购买自治区社会组织登记管理辅助服务。[②] 在M市行政公署办公厅《关于印发M市推进居家养老服务实施办法的通知》中还提出，政府培育市场的措施还包括制定政策引导企业和社会组织开展居家养老服务。将养老服务人才队伍建设纳入人才教育培训规划，推进养老服务职业教制。推进养老服务人才队伍的职业化建设，培养具有职业素质和技能的服务工作者。应当吸纳养老专业人才并对其进行职业技能培训。居家养老服务协会应制定行业发展规划和标准，加强行业管理和行业自律。[③]

在内蒙古自治区民政厅和M市民政局向M市"12349"便民为老服务中心购买公共服务的过程中，由于服务提供者数量上的限制，竞争招标上并未实现完全意义上的服务提供者之间的有效竞争。政府购买过程的信息公开情况以完成业务宣传和服务对象公示为主，信息公开的责任履行不够全面。在市场培育的责任履行上，则有了一定的改善，通过制定政策和措施积极孵化、培育社会组织。但需要注意的是，在具体的运作过程中，实质上是以培育单一服务主体为主，而非培育服务市场为目标。长远来看，单一服务主体的发展，不利于养老服务供给市场的培育。[④]

（二）政府保障公众参与的责任履行情况

1. 公众参与项目决策的情况

在公众参与项目决策的责任履行上，在M市行政公署办公厅发布的《关于印发M市推进居家养老服务实施办法的通知》中提出，社区居委会应当发挥民主自治和民主管理功能，组织开展以下活动：为了解老年人的服务需求开展自愿登记居民信息活动。协助政府对企业和运营社区养老设施、社会组织管理及

---

① M市"12349"便民为老服务中心. 内蒙古自治区民政厅向社会力量2017年购买服务评估验收文件（法律文件、内控文件）[R]. 内部资料，2018.

② 内蒙古自治区民政厅. 关于开展2017年度民政厅向社会力量购买服务工作的通知（内民政发〔2017〕81号）[Z]. 2017.

③ 内蒙古自治区M市行政公署办公厅. 关于印发M市推进居家养老服务实施办法的通知（M署办发〔2016〕183号）[Z]. 2016.

④ 欧春燕，何桂芳. 阿拉善盟让农牧区养老服务发展有了章法 [N]. 中国社会报，2018-01-12.

其他服务项目的情况进行评价、监督，向政府上报居家养老服务的意见、建议。[①] 政府相关部门在需求征集上对社区居委会提出了明确的要求，即回应社会需求。但在实际的服务购买过程中，公众并没有能够真正参与到项目决策的过程中。服务项目的内容、金额、服务评价等，主要是由政府及其相关部门指定政策，服务内容也是由政府部门主要进行确立的，公众没有机会能够在项目决策的环境扮演“主角”，仅作为被动的服务对象接受服务。因此，公众参与项目决策的责任履行情况欠佳。

2. 公众监督服务生产的情况

在M市行政公署办公厅《关于印发M市推进居家养老服务实施办法的通知》中规定，M市、旗（区）应当将居家养老服务情况纳入监督和年度目标考核，并建立责任追究制度。“养老服务机构”应与服务对象签订服务协议，明确与服务对象的服务内容、与服务对象的服务时间、与服务对象的权利义务以及纠纷解决办法等，对其服务质量和后果负责，并定期抽查服务对象的满意度，不断提高服务质量（见图5-8）。经查证属实服务对象1年内3次及以上投诉养老服务人员，或者被媒体曝光批评，取消其养老护理上岗资格。各级民政部门应当实时监管社区养老服务机构工作开展情况，建立统一的居家养老服务信息管理系统，定期对经费补贴和奖励项目、居家养老服务等进行检查，加强绩效考核，受理有关投诉，依法查处违法违规行为，建立奖惩机制。[②] 因此，公众监督服务生产的情况较好。

3. 公众自主选择服务的情况

在M市行政公署办公厅《关于印发M市推进居家养老服务实施办法的通知》中规定，政府购买居家养老服务方式服务对象凭政府发放的“居家养老服务消费券”，由村民自主选择与社区（嘎查村）签约的社区助老服务机构或社区助老服务员提供的居家养老服务项目，并使用服务消费券支付上门服务人员的服务费。季度末服务人员（机构）将消费券送社区（嘎查村），社区（嘎查村）统一汇总后到旗（区）民政部门结算兑现服务费用。居家养老服务消费券的印制、发放、领用、核销和管理等，按照属地管理的原则，由各旗（区）政

①② 内蒙古自治区M市行政公署办公厅. 关于印发M市推进居家养老服务实施办法的通知（M署办发［2016］183号）[Z]. 2016.

中央财政支持██████"12349"便民为老服务中心扶老助老示范项目受益对象需求调查问卷

1、您的性别： ☑男 □女

2、您的年龄： □60-69岁 ☑70-79岁 □80-89岁

3、您现在的居住情况是：

□A、独居 □B、夫妻同住 □C、和子女或成年孙象一起住 □D、其他

4、您感觉自己现在每天的精神状态怎么样？

	非常同意	一般同意	同意	不同意	非常不同意
充实	○	○	✓	○	○
幸福	○	○	✓	○	○
孤独	○	○	✓	○	○
烦恼	○	○	○	✓	○
寂寞	○	○	○	✓	○
其它（说明）：					

5、您希望社区服务站为老年人提供以下哪些服务【可多选】

☑A、老年小餐桌 ☑B、医疗健康体检服务 ☑C、保健按摩足浴服务 □D、送餐上门

□E、老年日托中心 □F、法律服务 ☑G、"生活在线"服务 □H、其它：

6、您希望社区服务站为老年人提供哪些兴趣班【可多选】

□A.书法兴趣班 □B.电脑兴趣班 □C.手工兴趣班 □D.舞蹈兴趣班

□F.其他：

7、您希望社区服务站为老年人提供哪些免费体检【可多选】

☑A.量血压 ☑B.测血糖 □C.视力检查 □D.健康咨询 □E.呼援通急救

8、对社区服务站提供的老年营养早餐，按摩足浴等服务是否满意，对服务员是否信任

□一般满意 ☑满意 □非常满意

9、对社区服务站提供的服务项目及服务质量是否满意

□一般满意 ☑满意 □非常满意

10、您对中央财政支持阿盟"12349"便民为老服务中心扶老助老示范服务项目实施的建议或感受？

为老百姓做了一件实事

填写所有问题后，请仔细检查确认无遗漏。再次感谢您的配合和合作，祝您身体健康，生活愉快！

填表员：高██ 调查日期：2017年8月16日

图5-8 M市"12349"政府购买公共服务满意度调查问卷

府民政部门负责实施，严格管理。[①] 在民政厅向社会力量购买服务的项目中，政府还要求社会组织在提供服务的过程中，必须和服务对象签订服务受益对象确认书，其中除了年龄、性别、联系方式等基本信息外，还包括服务对象所选择

① 内蒙古自治区M市行政公署办公厅. 关于印发M市推进居家养老服务实施办法的通知（M署办发〔2016〕183号）[Z]. 2016.

的服务类型、规格及数量情况（见表5-19），其中，受益方式、名称（种类）、规格等几项内容可根据购买服务项目具体情况做适当修改。还规定受益对象确认书应由受益对象或受益对象的监护人签字确认，对于无法由受益对象或受益对象的监护人确认签字的，应由两个以上证明人签字，同时注明证明人身份证号和联系方式，并附签字人身份证复印件。[①] 服务对象在一定的范围内有选择权，能够根据自身情况选择服务内容。因此，公众自主选择服务的情况较好。

表5-19　内蒙古自治区民政厅向社会力量购买服务受益对象确认书

服务项目名称		社区老人居家养老服务			
执行单位		M市“12349”便民为老服务中心			
受益人姓名			身份证号		
年龄			手机		
性别			电话		
家庭住址					
受助方式	名称（种类）	规格	数量	金额（元）	备注
	家庭保洁	200元/次（80平方米以内）		500.00元	
	足浴按摩	50元/次			
	上门理发	20元/次			
	康复服务	80元/次			
受益对象（监护人）签字				签字日期	2018年___月___日

注：受益人请注意：为确保购买服务的实施有效性，政府将采用电话方式进行回访，请您予以配合，谢谢！

总的来说，在政府购买服务过程中，公众并没有真正参与到项目决策的过程中。主要是由政府及其相关部门指定政策，服务内容也由政府部门主要进行确立的，公众仅作为被动的服务对象接受服务。但服务对象都填写了服务实施评价表（见表5-20），其中涉及对养老服务几项工作的满意度调查，调查结果经过统计汇总后，作为政府评价的主要依据。并且各级民政部门通过居家养老服务信息管理系统，实时监管社区养老服务机构工作开展情况，受理有关投

① M市“12349”便民为老服务中心. 内蒙古自治区民政厅向社会力量2017年购买服务评估验收文件（法律文件、内控文件）[R]. 内部资料，2018.

诉，依法查处违法违规行为，公众监督服务生产的情况较好。此外，政府购买居家养老服务方式上，服务对象凭政府发放的“居家养老服务消费券”、社会组织在提供服务的过程中必须和服务对象签订服务受益对象确认书的做法，让服务对象在一定的范围内有选择权。因此，结合政府履行促进市场竞争的责任

表 5–20 2017 年中央财政支持扶老助老示范项目服务实施评价表

街道办名称	南梁社区	负责人		电话	
社区名称		服务代表	张	项目经理	徐
项目启动时间	2017 年 7 月 20 日	项目截止时间	2017 年 11 月 10 日		
项目	详细内容				
任务详述	为根据《财政部 民政部关于印发〈中央财政支持社会组织参与社会服务项目资金使用管理办法〉的通知》（财社［2012］138 号）和《民政部办公厅关于印发〈2017 年中央财政支持社会组织参与社会服务项目实施方案〉的通知》（民办函［2017］29 号）精神，健全和完善中央财政支持和参与社会组织的体制机制，进一步优化养老服务职能，改善公共服务。 本辖区内年龄在 65 周岁以上独居、失能、半失能的困难老人共计 530 余名，以老人的生活需求为重点，在 新华街道办居家养老便民服务中心提供营养早餐、按摩足浴、医疗护理等服务，同时根据需要提供 2 项免费服务（以老人的生活需求为重点，提供生活照料、家政服务、智慧养老等服务）。				

尊敬的客户：

您好！感谢贵方长期以来对我中心的大力支持和帮助。为了不断提高我中心的服务质量，更好地为您服务，特制该表，调查您对我中心项目执行情况的意见，惠请您在百忙中不吝赐教！

（填写说明：请您根据实际情况在下列问题后选择相应的评分等级，其中 A 表示满意、B 表示比较满意、C 表示一般、D 表示不满意）

用户满意度	您对项目前期沟通、实施确认等情况的满意度 A. ☑ B. ☐ C. ☐ D. ☐ 您对居家养老服务水平和工作态度的评价 A. ☑ B. ☐ C. ☐ D. ☐ 您对居家养老便民服务中心的服务流程满意度 A. ☑ B. ☐ C. ☐ D. ☐ 您对文档、资料交接完成情况的满意度 A. ☑ B. ☐ C. ☐ D. ☐ 您对受益对象意见的满意度 A. ☑ B. ☐ C. ☐ D. ☐
用户意见	客户签字：白 用户公章：

项目经理签字：＿＿＿＿＿＿ 部门领导签字：徐

日 期：＿＿＿＿＿＿ 日 期：＿＿＿＿＿＿

日 期：2017 年＿月＿日 日 期：2017 年 10 月 19 日

情况来看，该案例中，政府购买养老服务属于“非竞争参与型”责任模式。

（三）公众满意度情况

在政府购买的养老服务中，政府部门会根据服务对象填写的服务实施评价表进行服务效果评价，调查结果经过统计汇总后，作为政府评价的主要依据。其中涉及对养老服务工作的满意度调查，如服务对象对前期沟通、确认情况的满意度调查；服务对象对居家养老服务水平和态度的满意度调查；服务对象对文档、资料交接情况的满意度调查等。根据以往政府购买养老服务情况的满意度调查来看，服务对象的满意度均为100%。但需要注意的是，满意度调查工作是由承接服务的社会组织在提供服务结束后，让服务对象填写的。因此，囿于人情、情面等因素，服务对象往往选择百分之百满意。甚至一些老年人由于文化水平较低和身体状况不佳等问题，直接委托社会组织的工作人员填写，满意度调查的客观性受到很大影响。这应该是政府购买服务过程中要重视并改进的一个主要方面。

总体来看，在该案例中，“非竞争参与型”责任模式下，公众参与程度得到了较大的提升，公众在一定程度和范围内能够自己选择所需要的服务，公众的满意度比“非竞争代言型”责任模式和“竞争代言型”责任模式都有较大的提高。

四、本章小结

本章以M市“12349”便民为老服务中心为典型个案，描述在“非竞争参与型”责任模式中政府购买公共服务的政策背景及概况、购买过程及政府责任履行的效果评价，分析了“12349”便民为老服务中心养老服务的项目决策、服务提供者的选择、服务生产、资金的投入与使用情况、服务的监督与评价情况。重点分析了在该种模式下政府购买部门责任履行的效果情况，包括政府履行促进市场竞争的责任情况和政府保障公众参与的责任情况。M市“12349”便民为老服务中心经过政府扶持，成为该地区唯一具有服务能力的社会组织，政府与服务提供者之间关系的独立性和平等性欠佳。在项目决策、服务提供者的选择、服务生产、服务的监督与评价过程中，信息公开程度有待改善。但在政府培育市场的责任履行上，政府在政策制定、社会组织孵化、资金扶持、人员培训等方面进行了大量的、实质性的举措。在政府保障公众参与的责任履行情况中，主要是由政府及其相关部门指定政策，服务内容也由政府部门主要进行确立的，公众仅作为被动的服务对象接受服务。因此，公众参与项目决策的责任履行情况有待提升。民政部门定期对经费补贴和奖励项目、居家养老服务等进行检查，加强绩效考核，受理有关投诉，依法查处违法违规行为，建立奖惩机制，公众监督服务生产的情况较好。另外，服务对象在一定的范围内有选择权，能够根据自身情况选择服务内容。因此，公众自主选择服务的情况较好。根据以往政府购买养老服务情况的满意度调查来看，服务对象的满意度均为 100%。

第六章　政府责任的履行与公众满意度的关系及其障碍

本章以政府责任分析框架为基础，探讨政府定向购买社工培训服务、政府购买社会组织服务，以及政府购买养老助残卡服务、便民为老服务中心中政府责任的履行情况与公众满意度的关系，目的在于对“非竞争代言型”责任模式、“竞争代言型”责任模式，以及“非竞争参与型”责任模式中的政府责任履行情况和公众满意度进行比较，探讨政府责任的履行情况与公众满意度之间的关系，并分析阻碍政府责任实现的现实因素，进而提出中国公共服务购买中政府责任体系建设的思路。

一、政府责任履行情况与公众满意度的关系

如何正确认识并利用公共服务提供中的市场机制，并不是一个简单的问题。公共服务购买的初衷是通过尝试利用市场化的方式弥补政府职能固有的缺陷，实现提升公共服务质量、降低成本的目标。但是，在政府购买公共服务的过程中，由于服务提供者作为服务承接方的介入，代替政府向社会提供公共服务，政府和公众之间的二元关系由此转变为政府、公众、服务提供者三者间的关系，这使得政府的责任变得更加多样化与复杂化。实践中，政府原本出于提升公共服务满意度和公共服务质量之初衷的购买行为，却往往由于政府和服务提供者为公众需求做不当“代言”，而作为终端消费者的社会公众在购买过程中被“边缘化”，政府所购服务的内容、类型、方式等与社会需求不相符，导致出现政府所购买服务成为公众“不称心的礼物”之尴尬现象。在公共服务购

买中，政府作为公共服务的提供者，政府的角色应是政府购买公共服务的最终责任者。服务提供者是政府购买的承接者，服务提供者的角色是公共服务的生产者。而公众作为消费者，并不应被动地接受服务，而应能动地参与到服务生产、消费、监督的整个过程。因此，公共服务购买中政府的责任在于通过购买优质的公共服务来提升公众的满意度，使得所购买服务成为公众“称心的礼物”。前文的分析已经述及，以往认为政府的责任主要在于通过市场竞争和契约化途径购买服务来解决由政府直接提供服务所引起的垄断、低效、财政压力等问题的“神话”已被打破，充分竞争并不必然导致公共服务价格的自然呈现，财政资金的使用效率也不会就此提高。研究表明，政府责任的有效实现不仅在于承担提升公共服务供给效率的“促进市场竞争的责任”，还应该关注与回应社会需求密切相关的“保障公众参与的责任”履行情况。政府履行“促进市场竞争的责任”和“保障公众参与的责任”情况均与公众满意度密切相关。

通过对公共服务购买过程中政府履行促进市场竞争的责任实现程度是竞争性的还是非竞争性的，政府履行保障公众参与的责任实现程度是参与性的还是代言性的，两个维度与两种层次的交互分析，形成了四种政府责任模式，建构了公共服务购买中的政府责任分析框架。本书选择了 B 市政府定向购买万人社工培训服务、政府购买社会组织服务项目，以及政府购买养老助残卡项目三个典型个案和 M 市便民为老服务中心个案进行了分析，目的在于对“非竞争代言型”责任模式、“竞争代言型”责任模式，以及“非竞争参与型”责任模式中的政府责任履行情况和公众满意度进行比较，探讨政府责任的履行情况与公众满意度之间的关系，以及公共服务购买中政府促进市场竞争的责任和政府保障公众参与的责任这两种责任的落实对公众满意度的影响。

从现有的三种责任模式中政府促进市场竞争的责任履行情况来看，在政府购买万人社工培训服务为典型个案的“非竞争代言型”责任模式中，关于竞争招标的情况，政府通过比较和调研自行确定了 Z 学院作为服务提供者，没有向社会公开招标。关于政府购买公共服务过程的信息公开情况，B 市社会办按照上级文件精神和自身的工作需要制定了项目决策，政府没有广泛地向潜在的服务提供者发布公共服务招标的信息，也没有向 B 市的社会工作者发布相关的项目决策信息。虽然在项目实施的过程中，政府定期在官方网站上会公布年度培训情况，但仅形式化地公开了极少量的信息，并没有公开资金投入与使用情况、培训的绩效评估情况、财务审计情况等关键内容。关于政府培育市场的情况，政府购买社工培训服务以“专业社工人才”和社会成员的整体为受益者，通过提升社工的职业化和专业化程度来逐步带动政府购买公共服务质量的提升，也有利于服务提供者之间的竞争，这对社会组织的发育是有一定促进意义的。因此，在“非竞争代言型”责任模式中，由于竞争招标情况和信息公开情况并不理想，在该种模式下政府促进市场竞争的责任履行情况总体评价为“低”；在以政府购买社会组织服务为典型个案的“竞争代言型”责任模式中，关于竞争招标的情况为政府采用了公开招标、评标的方式选择服务提供者，并且竞标者的数量在 3 个以上，竞争状态较为充分。关于信息公开的情况，政府在官方网站上发布了购买服务的公告和竞标的结果，公开了部分相关信息。关于市场培育的情况，社会组织通过竞争招标参与市场竞争，竞争招标过程的不断规范化和市场竞争机制的完善有利于公共服务市场的良性发展。因此，在“竞争代言型”责任模式中，由于政府在购买社会组织服务过程中竞争招标情况和市场培育情况较为理想，加之信息公开程度较“非竞争代言型”责任模式下有所提升，政府促进市场竞争的责任履行情况优于“非竞争代言型”责任模式，总体评价为“中”；在以政府购买养老助残卡项目为典型个案的“非竞争参与型”责任模式中，关于竞争招标的情况，由于以餐饮类和购物类为代表的企业成为了主要的服务提供者，而提供家政、医疗护理、精神慰藉类养老服务的服务提供者不但没有增加反而呈现出下降的趋势，导致服务提供者“同类性”较高，实际上是缺乏真正的市场竞争者，无法实现真正意义上的市场竞标。关于信息公开的情况，由于政府在各类媒体上公开了涉及服务购买的主要信息，政府在信息公开情况上较前两种模式履责能力更强。关于市场培育的情况，由于政府开放购物类和餐饮类服务提供者大量加入，间接限制了不同类型服务提供者的发展，服务提供者“同类性”较高问题的存在导致难以保障服务市场的充分供给，不利于市场主体的发展。因此，政府促进市场竞争的责任履行情况总体评价为“低”，如表 6-1 所示。

通过对这四个案例中政府履行促进市场竞争的责任情况进行分析，可以看出，政府责任的履行需要政府能够有效地促进市场竞争，包括公开招标、促进信息公开，以及培育市场，政府履行促进市场竞争的责任成为公共服务购买中政府责任履行的支柱之一，但政府履行促进市场竞争的责任并不能成为公共服

表 6-1　三种责任模式中政府促进市场竞争的责任履行情况

	竞争招标情况	信息公开情况	市场培育情况	总体评价
定向委托购买社工培训服务	没有向社会公开招标	仅公开极少量信息	有利于社会组织发育	低
政府购买社会组织服务	公开招标、评标，有足够数量的竞标者	公开部分信息	有利于公共服务市场发育	中
养老助残卡	竞争者同类性[①]较高，并非有效竞争	公开主要信息	不利于市场主体的发展	低
便民为老服务中心	竞争性磋商方式，服务主体单一	公开主要信息	不利于市场均衡发展	低

务购买中政府责任的全部。另外，从“非竞争代言型”责任模式到“竞争代言型”责任模式和“非竞争参与型”责任模式，随着市场竞争程度的提高，政府责任的履行程度也逐步提升。

从现有的三种责任模式中政府保障公众参与的责任履行情况看，在政府购买万人社工培训服务为典型个案的非竞争代言型责任模式中，关于公众参与项目决策的情况，政府既是政策的制定者，也是服务对象的代言人，决策中没有体现公众参与。关于公众监督服务生产的情况，虽然服务对象参与了服务评价环节，但评价结果仅限于影响培训教师个体，而非整个项目实施过程，难以产生实质性的制约。关于公众自主选择服务的情况，由于仅有唯一的服务提供者，服务对象不能自行选择所需要的服务内容，缺乏自主权利。因此，在“非竞争代言型”责任模式中，由于公众参与决策情况、监督服务生产情况和自主选择服务情况三者均不理想，在该种模式下政府保障公众参与的责任履行情况总体评价为“低”；在以政府购买社会组织服务为典型个案的“竞争代言型”责任模式中，关于公众参与项目决策的情况，由社会组织或第三方专家为服务对象代言，没有通过公众参与反映出服务对象的真实需求。关于公众监督服务

① 在公共服务购买中，竞争性市场的实现需要具备三个条件：公共服务市场上有三个及以上的服务提供者；不同的服务提供者提供的服务是同质的，可以相互替代；所有的服务提供者获取的信息都是充分的。在养老助残卡的案例中，政府放开了以餐饮类和购物类为代表的企业大量进入成为服务提供者，而提供家政、医疗护理、精神慰藉类养老服务的服务提供者不但没有增加反而呈现出下降的趋势，实际上是限制了不同类型服务提供者的发展，导致服务提供者“同类性”较高，缺乏真正的市场竞争者，无法实现真正意义上的市场竞标。服务提供者“同类性”较高会使得服务市场难以实现充分供给，不利于公共服务市场的发育。

生产的情况，服务对象边缘化的地位决定了其很难参与服务的监督及反馈，并且缺乏有效的制度保障。关于公众自主选择服务的情况，服务对象处于“被选择”的地位，缺乏自主选择权，只能被动接受服务。因此，在“非竞争代言型”责任模式中，由于公众参与决策情况、监督服务生产情况和自主选择服务情况三者均不理想，在该种模式下政府保障公众参与的责任履行情况总体评价也为“低”；在以政府购买养老助残卡项目为典型个案的“非竞争参与型”责任模式中，关于公众参与项目决策的情况，少数服务对象有机会参与到项目决策中，但参与的偶然性较大，且缺乏制度性保障。关于公众监督服务生产的情况，服务对象“用脚投票”作用的发挥使得他们参与了服务选择、服务生产、服务监督的过程。关于公众自主选择服务的情况，服务对象能够表达自己的需求和偏好，实际上享有较为充分的支配权利。因此，在“非竞争参与型”责任模式中，由于公众参与决策情况、监督服务生产情况和自主选择服务情况均较前两种模式有极大改善，在该种模式下政府保障公众参与的责任履行情况总体评价为“中”，如表 6-2 所示。

表 6-2　三种责任模式中政府保障公众参与的责任履行情况

	参与决策情况	监督服务生产情况	自主选择服务情况	总体评价
定向委托购买社工培训服务	政府为服务对象代言	参与评价环节，但不产生实质性影响	仅有唯一的服务提供者	低
政府购买社会组织服务	社会组织或第三方专家代言	很难参与服务生产过程，且缺乏制度保障	缺乏自主选择权，被动接受服务	低
养老助残卡	公众参与缺乏制度保障	参与了服务选择、服务生产、服务监督	享有较充分的资源支配权利	中
便民为老服务中心	公众参与有制度保障	参与了服务选择、服务生产、服务监督	一定范围内有限的选择权	中

从以上的分析可以看出，政府责任的履行还包括维护公众参与的责任，包括公众参与决策、监督服务生产，以及公众能够自主选择服务。在“非竞争参与型”责任模式中，由于政府维护公众参与的情况比在“非竞争代言型”责任模式和“竞争代言型”责任模式中都更为有效，公众积极性和满意度明显高于“非竞争代言型”责任模式和“竞争代言型”责任模式。并且，由于公众享有了更为充分的支配权利能够表达自己的需求和偏好，他们参与了服务选择、服务生产、服务监督的过程，公众参与决策情况、监督服务生产情况和自主选择

服务情况较前两种模式均有所改善。由于公众参与提高了服务的回应性，从公众满意度来看，“非竞争参与型”责任模式的执行效果最佳（见表 6-3）。因此，公众参与的有效性使得政府责任的履行程度明显提高，说明公共服务购买中政府责任的实现应包含两种责任的同时落实：政府促进市场竞争的责任和政府保障公众参与的责任，且公共服务购买中政府责任的实现主要依赖于政府保障公众参与责任的履行情况。从“非竞争代言型”责任模式到“竞争代言型”责任模式或“非竞争参与型”责任模式，再到“竞争参与型”责任模式，随着市场竞争程度的提高和公众参与政府购买程度的提高，政府责任的履行程度逐步提升。政府责任的履行程度决定了公共服务的质量，对公众满意度有直接影响。由此，“非竞争代言型”责任模式、“竞争代言型”责任模式，以及“非竞争参与型”责任模式的公众满意度综合评价分别为“低”“中”“较高”。政府促进市场竞争的责任履行情况和政府保障公众参与的责任履行情况都与公众满意度有较强的正相关性，但是，公众参与程度是首要考察因素。这说明政府不仅应投入更多的资金来为公众提供更多的公共服务，还应加强公众参与来为公众提供更好的服务，以此来提高公众的满意度和政府的公信力，促进社会公平。①

表 6-3　三种责任模式中政府责任履行效果与公众满意度的关系

	政府促进市场竞争的责任履行情况	政府保障公众参与的责任履行情况	公众满意度
非竞争代言型责任模式	低	低	低
竞争代言型责任模式	中	低	中
非竞争参与型责任模式	低	中	较高

二、影响政府责任实现的障碍分析

中国从 1995 年开始探索政府购买公共服务，以上海市基督教青年会正式

① 彭婧. 中国公共服务购买中的政府责任研究——以 B 市为例［D］. 北京师范大学博士学位论文，2016.

接受政府养老服务的委托为标志，政府购买公共服务开始进入实践领域。可以说，公共服务购买在中国仍属于新生事物，在实践中存在诸多影响政府责任有效实现的障碍。到目前，从政府角度、社会组织角度、公众角度来看还存在诸多迫切需要解决的问题。

（一）政府角度

首先，制度供给不足。政府购买服务是一种不同于以往政府及其隶属部门直接提供服务的供给模式，为了让这种模式的效用得以发挥，以及降低购买过程中潜在的风险，这种新的服务提供模式应配套相应的法律法规和政策措施，在制度供给上予以支持。但是，目前中国在政府购买公共服务过程中仍然缺乏相应的法律法规及有效的政府监管机制。2003 年，中国开始实施《政府采购法》，该法主要是针对政府机关自身行政事务及后勤事务的需要而进行的购买，公共服务尚未被正式纳入《政府采购法》及其实施细则的采购范围内。这极易导致政府管理权限不明确、责任不清晰，以及政府对公共服务购买管理上的失控，甚至还有一些政府部门将公共服务购买作为一种推卸责任、甩掉包袱的方法，疏于管理和监督。公共服务购买能否有效推行在很大程度上取决于政府的监管是否到位，政府是否制定了有效的制度规范公共服务市场，是否在政府购买过程中通过强化公众参与来实现公共利益最大化，是否培育社会组织使其得以长足发展，以及政府是否促进信息公开和竞争招标，这些情况决定了政府责任的实现程度。因此，保障公共服务购买的制度供给，规范购买程序，对于公共服务购买的公开、公平性推进意义重大。

其次，政府难以对所购买服务的质量进行监管和评价。政府是公共服务的供给者而非消费者，在以政府购买的形式为公众提供公共服务后，由社会组织作为服务提供者直接面向公众提供公共服务，政府成为公共服务购买的监督者和付费者。但是，随着社会需求的不断变化，公共服务购买范围也不断扩大，政府购买的公共服务已经不再限于如城市保洁、疫苗注射、印刷等不需要花费太多成本就能够查验服务质量的公共服务。政府开始逐步购买公众需求度更高的如养老服务、教育服务、医疗卫生服务等公共服务，这类公共服务的特点是服务质量难以确定，政府对所购买服务的质量认定则只能依靠社会公众的使用和消费体验来确认。并且，即使是相同类型、相同品质的公共服务对不同的服务对象来说其对服务质量的满意度也是不同的，这取决于个体的消费体验。政府作为公共服务的购买者，远离公共服务消费的“第一线”，难以对所购买服务的质量进行有效的监管和评价。另外，加之社会组织在公共服务的提供上比政府更为专业，进一步加大了政府监管和评价的难度，政府的责任也随之愈加复杂化。此外，与西方国家相比，由于起步较晚，中国政府缺乏对所购买服务的质量进行监管和评价的经验，政府不具有对公共服务购买形势发展的敏感性和对紧迫问题的敏锐观察力，这也给政府责任的实现带来了挑战。

最后，政府对市场主体的培育力度不够。理想的公共服务购买需要具备竞争性的市场，其中有三个或三个以上的服务提供者通过公开竞争招标的方式成为服务提供者，这样才能保证政府购买到“物美价廉”的公共服务，政府成为精明的买主。但在实践中，由于政府对公共服务市场主体的培育力度明显不够，市场发育迟缓导致市场中缺乏足够数量的、能够胜任的服务提供者，政府只能通过定向委托购买的方式指定服务提供者，或者即使通过竞争招标也难以选出“优质”的服务提供者，公共服务购买的质量难以保障。一些地方政府没有通过公开招标的方式购买公共服务，主要原因在于能够参与提供政府购买公共服务的社会组织数量较少，难以形成市场竞争的客观条件。

（二）社会组织角度

首先，社会组织缺乏独立性。社会组织不同于政府部门直接管理社会事务，也不同于企业追求利润最大化，社会组织的性质决定了它服务大众的使命，社会组织必须独立于政府之外，按照自身性质来运行、发展。与西方国家不同，社会组织的发育、发展刚刚起步，社会组织缺乏独立的“个性”，很多社会组织具有明显的官办“色彩”，承接政府购买公共服务的往往都是高度依附于政府的事业单位，或者由政府成立的社会组织。这类社会组织在人事安排、组织设置、资金来源上直接受制于相关政府部门，缺乏独立的决策能力。加之在职能结构上复制了政府职能部门的运作模式，而不是按照社会组织的固有属性予以设置，因此在组织运作中也无法对自身性质进行准确定位。甚至有相当一部分社会组织是为了配合政府精简机构而安置分流下岗人员建立的。政府在购买服务时会优先向隶属的组织或机构购买服务。社会组织缺乏独立生存和发展的能力，缺乏公益使命，加之依靠政府提供的资金来源，这决定了社会组织在参与购买公共服务时只看到政府需求，看不到社会需求，最终导致社会组织行为以政府意志为中心，而非以服务对象的满意度为目标，社会组织的非独立性问题已经成为影响公共服务质量的主要障碍之一。

其次，社会组织发展资源不足。①从近年来政府购买服务的内容来看，政府向社会力量购买的公共服务逐渐趋于专业性、技术性较强的服务，但公共服务市场中的社会组织发展良莠不齐，有能力承接公共服务的社会组织并不多，主要表现在社会组织专业人才短缺、物资匮乏、运作机制不完善等，难以形成有效的市场竞争，这说明了社会组织普遍发展不足的问题。社会组织以从事社会公益事业为己任，与企业追求利润最大化不同，其发展主要依靠人们的志愿精神、人道主义精神。但是，由于收入较低，社会认同感较低，加之中国大部分地区没有将社会工作者统一纳入社会保障体系中，他们缺乏职业发展的稳定感和信赖感，人才流失极为严重，导致了社会组织普遍人力资源不足的现状。②由于政府资助的比例较小，中国社会组织缺乏稳定的资金来源，主要依靠接受少量的社会捐助和收取一定的服务费来维持"生存"。加之相关的税费减免政策经常得不到落实，社会组织资金的匮乏已成为制约其发展的主要原因之一。

最后，社会组织公信力较低。社会组织的发展需要良好的社会声誉、健全的制度作为后盾，通过健全制度体系建设来向社会公众提供优质的服务，才能有效提高其社会公信力，社会组织才能够有更大的空间得以长足发展。但是，由于中国社会组织的双重管理制度使得对其管理过于形式化、空洞化，法律法规对社会组织的监管又存在漏洞，致使其在资金来源、财务审计、人力资源管理、信息公开等方面存在很多漏洞，甚至部分社会组织违规开展经营项目范围以外的活动，运作机制不规范，借"公益"之名，行"牟利"之实，违背了公益的使命，导致了社会组织公信力较低，社会公众对其缺乏信任和支持。

（三）公众角度

首先，公众参与的积极性不高。在政府购买公共服务的过程中，公众在服务购买决策、服务生产过程及服务监督评价等环节上的参与能够促使政府更加维护公共利益的实现，社会组织也能够按照社会公众的需求进行更具灵活性的服务供给。但是，在中国的公共服务购买实践中，公众参与的积极性不高，不利于公共服务购买中政府责任的实现。在公共服务购买过程中，政府处于主导地位，掌握着拨款、监督、评价等多项权利，而公众只能被动参与服务购买过程，公众向政府表达自身需求的途径狭窄，导致公众参与的积极性不高。另外，公众对社会组织提供服务不满向政府投诉时，往往遭遇投诉无门或者推诿扯皮的状况。因此，当公众维护自身权利的成本远远高于收益时，尤其是高昂的时间成本极易令个体维权丧失信心，公众参与的积极性会严重受挫。

其次，公众观念滞后。目前，政府通过购买服务的方式向社会公众提供养老、医疗、教育等公共服务已成为世界上大多数国家提供公共服务的主要方式。以养老服务为例，美国、英国、澳大利亚、新西兰等发达国家政府培育了大量非营利性组织，通过竞争招标的方式代替政府为社会提供公共服务，政府保障公众积极参与公共服务的决策、生产和监督等环节，服务质量得以提升，政府通过购买降低了公共服务的成本。在中国，由于经济发展水平和传统观念的影响，公众对公共服务由社会组织来提供这种方式接受度并不高，一方面对社会组织的信任度较低；另一方面认为购买服务不够“实际”，以养老助残卡为例，服务对象倾向于购买食物或生活用品，不愿意接受如心理咨询、精神慰藉等专业服务，这就无形中给政府购买增加了难度。[①]

三、中国公共服务购买中政府责任体系建设的基本原则

（一）明确公共利益的价值取向

从公权力的来源上追溯，始于全体公民为了获得个人利益的最大化，以契约的形式把权力让渡给政府，政府由此成为一个法人行动者，它的受托人就是全体公民。公共利益是国家存在的正当理由，个人权力让渡的预期是政府更有能力管理社会资源，能够代表社会公众主持公平正义，并满足他们的利益。因

① 彭婧．如何避免政府购买服务成为公众“不称心的礼物”？——基于政府责任视角的分析［J］．中央民族大学学报（哲学社会科学版），2018（1）．

此，政府应以促进公共利益为己任，政府的公共性是区别于其他组织的固有特征。政府的公共利益就是满足其委托人即全体公民的利益，包含改善大众福利、发展经济、提升国力、关注弱势群体，以及在不同发展阶段向社会公众提供所需的公共服务、满足社会需求。政府购买公共服务，只改变了服务提供的方式，并不改变政府维护公共利益的价值取向。因此，在公共服务购买中，明确公共利益的价值取向是政府履行责任的基本原则。公共利益并非恒定，而是随着时代的发展而演变。在公共服务供给中，公共利益应是对服务对象利益的保护和发展的最大化体现，政府作为公共服务购买政策的制定者，应以满足公众需求为己任，以对公众偏好与利益的认定和选择为中心，这应是中国公共服务购买中政府责任体系建设的基本价值取向，唯有以维护公众利益为首要标准，政府责任的界定才不会出现方向性的偏差。

（二）实现公众参与的决策机制

共同参与制民主理论认为，凡生活受到某项决策影响的人，应该参与那些决策的制定过程。[①] 在政府购买公共服务中，政府应通过公众参与来增强行政活动的民主性。包括让公众参与项目决策、监督服务生产过程，以及加强公众自主选择服务的能力，公共决策实践也可说明，“唯有公民参与的要求得到政策制定者的充分重视，否则，如果大多数公众对公共政策过程十分冷漠、麻木不仁甚至极力反对，那么，政府的决策制定会被证明是毫无意义的”。[②] 竞争性的市场对于公共服务提供来说，是较为理想的状态，但如果缺乏了有效的公众参与，仍然可能存在公众被“代言”的问题。因此，无论竞争性购买是否可及，最核心的问题在于满足公众需求。政府应该通过增加服务对象对提供服务的选择和参与，来监督和约束服务提供者。正如世界银行公共服务研究课题负责人曾指出的，真正重要的问题是提供主要服务的机制是否给予了服务对象在政策制定过程中的发言权，是否能加强服务对象监督和约束服务提供者的能力，使他们得到所需要的有效的服务。只有实现以公众参与为中心的公共决策

---

① ［美］科恩. 论民主［M］. 聂崇信等译. 北京：商务印书馆，1988.

② ［美］约翰·克莱顿·托马斯. 公共决策中的公民参与：公共管理者的新技能与新策略［M］. 孙柏英等译. 北京：中国人民大学出版社，2005.

机制，才能够强化服务对象权力的安排。政府一方面应通过信息公开、建立社会反馈机制等途径努力提高公众参与政策制定的积极性，另一方面将公众纳入公共服务购买的监督和评价机制中，以此提升政策的有效性和公民满意度。

（三）形成公开竞争的一般原则

根据委托—代理理论，政府购买公共服务通过将公共服务签约外包，强化了存在利益冲突的个人或部门之间的竞争，形成了“政府和公众、政府与服务提供者”两层代理关系，委托—代理关系的复杂化对公平竞争有着更高的要求。此外，由于政府购买公共服务所使用的是财政资金，所采用的购买方式应通过公开招标的方式进行购买。因此，公共服务购买应规范程序，形成公开竞争的一般原则。一般来说，在实现竞争的诸多条件中，竞争者的多样化和公平的程序是基础性条件。在一项公共服务的市场竞争中，如果有至少三个服务提供者，则被认为适用于公共服务购买。但是，由于市场本身具有信息不对称性和逐利性，在政府购买公共服务中也容易出现服务质量下降、损害公共利益、产品价格过高等外部效应，这决定了政府提供公共服务的责任并不能因为购买行为而转移，政府确立公开竞争的一般原则，防止一些地方政府在推进购买公共服务的过程中，在包括经营资格审批、服务质量监管等方面滥用权力，政府为服务提供者提供公平的竞争机会，也为市场竞争的公平性提供保障。①

（四）发挥优势互补的基本理念

政府是公共服务的提供者，但并不意味着政府必须亲自履行提供公共服务的职能，政府购买公共服务正是通过借助市场手段向社会公众提供更优质的公共服务，满足公众需求，以此实现履行政府职能的目的。政府购买公共服务在类型上被认为是功能民营化，虽然没有改变政府的财政责任，但它改变了公共服务的供给主体，这需要政府与其他组织进行合作。社会组织由于其具有志愿性、公益性、非营利性等特征，涉及的公共服务包括教育、医疗、救济、养老等众多领域，也被誉为“影子”政府，是政府提供公共服务合作伙伴的“不二

① 杨欣. 公共服务合同外包中政府责任的省思与公法适用——以美国为例［J］. 中国行政管理，2010（6）.

人选”。政府应该取消对市场的过度干预和限制，发挥优势互补的基本理念，促进和培育市场的发育和发展，将政府的权威和市场的交换功能优势互补，借助市场手段来实现公共服务供给的目标，以满足社会公众利益的需要。一方面，政府应该为市场主体提供制度激励，并对市场活动进行有效的监管，而非替代市场；[①] 另一方面，政府应积极培育社会组织。社会组织具有极大的灵活性，能够根据社会发展的需要及时调整组织的功能。此外，由于长期活动在公共服务的第一线，社会组织还有着更为敏锐的观察力和探索精神，加之不以经济利益最大化为导向，如果政府能够积极培育社会组织参与提供公共服务，社会自治力量和市场机制就得以有效地结合起来。在实践中，政府应采取通过政策扶持社会组织生存，通过购买服务资助社会组织发展，营造竞争局面，有利于公共服务质量的提升。[②]

四、本章小结

本章在对政府定向购买社工培训服务、政府购买社会组织服务，以及政府购买养老助残卡、便民为老服务中心四个典型案例分析的基础上，对“非竞争代言型”责任模式、“竞争代言型”责任模式，以及“非竞争参与型”责任模式中的政府责任履行情况和公众满意度进行比较，讨论了政府责任的履行情况与公众满意度的关系。研究发现，政府促进市场竞争的责任履行情况和政府保障公众参与的责任履行情况都与公众满意度有较强的正相关性，其中，公众参与程度应是首要考察因素。在此基础上，本章还从政府角度、社会组织角度、公众角度对阻碍政府责任实现的现实因素进行了分析，进而提出中国公共服务购买中政府责任体系建设的思路。[③]

---

① 李珍刚. 城市公用事业市场化与政府责任承担的理论解读［M］. 北京：社会科学文献出版社，2008.

② 彭婧. 如何避免政府购买服务成为公众“不称心的礼物”？——基于政府责任视角的分析［J］. 中央民族大学学报（哲学社会科学版），2018（1）.

③ 彭婧. 中国公共服务购买中的政府责任研究——以 B 市为例［D］. 北京师范大学博士学位论文，2016.

第七章　出路探寻：强化政府购买公共服务的责任关系

一、中国政府购买公共服务责任关系及其运行逻辑的再梳理

20 世纪 70 年代以前，政府一直被认为是天然的、合适的公共事务代表，其存在的基本职能是为社会公众提供公共服务。然而，席卷全球的新公共管理运动促使各国政府对财政危机和公共服务低效问题进行了反思，反思的主要结果是政府开始尝试从“划桨”转向“掌舵”，政府购买公共服务逐渐成为大多数国家政府提供公共服务的主要方式。我国以 1995 年上海市基督教青年会正式接受政府委托为标志，开始探索政府购买公共服务。截至目前，在政府高层和方针政策的助推下，政府购买这一新的政府治理模式已在各地深入展开。

（一）政府购买公共服务的责任关系

政府购买公共服务是指政府以提高公共服务供给质量和财政资金使用效率为目标，通过合同方式将公共服务职能转移，一般是用承包的方式给有资质的服务提供者，政府与服务提供者签订合同，政府按照合同约定考核服务质量并支付费用。因此，政府购买公共服务的基本特征可以总结为：

（1）公共服务购买的主体是政府或政府部门，政府职能从直接提供服务转变为制定公共服务购买的相关政策、公共服务购买的出资及公共服务质量监管的角色。

（2）政府不再向社会直接提供服务，服务提供者是政府以外的非营利组织、企业或个人，在性质上兼具营利性组织和非营利性组织或个人，在符合资格审查的条件下，他们都可以参与提供公共服务。在我国，一般以社会组织为公共服务的提供主体（以下主要以社会组织为例）。

（3）公共服务购买的目的在于通过市场机制提高公共服务质量，而不是简单的主体更换和责任转移，满足社会需求是公共服务购买的基本要义。公共服务提供主体由政府更换为其他营利性或非营利性组织，主要目的是提高公共服务质量。

（4）公共服务购买的资金属于公共财政的支出范围，因此应遵从财政资金的管理要求和管理程序，资金的使用必须要在严格的监督之下使用。同时，政府购买部门承担资金的给付和监管责任。

（二）政府购买责任关系的运行逻辑

在政府购买公共服务中，政府、社会组织和公众是直接的参与者和利益相关者，三者间的责任关系如图 7-1 所示。

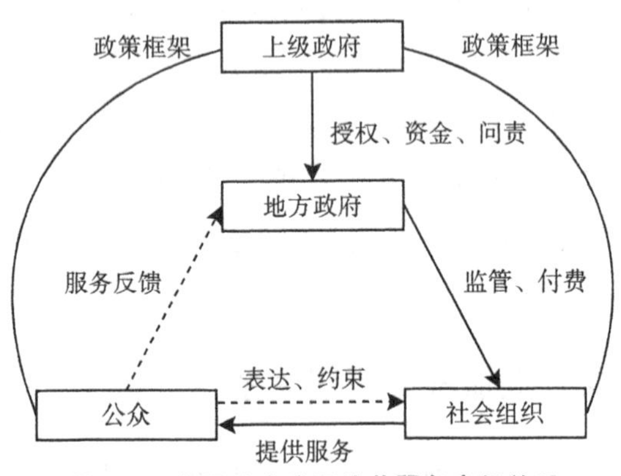

图 7-1　中国政府购买公共服务责任关系

（1）中央政府及部门在制订政府购买发展计划上起着关键作用，并通过直接或间接的措施来决定政府购买过程中关键利益相关者的职能及彼此关系。中央政府为政府购买设定全国性的政策目标、提供资金支持。省级政府一般作为政策传递层级，传达中央政策和分配资源，或作为发起者出台政府购买公共服务的实施办法，提供资金配套。市县乡级地方政府部门一般负责政策的具体实施，承接上级政府的购买任务。

(2) 社会组织的主要资金来源于政府拨款，社会组织和政府形成责任共担模式。在服务提供过程中，社会组织一般较为注重维护与政府的公共关系，社会组织易成为政府公共服务职能的复制和延伸，其决策力十分有限。

(3) 在多数购买案例中，政府（或政府购买部门）和社会组织主导确定公众对公共服务的需求和标准，并以此作为绩效评估的关键。在招投标和结项的环节中，均涉及政府（或政府购买部门）和社会组织对公共服务需求的界定。

(4) 公众作为服务对象，对公共服务的参与程度和反馈程度往往取决于政府购买服务的制度设计，公众与社会组织间服务传递的过程以单向流动为主，需求表达和服务反馈的渠道通常并不畅通。①

二、中国政府购买责任关系中存在的问题

2015 年 11 月 20 日，习近平总书记在中央财经领导小组会议上提出了“供给侧结构性改革”的设想。党的十九大报告中再次提出要深化供给侧结构改革，以此提高公共服务供给体系中较低的质量和效率。供给侧结构性改革不但是推进公共服务领域改革、转变政府职能的必由之路，也为政府购买服务的发展指明了方向。即扩大公共服务的有效供给，提高公共服务供给结构对公众需求变化的适应性和灵活性，以满足社会需求。② 但从当前公共服务市场需求和供给的角度看，政府购买公共服务在执行过程中却存在不容忽视的供给缺陷，如供需错位、供给偏差、供给不均和竞争缺乏等问题，阻碍了改革的进程，理顺公共服务购买中的责任关系意义重大。③ 总体来看，中国政府购买责任关系中存在的问题主要有：

---

① 曹俊. 我国政府购买服务中契约责任失效问题研究 [J]. 江苏社会科学，2017 (5).

② 彭婧. 如何避免政府购买服务成为公众“不称心的礼物”？——基于政府责任视角的分析 [J]. 中央民族大学学报（哲学社会科学版），2018 (1).

③ 吴帆，周镇忠，刘叶. 政府购买服务的美国经验及其对中国的借鉴意义——基于对一个公共服务个案的观察 [J]. 公共行政评论，2016 (4).

（一）关键利益相关者之间责任关系薄弱，监管职责落实艰难

政府购买公共服务使得社会组织和政府同时成为“公共性”的代表，以往仅包含政府与公众在内的二元关系扩展为涉及社会组织的三方关系。尽管政府负有监管社会组织的责任，但作为服务的直接体验者——社会公众由于缺乏约束和监督社会组织的有效途径，难以有机会表达其真实的服务需求并进行服务反馈。因此，关键利益相关者间的责任关系没有得到加强，导致公共服务履约验收复杂化，政府监管职责落实十分艰难。

（二）资金和制度供给不足，履责主体成长缓慢

政府购买服务模式的有效发挥，需以资金和制度的充分供给为条件。目前，作为我国政府购买政策履行主体的社会组织发展良莠不齐，专业人才短缺、物资匮乏、运作机制不完善，以及缺乏完善的扶持政策，难以形成有效的市场竞争。由于资金有限，地方政府往往集中“火力”扶持“样板型”社会组织，大部分社会组织生存艰难。[①] 因此，资金和制度匮乏已成为制约其成长的主要原因。

（三）公共服务数据信息分享有限，公众需求界定偏差

当前政府购买大量涉及养老、医疗、教育、未成年人保护等体验类公共服务，由于政府购买信息通常不与公众分享，甚至不同政府部门间公共服务数据信息也是各自为政、标准不一，极大地降低了信息的有用性和可信度，政府及社会组织难以利用大数据信息进行精准定位和服务转型，这就给公共服务质量的提升增加了难度。

（四）责任纠纷与应急处理机制欠缺，负面影响扩大化

根据新制度经济学的观点，任何契约交易都是不完全的，都有导致冲突的

① 吴磊，徐家良. 政府购买公共服务中社会组织责任的实现机制研究—— 一个利益相关者理论的视角［J］. 理论月刊，2017（9）.

可能性。[②] 以往的约束对象一直是政府部门，政府从提供者变为购买者后，职能和职责均发生了转移，对政府购买部门来说一时难以适应，在公共服务购买实践处于转型和尝试阶段，极易出现制度空白。加之公共服务直接面向社会公众，参与主体责任履行不当经媒体曝光后，动辄成为社会敏感问题，负面影响极易扩大化，不利于政府公信力的维护。

三、强化政府购买公共服务责任的建议

近年来，中央政府持续付出了巨大努力来改善公共服务的提供，更多的财政资金投入、改革行政框架、制定指导目录和标准等，所取得的成就值得称赞。但是，仍然落后于发达国家，远不能满足社会公众的需求。政府购买公共服务已处于转型期，要求政府建立更加灵活、有效的回应制度和机制来强化政府购买责任。具体来说，可从以下方面入手：

（一）多种参与机制的构建

充分的公共参与是政府购买成功的关键，政府应建立积极的政策框架来强化参与过程。首先是构建政府和社会组织间基于伙伴关系而非“伙计”关系的协商机制；其次是以公众为中心的参与机制的建立，以公众为中心的参与机制对公共服务提供过程中服务需求界定、执行和评价会更加有效。另外，以公众为中心的参与机制对提高公众满意度、降低投诉率也有着正向的作用。

（二）社会组织的独立性

社会组织的公益性质决定了它必须独立于政府之外。政府应理顺责任边界模糊的政社关系，让其按照自身性质来运行、发展，在人事安排、组织设置、决策及资金来源上独立于相关政府部门。只有这样才能扭转以往社会组织行为

---

① 埃里克·弗鲁博顿，鲁道夫·芮切特. 新制度经济学：一个交易费用分析范式［M］. 姜建强，罗长远译. 上海：上海人民出版社，2006.

只以政府意志为中心，而非以服务对象满意度为目标的导向。

（三）地方政府的能力建设

政府购买责任关系的强化有赖于地方政府公共服务市场化能力的提升，包括创造并维持竞争性市场、获得社会组织充足信息、准确界定公众需求，以及保障公众参与和危机管理的能力。这些能力的培养需要中央和省级政府提供政策、资金对公务人员进行培训，以及制定激励地方官员提升公共服务质量的评价体系。

（四）面向社会公众的信息公开

政府向社会公众提供高质量的公共服务信息有助于改善公共服务质量，并且是一个成本低廉的途径。中央政府近年来关于政务公开的努力，表明了其提升执政透明度的决心，这也是强化政府责任的关键，但仍需要在广度和深度上持续加强，从而改善政府购买服务质量。职责均发生了转移，从而出现了制度空白。加之公共服务直接面向社会公众，参与主体责任履行不当经媒体曝光后，动辄成为社会敏感问题，负面影响极易扩大。①

四、本章小结

本章认为厘清政府购买责任关系是提升公共服务购买质量的出路所在，也是提升公众满意度的关键所在。因此，进一步探讨了中国政府购买公共服务的责任关系及其运行逻辑，总结中国政府购买责任关系中存在的问题。在中国政府购买责任关系中，上级政府对关键利益相关者的职能及彼此的关系起着决定性作用，存在监管职责落实艰难、履责主体成长缓慢、公共服务需求界定偏差，以及服务负面影响易扩大化等问题。需要政府在参与机制的建立、促进社会组织独立性、地方政府能力建设，以及信息公开方面进一步深化改革。

① 彭婧. 强化政府购买公共服务的责任关系［N］. 中国社会科学报，2018-11-07.

第八章　结论与讨论

一、主要的研究结论

本章是对全文的归纳和总结。作为一种市场化改革的工具，公共服务购买使得公共服务供给形成规模经济，降低了服务成本，通过激励措施实现的市场竞争和第三方服务提供者的介入在一定程度上改善了官僚制的低效率，提高了公共服务供给的效率。从世界范围来看，公共服务购买在促进政府职能转变、满足公众公共服务需求，以及节约财政支出等方面作用显著，其发展趋势已不可逆转。然而，在实践中，不同地区或不同内容的公共服务购买并没有平衡展现以上优势，它们在一些项目中得以长足推进，在另一些项目中却遭遇瓶颈。究其原因，根源在于其中的政府责任问题。如何正确界定并检验公共服务购买中的政府责任，并不是一个简单的问题。

在以往的研究中，学者们普遍认为政府购买公共服务的“精髓”在于打破垄断，一旦实现充分竞争，公共服务的价格自然会呈现，就能够实现提高财政资金使用效率的目的，服务质量也会得以改善，公众满意度由此得以提升。基于此逻辑，政府的责任在于通过市场竞争和契约化途径购买服务，以解决由政府直接提供服务所引起的公众满意度较低，以及垄断、低效、财政压力等问题。但是，政府出于提升公共服务质量之初衷的购买行为，由于所购服务的内容、类型、方式等与社会需求不相符，最终仍然导致公共服务质量低下的结果，公众满意度难以提升。并且，以往的政府购买流程倾向于关注公共服务购买中服务效率的提升，而作为“消费者”的公众的服务需求却往往被“代言”，未能反映出公众的真实愿望，使得政府所购买的公共服务成了公众“不称心的礼物”，背离了公共服务的初衷。因此，公共服务购买中政府责任理论框架的提出，建立在对目前国内外政府购买公共服务过程中普遍存在问题的深入分析基础之上，是对原有“政府或服务提供者确定公众需求，政府监督服务提供者供给服务以满足公众需求”的政府责任模式的修正。公共服务购买中的政府责任理论框架强调市场竞争和公众参与对政府购买公共服务的重要性，政府履行促进市场竞争的责任在于提高效率，政府履行保障公众参与的责任在于满足公众需求。公众不再是作为被动接受的服务对象，而是作为具有能动性的行动者参与到公共服务购买的过程中。本书经过了理论框架建构、逻辑推理和案例论证的步骤后，得出的主要研究结论如下：

第一，中国政府在公共服务购买中的责任履行情况正处于从“非竞争代言型”责任模式向“竞争代言型”责任模式和“非竞争参与型”责任模式过渡的三种模式并存阶段，“竞争参与型”责任模式尚未出现。与西方相比，中国政府购买公共服务的实践起步较晚，经过多年的发展，政府购买公共服务的范围逐步扩大，政府责任的履行情况在不同的地区、不同的购买项目实施过程中也不尽相同。近年来，由于国务院、财政部、民政部等高级别的行政部门持续发布涉及政府购买公共服务的规范性文件，如《国民经济和社会发展第十二个五年规划纲要》《国务院办公厅关于政府向社会力量购买服务的指导意见》等陆续提出公共服务的供给方式应引入竞争机制，通过加强市场竞争实现提供主体和提供方式多元化，以及在事务类公共服务范围内扩大购买服务等要求，各地方政府也纷纷按照上一级别政府的文件精神制定了相应的执行办法和措施，竞争和效率已逐步成为中国政府购买公共服务的主要目标。因此，在政府促进市场竞争的责任上，政府逐步在推进公开招标、信息公开、培育市场主体等责任的落实，非竞争性购买正在逐步走向竞争性购买。但是，目前中国各级政府在保障公众参与的责任履行上较为不足，无论是在政府文件中还是在购买实践中，公众在购买决策的参与上、监督服务生产过程的参与上，以及自主选择服务的权利上，均呈现出十分匮乏的局面。即使公众参与了购买过程中的某个环节，或者是偶然性的，没有制度予以持续性的保障，或者是缺乏选择权和否定权，缺乏真实有效的自主权利，公众被“代言”的情况在公共服务购买过程中较为普遍，仍处于从“代言”性购买走向“参与”性购买的漫长的转折过程中。总体来看，目前中国的公共服务购买在不同地区、不同购买项目中，“非竞争代言型”责任模式已逐渐减少，但仍然存在于缺乏市场竞争主体或尚未建立竞争招标机制的服务购买实践等情形中，“非竞争参与型”责任模式和“竞争代言型”责任模式是当前中国政府购买的主要责任形式。“竞争参与型”责任模式的出现还需要制度的持续发展、完善而奠定基础。因此，各级政府在公共服务购买过程中的责任履行情况总体呈现出了从“非竞争代言型”责任模式向“竞争代言型”责任模式和“非竞争参与型”责任模式逐步过渡并存的趋势。

第二，中国政府购买公共服务的过程重在遵从财政资金管理的程序，偏离了为公众提供服务的本质。从本质上说，政府购买公共服务是以向服务提供者购买的方式代替原本政府直接提供公共服务的方式向社会提供公共服务，“购买”只是一种公共服务提供方式，“服务”才应是公共服务的重心。但是，由于涉及政府与第三方之间的合同交易，政府购买的资金来源于财政专项资金，政府往往将资金的使用是否合法、合规放在首位，财政资金的使用办法在公共服务购买过程中成为首要准则。因此，实施购买的政府部门，为了在财务审查中顺利过关，就会使得政府购买公共服务的过程遵从于专项财政资金管理的程序，政府对服务提供者所提供服务的监督和检查的重心也放在了资金的使用是否符合财务管理的要求，偏离了为公众提供公共服务的本质，公众的真实需求由此被边缘化。如在B市政府购买公共服务的过程中，《B市市级社会建设专项资金管理办法（试行）》中就对政府购买公共服务的资金使用做出了明确的规定，“由B市市财政局、B市领导小组办公室共同负责对专项资金的使用情况、项目执行情况进行监督和检查，以专项资金使用的合规性、安全性和效益性作为监督检查的重要内容”。[①] 虽然在该文件中，政府购买公共服务的资金属于预算之外的社会建设专项资金。但是，各资金使用单位被要求接受同级和上级财政、社会建设部门的监督检查，并接受同级和上级审计部门的审计。B市领导小组办公室负责B市级项目实施，并指导各区（县）项目实施，负责对项目的跟踪问效、监督检查等工作，以及对专项资金项目执行情况进行全过程监管。并且，负责编制专项资金使用和绩效情况报告，接受相关部门的审计、监督和检查。B市财政局负责对项目实施和资金使用、管理情况进行监督检查和绩效

① B市财政局. B市市级社会建设专项资金管理办法（试行）（京财行发［2012］1841号）[Z]. 2012.

评价。可以看出，由于财政部门掌握着专项资金的审核批复权利，倾向于从本部门的工作性质出发，运用财政资金管理流程来对政府购买公共服务的过程加以监管，具体实施政府购买服务的政府部门则遵从于财政资金管理的流程，僵化的财政资金管理程序难以“兼容”公众需求，导致偏离了以公众为重心的公共服务购买本质。

第三，有效的公共服务购买应包含两种责任的同时落实：政府促进市场竞争的责任和政府保障公众参与的责任，并且，公共服务购买中政府责任的实现主要依赖于政府保障公众参与责任的履行情况。基于前文中关于政府责任理论的考察，结合政府责任与公众参与间关系的推理，本书认为政府责任的有效实现不仅在于政府应承担提升公共服务供给效率的“促进市场竞争的责任”，还应该关注与回应社会需求密切相关的“保障公众参与的责任”的履行情况，有效的公共服务购买中的政府责任的实现在于政府同时履行“促进市场竞争的责任”和“保障公众参与的责任”。在政府购买社会组织服务和养老助残卡两个案例中，按照政府责任履行程度分别是“竞争代言型”责任模式和“非竞争参与型”责任模式，这两种责任模式均为政府责任履行程度高于“非竞争代言型”责任模式的过渡模式。但从政府责任履行效果的评价情况和公众满意度情况看，“非竞争参与型”责任模式由于其公众参与的情况较为理想，服务对象能够在一定范围内根据自己的喜好和需求自行选择公共服务的内容和服务提供者，服务对象拥有能够通过“用脚投票”来维护自身利益的自主选择权和支配自身福利资源的权利，公众参与提高了服务的回应性，服务对象可以表达自己的需求和偏好，政府履行保障公众参与的责任对公众满意度的提升要高于政府履行促进市场竞争的责任产生的效果。由此，导致了“非竞争参与型”责任模式的执行效果优于“竞争代言型”责任模式。因此，政府促进市场竞争的责任和政府保障公众参与的责任均为公共服务购买中政府应履行的职责，但公众参与情况应是政府责任履行的首要考察因素，当市场竞争不可及时，应通过强化公众参与来提升公众满意度。

第四，公共服务购买中政府责任的履行程度与公众满意度正相关。通过对前文的三个典型案例进行分析可以看出，在公共服务购买的政府责任理论框架中，随着从“非竞争代言型”责任模式到“竞争代言型”责任模式或“非竞争参与型”责任模式，政府履行促进市场竞争的责任程度和保障公众参与的责任程度分别得以提高，促使公共服务供给的效率和公众需求分别得以提高，公众满意度也由此得以提升。因此，可以推理出公共服务购买中政府责任的履行程度与公众满意度呈现出正相关的关系，当“竞争参与型”责任模式在政府购买服务中得以实现时，公众满意度高于“非竞争代言型”责任模式、“竞争代言型”责任模式和“非竞争参与型”责任模式。本书提出“竞争参与型”责任模式，用以概括公共服务购买中政府责任的理想模式。“竞争参与型”责任模式的实现要求政府：一方面，应该履行促进市场竞争的责任，促进市场竞争更加充分和完全；另一方面，还应赋予公众直接参与和影响公共服务购买政策执行过程的权利，充分保障作为“消费者”的公众在服务安排、资源配置、服务监督等执行环节的自主权利，强调公众作为服务接受者参与政策执行过程的重要性。政府责任的履行程度决定了公共服务的质量，对公众满意度有直接影响，不同的政府责任履行情况将直接导致公众满意度的显著差异。政府以维护公共服务的公共价值为前提对服务提供者进行选择，所购买服务更易于满足社会需求。政府在公共服务购买中，应该以提升公众满意度为首要目标，通过提高政府责任的履行程度来满足社会需求。

第五，在中国，作为主要服务提供者的社会组织行政特征浓厚而社会化程度不足，且往往与政府结成非正规信任关系，短期内形成公私伙伴关系的难度较大。从世界范围来看，社会组织作为政府和营利组织之外的第三部门，在公共福利的增强方面发挥着越来越重要的作用。社会组织的非营利性、志愿性、专业性、灵活性等优势决定了它们能够成为政府部分公共服务职能的“替代者”，政府职能的转移也能够有效避免官僚机构不断臃肿、庞大。由此形成的公共部门与第三部门之间为提供公共服务而通过正式的协议建立起来的公私伙伴关系是一种长期的、较为理想的合作伙伴关系，公共部门与第三部门之间在公共服务提供上实现优势互补、共担风险的局面。但是，由于政府在体制改革和社会转型过程中，政府信赖并控制亲手扶持的社会组织现象并不少见。① 因此，导致中国社会组织的建立和发展官办色彩浓厚，社会组织的独立性较差，政府对于自身扶持的社会组织较为信任，定向购买服务一度就成为了政府购买的“主旋律”，导致政府购买中频频出现资金定向流动的现象。一方面，这影

① 王名，乐园．中国民间组织参与公共服务购买的模式分析［J］．中共浙江省委党校学报，2008（4）．

响了正规的契约化市场竞争，原本应该以契约为准则进行服务的生产、监督和评估过程很难得到有效执行，公共服务质量也就难以提高；另一方面，社会组织与政府的合作地位不对等，在服务的生产过程中以迎合政府需要为主要目标，倾向于选择政府“喜好”的服务提供方式来提供服务，往往注重向政府提供行政化气息浓厚的文字材料，以便于在检查和评估中顺利过关。由于社会组织没有将公众需求置于首位，自身的社会化程度又严重不足，短期内难以发展成为独立的、具备竞争能力的服务提供者，不利于公共服务提供市场的良性发展和公私合作伙伴关系的建立。[①]

二、相关讨论

（一）关于公共服务的复杂性与政府购买公共服务范围的再认识

从政府购买的流程上说，确定购买公共服务的边界是推动政府购买的前提之一，但在实践中，随着市场经济的成熟和社会需求的不断变化，致使公共服务的复杂性不断增加，公共服务的范围呈现动态变化的特点，这给政府购买带来了挑战。经济学家纳尔逊将市场中的商品或服务分为“查验品”（Search Goods）和“体验品”（Experience Goods）两大类。在政府购买公共服务中，“查验品”很容易在购买前通过查验来评估质量，如城市保洁、印刷、疫苗注射等，购买者无须花费太多成本就能确定服务的质量情况。这种当政府购买的公共服务仅限定于不以特定相对人为服务对象的“查验品”领域时，服务质量检测的成本较低，政府的责任目标很容易实现，政府购买公共服务的效果较为显著。一般政府责任理论与机制也能够适用于此类服务，而不会产生政府责任的困境。如 2005 年，苏州市政府购买了与公众日常生活和城市管理密切相关的公共服务，包括公共卫生间的保洁维修管理、绿化养护管理、危旧房改造、

① 彭婧. 中国公共服务购买中的政府责任研究——以 B 市为例［D］. 北京师范大学博士学位论文，2016.

街道和老新村保洁管理等项目。由于所购买公共服务的效果容易查验，公众满意度较高，随后，苏州市又将环境治理、城市公共自行车管理、老年人保险等基础类的易于查验的公共服务纳入政府购买公共服务的范围，逐步、渐进地扩大了服务购买的范围。①

但是，随着公众公共服务需求的变化，除了如垃圾处理、街道清洁这些易于检测服务质量的“查验品”类的服务外，公共服务还需要不断增加大量诸如治安管理、居家养老、精神慰藉等难以勘验质量的“体验品”类服务来满足社会需求。从西方国家的实践经验来看，绝大部分种类的公共服务已经被纳入购买的范围，涉及弱势群体福利、就业促进、保障性住宅、社区服务、教育、公共卫生、文化、政策咨询、科技、城市规划、环境保护等各种社会问题的解决，既包含“查验品”类服务，也囊括了“体验品”类服务，公共服务的范围呈现出一个不断复杂化的、动态的范畴。因此，当政府所购买的服务逐渐从“查验品”扩大至“体验品”领域，政府对所购买“体验品”的质量认定只能依靠使用和消费体验来确认，这些公共服务只能由作为消费者的公众的体验来界定，即使是同质的服务对不同的消费者来说其消费体验也可能是不同的。②由基础类公共服务向以公众为直接给付对象的“复杂服务”的转变给政府购买带来了新的难题。③ 此时，政府购买服务质量的评价和监管难度也逐步增大，政府的责任也随之愈加复杂化。

如何应对公共服务的日益复杂化，如何对“查验品”和“体验品”进行区分，这些问题的解决仍寄托于公共服务购买中政府责任的有效履行。最初的公共服务购买以提高效率为政府的主要责任，合同竞争和程序规则是政府责任的实现机制，政府责任实现的难度较低。随着政府购买公共服务的发展，以公众为服务对象的“体验品”类复杂公共服务引发了政府责任体系的内在冲突，政府责任趋于复杂化，公共服务购买中的政府责任不仅应追求“效率”目标，还应该关注“消费者”的公共利益实现情况，尤其是当服务的购买者和消费者对

① 任峰，潘晔等. 政府购买服务“买什么”引热议［N］. 经济参考报，2013-11-28.

② 句华. 政府如何做精明的买主——以上海市民政部门购买服务为例［J］. 国家行政学院学报，2010（4）.

③ 杨欣. 公共服务合同外包中政府责任的省思与公法适用——以美国为例［J］. 中国行政管理，2010（6）.

于服务的需求和评价不一致时，政府购买公共服务的复杂性增加时，更应该注重公众参与，应通过公众参与来维护公众权益，将公众置于公共服务购买质量评价的“中心”位置。

在实现以公众参与为中心的公共服务购买决策机制上，从以政府为本位转向以公民为本位势必存在着很大的难度和挑战。社会组织对政府负责，政府机构中负责政府购买的公务员向上级负责，从对政府官员或上级负责转向对公众负责，需要政治体制、法律制度，以及公民社会等方面的均衡发展作为基础，这需要很长一段时间予以过渡。在这期间，一是政府应该放宽社会组织的准入标准，在医疗、教育、市政管理等诸多领域扩大竞争，与各类社会组织形成优势互补的公共服务提供体系，借助市场的手段来提高公共服务供给的效率，以有效应对社会问题。对于一些市场不愿意或者无力进入的公共服务领域，或者一些只能开展有限竞争的公共服务，如在人口分散和稀疏的地区，由于设立更多的医院或学校会增加服务成本，卫生院和学校就经常处于一种自然垄断的地位，并且新的服务提供者的进入会在初始投资、专业技术方面面临高风险，在这种情况下，政府应承担起公共服务供给的责任，通过公私合作，扶持潜在的服务提供者。二是政府应发展凭单制作为政府购买的主要形式，这有利于提升公众满意度。凭单制是政府与多个服务提供者达成协议，由政府给服务对象发放公共服务消费凭单，服务对象自行选择服务提供者购买相应的公共服务。①作为目前政府购买的一种主要形式，凭单制除了具有有利于公共服务成本的降低和公共服务质量的提升之优势外，还有利于鼓励公众做出理性选择，以及最主要的是有利于公众自主选择权利的维护，公民能够通过参与购买的过程实现自身利益的最大化，这在一定程度上能够应对由于公共服务内容日益复杂引起的公共服务购买范围难以界定的难题，这也是继本书之后下一步研究的重点所在。

（二）对政府俘获问题的再认识

在西方国家，公共服务购买起步较早，市场机制和政府购买制度较为完善，社会组织的服务提供能力也更强，但如何避免政府被供应者俘获一直是政

① 贺巧知. 政府购买公共服务研究 [D]. 财政部财政科学研究所博士学位论文，2014.

府购买公共服务中有待解决的难题。只要政府购买公共服务过程中存在着政府被服务提供者“俘获”的风险，公众就难以获得质优价廉的公共服务。公共选择理论认为，政府部门的公务员同样具有经济人理性，他们也有着追求自身利益最大化的倾向。在政府购买公共服务的过程中，政府作为服务的购买者掌握着许多涉及服务提供者利益的权力，如政府选择服务提供者的权力、政府拥有对公共服务价格进行核定的权力、政府对所购买服务质量进行评价的权力。这些权力如果存在于法律法规不完善、市场机制发育不完全、公民监督不充分的环境中，极易给政府官员创造寻租的空间，政府极易被供应者俘获，导致市场行为的扭曲和公共利益的丧失。另外，用利益相关者理论来分析，服务提供者就是利益集团，当公共服务市场竞争不充分时，服务提供者在提供公共服务时易于从成本考虑，偏好减少开支的服务项目和人员派遣，也会致使公共服务偏离公共利益，甚至违背公共利益，不断影响公共服务的质量，还会引发公众的不满。

就公共服务购买中的政府俘获问题而言，中国面临与西方国家类似的挑战。与西方国家相比，尽管处于不同的发展阶段，行政管理体制改革目标各异，政府购买公共服务的起点不同，在具体的改革步骤、改革手段方面，中国的公共服务购买与西方国家存在差异，但同样要求我们关注公共部门改革，关注公共服务购买的实践，以及关注政府购买公共服务体系下政府责任的实现问题。政府作为公众的“代理人”，要管理公共服务购买中的不确定性，就要履行好自身的职责，就要从防范利益集团利益最大化的角度防范公共服务购买中可能发生的风险，而不能将社会组织视为非营利性质的特殊组织。避免在情感上强化对社会组织的信任，但实践中却降低了对社会组织的期望，最终导致公共服务质量低下的结果。

近代以来，一般通过对代议机关的立法来约束政府的行政活动，但这种机制却无法确保代议机关向政府传送民意的全面性和有效性，由此促生了参与制民主。“自下而上”的公众参与治理为更有效的政府责任机制的设计提供了可能性和思路，也为应对政府俘获问题提供了借鉴。公众参与毫无疑问是公民个体参与政府决策、督促政府履行责任的重要制度性渠道。更重要的是，在民主和行政两种授权形势下，公众参与能够作用于公共治理中的民众责任与对上级责任的取向。在中国的政府责任体系中，由于上级领导直接控制着代理人完成任务所需要的资源及官员的升迁，代理人会在明显违背民众利益的情况下遵从上级的意志和命令。[①] 公众参与给予了公众自主选择的权利，能够在一定程度上矫正“唯上”的责任体系缺陷。当公共服务的选择权掌握在作为服务对象的公众手中时，政府俘获的发生率就得到了最大程度的降低。由公众来选择、监督、评价公共服务及服务提供者，政府不再担任主要的评价主体，也不再掌握众多涉及服务提供者利益的权力，公共服务的真实价格自然会得以呈现，服务提供者也就会将公众需求置于服务提供的中心位置。

萨瓦斯曾说过，市场化（民营化）就是集中体现政府治道变革的新公共管理。[②] 公共服务购买作为市场化的一种主要形式，越来越彰显出其在改善公共服务质量、促进政府职能转变方面的优越性。如何在保障公众参与的同时不折损公共服务市场化的效率，如何在维护公众利益的同时促进政府发挥实质性的作用，这是一个未有止境的挑战。正是这些挑战，为后续的研究提供了更多的思考和价值。[③]

（三）既有研究的不足

本书根据公共服务购买过程中政府履行促进市场竞争的责任和保障公民参与的责任履行情况，将公共服务购买中的政府责任模式分为：“非竞争代言型”责任模式、“竞争代言型”责任模式、“非竞争参与型”责任模式、“竞争参与型”责任模式。其中，政府促进市场竞争的责任和政府保障公众参与的责任均为公共服务购买中政府应履行的职责，但公众参与情况应是政府责任履行的首要考察因素，当市场竞争不可及时，应通过强化公众参与来为公众提供更好的公共服务。本书认为“竞争参与型”责任模式是复杂的公共服务需求背景下理想的政府责任模式，政府责任的履行程度不但影响服务提供的效率，还决定了公共服务的质量，不同的政府责任履行情况将直接导致公众满意度的显著差异。政府在公共服务购买中，应该以提升公众满意度为首要目标，通过提高政

① 杨雪冬. 责任政府：一个分析框架［J］. 公共管理学报，2005（2）.

② ［美］E. S. 萨瓦斯. 民营化与公私部门的伙伴关系［M］. 周志忍等译. 北京：中国人民大学出版社，2002.

③ 彭婧. 如何避免政府购买服务成为公众“不称心的礼物”？——基于政府责任视角的分析［J］. 中央民族大学学报（哲学社会科学版），2018（1）.

府责任的履行程度来满足社会需求。

必须承认的是，任何理论框架的建构都有着独特的研究视角和解释范围，难以做到对所有社会现象普遍适用。本书所选领域和采用的研究方法，既能带来研究上的创新，也伴随着研究中的不足。如本书在研究设计上，对政府促进市场竞争程度和保障公众参与程度两个指标的区分过于理想化，在竞争和非竞争之间应该还存在不完全竞争状态，实践中很少是恰好契合的，因此只能做简化处理。还有外文原著文献的收集和利用不足，以及调查资料的真实性和有关部门的不配合问题，只能通过多种调查方式和途径，结合权威文献分析来对资料进行合理去伪来解决。本书仅仅对特定地区部分案例进行总结，由于第三章政府购买社会组织服务案例中服务对象的特殊性，因此无法采用问卷进行统计分析，只能采用深度访谈的方式，具有很大的局限性，本书研究与研究期望还存在不少差距，有待在以后的研究中不断丰富和完善。[①]

① 彭婧. 中国公共服务购买中的政府责任研究——以 B 市为例［D］. 北京师范大学博士学位论文，2016.

附　录

政府购买社工培训服务调查问卷

问卷编号□□□

您好！我们现在正在进行一次关于政府购买社工培训服务满意度情况的调查问卷，感谢您对我们的支持！问卷采取匿名形式，没有对错之分，请您根据自身的真实情况和感受填写。

1. 您的性别：

（1）男　　（2）女

2. 您的年龄：

（1）18 岁以下　　（2）18~30 岁　　（3）31~40 岁

（4）41~50 岁　　（5）50 岁以上

3. 您从事社工工作的年限：

（1）1 年以下　　（2）1~2 年　　（3）2~3 年

（4）3~5 年　　（5）5~10 年　　（6）10 年以上

4. 您的月平均收入为（元/月）：

（1）低于 1500　　（2）1500~2500　　（3）2500~3500

（4）3500~5000　　（5）5000 以上

5. 您是否参加过 B 市社工委组织的“万名社区工作者培训计划”项目？

（1）参加过　　（2）没有参加过（直接跳至第 10 题）

6. 在参加培训前，是否有相关人员就培训内容或培训方式向您征求过意见？

（1）没有　　（2）有

7. 您主要从哪些渠道获知政府开展“万名社区工作者培训计划”的相关情况？（可多选）

（1）网络　　（2）电视　　（3）上级主管部门

（4）同行间　　（5）其他________________

8. “万名社区工作者培训计划”所开展的培训内容对您的工作有帮助吗？

（1）帮助很大　　（2）有一些帮助

（3）与工作实际差距大，没什么用

9. 培训结束时，您是否参与过对培训情况的评价？

（1）参与　　（2）没有参与

10. 您认为您的服务需求能够有效反馈给相关政府部门吗？

（1）能　　（2）不能

11. 总体上，您对政府安排的社工培训项目的满意程度如何？

（1）非常满意　　（2）满意　　（3）一般

（4）不满意，原因是：________________

（5）非常不满意，原因是：________________

12. 您的其他困难与建议，请列举如下：

____

____

如果愿意，请留下您的联系方式以便进一步沟通。

您的电话/邮箱/QQ/微信（非必填项）：________________

再次衷心的感谢您的参与，问卷调查到此结束。

养老助残卡使用情况调查问卷

问卷编号□□□

各位爷爷奶奶您们好！我们正在进行一次关于“B市通—养老助残卡”使

用情况的调查问卷，感谢您对我们的支持！问卷采取匿名形式，没有对错之分，请您根据自身的真实情况和感受填写。

1. 您的性别：

（1）男　（2）女

2. 您的年龄：

（1）60 岁以下　（2）61~70 岁　（3）71~80 岁

（4）81~90 岁　（5）91~100 岁　（6）100 岁以上

3. 您的月平均收入为（元/月）：

（1）低于 1500　（2）1500~2500　（3）2500~3500

（4）3500~5000　（5）5000 以上

4. 您的居住情况：

（1）和老伴生活在一起　（2）和子女生活在一起　（3）独自居住

5. 您是否领取养老助残卡：

（1）领取　（2）不领取（直接跳至第 12 题）

6. 您主要从哪些渠道获知 B 市开展“B 市通—养老助残卡”的相关情况？（可多选）

（1）网络　（2）电视　（3）街道或社区

（4）邻居、朋友或家人

（5）其他______

7. 在养老助残卡的使用中，是否有相关人员就服务内容或服务方式向您征求过意见？

（1）没有　（2）有

8. 从纸质的养老服务券转变为养老助残卡后，您觉得使用时有没有比以前更方便？

（1）有　（2）没有　（3）差不多

9. 您用养老助残卡购买过哪些服务（可多选）：

（1）家政服务　（2）理发　（3）超市购物

（4）订阅报纸　（5）送奶　（6）医疗服务

（7）洗衣服　（8）餐饮服务　（9）陪同购物

（10）其他______

10. 您购买的服务最多的是（单选）：

(1) 家政服务　(2) 理发　(3) 超市购物

(4) 订阅报纸　(5) 送奶　(6) 医疗服务

(7) 洗衣服　(8) 餐饮服务　(9) 陪同购物

(10) 其他＿＿＿＿＿＿＿＿＿＿

11. 您认为养老助残卡还应该能够购买的服务有：＿＿＿＿＿＿＿＿＿＿

＿＿＿＿＿＿＿＿＿＿

12. 您是否曾在购买养老服务时与商家发生纠纷？

(1) 发生过　(2) 没发生过（直接跳至第 14 题）

13. 发生纠纷后您的应对方法是：

(1) 向街道办或居委会反映　(2) 向消费者协会投诉

(3) 向媒体反映　(4) 与商家协商解决

(5) 放弃解决　(6) 其他方式＿＿＿＿＿＿＿＿＿＿

14. 社区内现有的养老服务提供商能否满足您的服务需求？

(1) 能　(2) 不能

15. 您认为您的服务需求能够有效反馈给相关政府部门吗？

(1) 能　(2) 不能

16. 总体上，您对养老助残卡使用的满意程度如何？

(1) 非常满意　(2) 满意　(3) 一般

(4) 不满意，原因是：＿＿＿＿＿＿＿＿＿＿

(5) 非常不满意，原因是：＿＿＿＿＿＿＿＿＿＿

17. 您对养老助残卡的意见和建议，或者您的其他困难与建议，请列举如下：

＿＿＿＿＿＿＿＿＿＿

＿＿＿＿＿＿＿＿＿＿

如果愿意，请留下您的联系方式以便进一步沟通。

您的电话/邮箱/QQ/微信（非必填项）：＿＿＿＿＿＿＿＿＿＿

再次衷心的感谢您的参与，问卷调查到此结束。

祝您和家人身体健康！

参考文献

1. 专著类

［1］［美］阿尔伯特·赫希曼. 退出、呼吁与忠诚——对企业、组织和国家衰退的回应［M］. 北京：经济科学出版社，2001.

［2］［英］安东尼·吉登斯. 第三条道路：社会民主主义的复兴［M］. 北京：北京大学出版社，2000.

［3］［美］安瓦·沙. 公共服务提供［M］. 北京：清华大学出版社，2009.

［4］［美］埃利诺·奥斯特罗姆. 公共事物的治理之道［M］. 上海：三联书店，2000.

［5］［美］B.盖伊·彼得斯. 政府未来的治理模式［M］. 北京：中国人民大学出版社，2001.

［6］［美］保罗·乔伊斯. 公共服务战略管理［M］. 北京：清华大学出版社，2008.

［7］［英］布赖恩·特纳. 公民身份与社会理论［M］. 吉林：吉林出版集团有限责任公司，2007.

［8］陈芳. 公共服务中的公民参与——基于多层次制度分析框架的检视［M］. 北京：中国社会科学出版社，2011.

［9］陈国权. 责任政府：从权力本位到责任本位［M］. 杭州：浙江大学出版社，2009.

［10］陈干全. 公共服务民营化及其政府管理研究［M］. 合肥：安徽大学出版社，2008.

［11］陈振明. 政府再造［M］. 北京：中国人民大学出版社，2003.

［12］［美］戴安娜·M. 迪尼托. 社会福利：政治与公共政策［M］. 北京：中

国人民大学出版社，2007.

［13］［美］戴维·奥斯本，特德·盖布勒. 改革政府：企业精神如何改革着公营部门［M］. 上海：上海译文出版社，2006.

［14］［美］道格拉斯·诺斯，罗伯特·托马斯.西方世界的兴起［M］. 北京：华夏出版社，1989.

［15］［美］德沃金. 认真对待权利［M］. 上海：三联书店，2008.

［16］［美］多丽斯·A. 格拉伯. 沟通的力量——公共组织信息管理［M］. 张熹珂译. 上海：复旦大学出版社，2007.

［17］丁元竹. 非政府公共部门与公共服务：中国非政府公共部门服务状况研究［M］. 北京：中国经济出版社，2005.

［18］［美］E. S. 萨瓦斯. 民营化与公私部门的伙伴关系［M］. 周志忍等译. 北京：中国人民大学出版社，2002.

［19］［美］菲利普·库珀. 合同制治理——公共管理者面临的挑战与机遇［M］. 竺乾威，陆毅，陈卓霞译. 上海：复旦大学出版社，2007.

［20］［英］菲利普·海恩斯. 公共服务管理的复杂性［M］. 北京：清华大学出版社，2008.

［21］［美］盖伊·彼得斯. 政府未来的治理模式［M］. 吴爱明等译，北京：中国人民大学出版社，2001.

［22］［美］格罗弗·斯塔林. 公共部门管理［M］. 陈宪等译. 上海：上海译文出版社，2003.

［23］蒋劲松. 责任政府新论［M］. 北京：社会科学文献出版社，2005.

［24］句华. 公共服务中的市场机制：理论、方式与技术［M］. 北京：北京大学出版社，2006.

［25］［美］科恩. 论民主［M］. 聂崇信等译. 北京：商务印书馆，1988.

［26］［英］克里斯托弗·波利特，海尔特·鲍克尔特. 公共管理改革——比较分析［M］. 上海：上海译文出版社，2003.

［27］康晓光. 依附式发展的第三部门：第三部门发展环境分析［M］. 北京：社会科学文献出版社，2011.

［28］［美］莱斯特·M. 萨拉蒙. 公共服务中的伙伴：现代福利国家中政府与非营利组织的关系［M］. 北京：商务印书馆，2008.

[29]［美］罗伯特·B. 登哈特，珍妮特·V. 登哈特. 新公共服务：服务而不是掌舵［M］. 北京：中国人民大学出版社，2010.

[30]［澳］罗伯特·E. 古丁. 保护弱势——社会责任的再分析［M］. 北京：中国人民大学出版社，2008.

[31]［美］罗伯特·达尔. 民主理论的前沿［M］. 顾昕，朱丹译. 北京：生活·读书·新知三联书店，1999.

[32]［法］卢梭. 社会契约论［M］. 北京：商务印书馆，2010.

[33] 罗豪才. 行政法［M］. 北京：北京大学出版社，1996.

[34] 李珍刚. 城市公用事业市场化与政府责任承担的理论解读［M］. 北京：社会科学文献出版社，2008.

[35] 李军鹏. 公共服务学：政府公共服务的理论与实践［M］. 北京：国家行政学院出版社，2007.

[36] 李军鹏. 责任政府与政府问责制［M］. 北京：人民出版社，2009.

[37]［新］穆雷·霍恩. 公共管理的政治经济学：公共部门的制度选择［M］. 北京：中国青年出版社，2004.

[38]［英］帕萨·达斯古普特. 社会资本—— 一个多角度的观点［M］. 北京：中国人民大学出版社，2005.

[39]［美］R.科斯，A.阿尔钦，D.诺斯等. 财产权利与制度变迁［M］. 上海：三联书店，2002.

[40]［法］让-皮埃尔·戈丹. 何谓治理［M］. 北京：社会科学文献出版社，2010.

[41]［美］桑德尔. 民主的不满——美国在寻求一种公共哲学［M］. 江苏：江苏人民出版社，2008.

[42] 孙辉. 城市公共物品中政府与第三部门合作关系——以上海市社区矫正为例［M］. 上海：同济大学出版社，2010.

[43] 孙晓莉.中外公共服务体制比较［M］. 北京：国家行政学院出版社，2007.

[44] 唐铁汉，袁曙宏. 公共服务创新——中欧政府管理高层论坛［C］. 北京：国家行政学院出版社，2007.

[45]［美］唐纳德·凯特尔. 权利共享：公共治理与私人市场［M］. 孙迎春

译. 北京：北京大学出版社，2009.

[46] [美] 特里·L. 库珀. 行政伦理学：实现行政责任的途径 [M]. 张秀琴译. 北京：中国人民大学出版社，2001.

[47] [美] 特里·N. 克拉克，夏建中等. 社区社会组织发展模式研究——中国与全球经验分析 [M]. 北京：中国社会出版社，2011.

[48] 王名. 中国民间组织 30 年：1978—2008 [M]. 北京：社会科学文献出版社，2008.

[49] 王浦劬，[美] 莱斯特·M. 萨拉蒙. 政府向社会组织购买公共服务研究 [M]. 北京：北京大学出版社，2010.

[50] [美] 文森特·奥斯特罗姆，埃莉诺·奥斯特罗姆. 公共事务的治理之道 [M]. 上海：三联书店，2000.

[51] 杨欣. 公共服务合同外包中的政府责任研究 [M]. 北京：光明日报出版社，2012.

[52] [美] 尤金·巴达赫. 跨部门合作——管理"巧匠"的理论与实践 [M]. 周志忍，张弦译. 北京：北京大学出版社，2011.

[53] 俞可平. 中国公民社会的制度环境 [M]. 北京：北京大学出版社，2006.

[54] 俞可平. 权利政治与公益政治 [M]. 北京：社会科学文献出版社，2000.

[55] [美] 约翰·克莱顿·托马斯. 公共决策中的公民参与：公共管理者的新技能与新策略 [M]. 孙柏英等译. 北京：中国人民大学出版社，2005.

[56] 袁方. 社会研究方法教程 [M]. 北京：北京大学出版社，1997.

[57] [美] 詹姆斯·M. 布坎南. 自由、市场和国家 [M]. 北京：北京经济学院出版社，1998.

[58] [美] 詹姆斯·M. 布坎南，塔洛克. 同意的计算——立宪民主的逻辑基础 [M]. 北京：中国社会出版社，2000.

[59] 赵新峰，宋立根. 地方政府公共服务部门改革研究 [M]. 北京：人民出版社，2007.

[60] 中国（海南）改革发展研究院. 基本公共服务与中国人类发展 [M]. 北京：中国经济出版社，2008.

[61] [英] 朱利安·勒·格兰德等. 社会问题经济学 [M]. 北京：商务印书馆，2006.

[62] 詹中原. 民营化政策：公共行政理论与实务之分析 [M]. 台湾：五南图书出版有限公司，1993.

[63] 张汝立等. 外国政府购买社会公共服务研究 [M]. 北京：社会科学文献出版社，2014.

[64] 张书颖. 社会组织服务项目操作指南——以北京市朝阳区和丰台区社会组织服务为例 [M]. 北京：知识产权出版社，2013.

[65] 张春霖. 公共服务提供的制度基础：一个分析框架 [M]. 北京：中信出版社，2005.

[66] 张康之，张乾友. 公共生活的发生 [M]. 北京：高等教育出版社，2010.

[67] 张钟汝，范明林. 政府与非政府组织合作机制建设 [M]. 上海：上海大学出版社，2010.

[68] 周志忍. 政府管理的行与知 [M]. 北京：北京大学出版社，2008.

[69] [美] 詹姆斯·博曼. 协商民主与有效社会自由 [M]. 陈家刚等译. 北京：中央编译出版社，2006.

[70] [美] 詹姆斯·科尔曼. 社会理论的基础 [M]. 邓方译. 北京：社会科学文献出版社，2008.

[71] [美] 詹姆斯·斯科特. 国家的视角——那些试图改变人类状况的项目是如何失败的 [M]. 北京：社会科学文献出版社，2011.

[72] 郑慧. 加拿大公共服务改革研究：公共服务供给机制的重构 [M]. 北京：社会科学文献出版社，2011.

[73] 郑晓燕. 中国公共服务供给主体多元发展研究 [M]. 上海：上海人民出版社，2012.

[74] 郑卫东. 农村社区政府购买公共服务研究 [M]. 北京：中国社会科学出版社，2012.

2. 期刊论文

[1] 边慧敏，黄玉浓，林宜辉，邓湘树. 政府购买社工服务的问题与对策

[A]. 全国政府购买社会工作服务战略研讨会材料 [C]. 2012 (6).

[2] 陈庆云. 公共管理理念的跨越：从政府本位到社会本位 [J]. 中国行政管理，2005 (4).

[3] 陈庆云. 公共管理理论研究：概念、视角与模式 [J]. 中国行政管理，2005 (3).

[4] 曹堂哲. 公共管理研究方法的回顾与前瞻——以问题类型学为基础的新体系 [J]. 北京行政学院学报，2013 (5).

[5] 常健. 论政府责任及其限度 [J]. 文史哲，2007 (5).

[6] 陈晖. 论政府购买社区公共服务 [J]. 云南行政学院学报，2009 (2).

[7] 陈建国. 政府购买公共服务过程管理研究——以北京市为例 [J]. 理论探索，2012 (4).

[8] 陈建先. 政府责任的多维度思考 [J]. 广州大学学报 (社会科学版)，2006 (5).

[9] 蔡放波. 论政府责任体系的构建 [J]. 中国行政管理，2004 (4).

[10] 蔡金荣. 政府购买社会公共服务之法律规制研究 [J]. 甘肃行政学院学报，2011 (1).

[11] 崔继伟. 养老服务社会化体系的构建——以北京市为例 [A]. 2012 年国际工商管理会议材料 [C]. 2012 (6).

[12] 董建新，梁茂春. 民营化过程中政府的角色与责任——以美国纽约市无家可归者救助体系的民营化为例 [A]. 中国行政管理学会 2004 年年会暨 “政府社会管理与公共服务” 论文集 [C]. 2004.

[13] [英] 格里·斯托克. 作为理论的治理：五个论点 [J]. 国际社会科学 (中文版)，1999 (1).

[14] 韩俊魁. 当前我国非政府组织参与政府购买服务的模式比较 [J]. 经济社会体制比较，2009 (6).

[15] 句华. 美国地方政府公共服务合同外包的发展趋势及其启示 [J]. 中国行政管理，2008 (7).

[16] 句华. 公共服务合同外包的适用范围：理论与实践的反差 [J]. 中国行政管理，2010 (4).

[17] 句华. 政府如何做精明的买主——以上海市民政部门购买服务为例

[J]. 国家行政学院学报，2010（4）.

[18] 李砚忠. 关于我国公共服务市场化若干问题的分析 [J]. 社会科学，2007（8）.

[19] 李军鹏. 政府购买公共服务的学理因由、典型模式与推进策略 [J]. 改革，2013（12）.

[20] 刘新燕，刘雁妮，杨智，万后芬. 顾客满意度指数（CSI）模型述评 [J]. 当代财经，2003（6）.

[21] 林敏. 分权治理与地方政府责任研究述评 [J]. 浙江社会科学，2011（8）.

[22] 彭婧，张汝立. 论政府购买服务的发展演进 [J]. 北方民族大学学报，2014（6）.

[23] 彭婧. 澳大利亚政府购买医疗卫生服务的实践及对我国的启示 [J]. 中国全科医学，2015（5）.

[24] 齐明山，李彦娅. 公共行政价值、公共利益与公共责任——政府公共权力科学运作的三维构架 [J]. 学术界，2006（6）.

[25] 饶常林，常健. 论公用事业民营化中的政府责任 [J]. 行政法学研究，2008（3）.

[26] 尚虎平，于文轩. "职能革命"、管理绩效带动政府责任实现——卡梅隆政府公共机构改革的行政学意涵及对我国的启示 [J]. 公共管理学报，2011（10）.

[27] 师泽生，王冠群. 社会公正与政府责任 [J]. 政治学研究，2006（4）.

[28] 苏明，贾西津，孙洁，韩俊魁. 中国政府购买公共服务研究 [J]. 财政研究，2010（1）.

[29] 苏明. 中国政府购买公共服务研究 [J]. 财政研究，2010（1）.

[30] [英] 托尼·麦克格鲁. 走向真正的全球治理 [J]. 马克思主义与现实，2002（1）.

[31] 王乐夫，陈干全. 我国政府公共服务民营化存在问题分析——以公共性为研究视角 [J]. 学术研究，2004（3）.

[32] 王名，乐园. 中国民间组织参与公共服务购买的模式分析 [J]. 中共浙江省委党校学报，2008（4）.

[33] 王薇. 公共服务市场化过程中的政府责任研究 [J]. 中国矿业大学学报(社会科学版)，2012 (1).

[34] 王丛虎. 政府购买公共服务与行政法规制 [J]. 中国行政管理，2013 (9).

[35] 翁博. 公共服务市场化改革中的政府责任 [J]. 学习与探索，2010 (1).

[36] 温俊萍. 政府购买公共就业服务机制研究 [J]. 中国行政管理，2010 (10).

[37] 武静. 政府购买公共服务中的政府责任研究 [J]. 山东科技大学学报(社会科学版)，2013 (8).

[38] 许大伟. 公共服务社会化中的政府责任 [J]. 中共长春市委党校学报，2006 (3).

[39] 许芸. 从政府包办到政府购买——中国社会福利服务供给的新路径 [J]. 南京社会科学，2009 (7).

[40] 徐月宾. 西方福利国家社会服务发展趋势——政府购买服务 [J]. 民政论坛，1999 (6).

[41] 薛凯. 改革政府：新西兰的经验 [J]. 中国行政管理，1998 (12).

[42] 姚尚建. 国内责任政府研究的历史与现状 [J]. 学术交流，2006 (4).

[43] 杨欣. 公共服务合同外包中政府责任的省思与公法适用——以美国为例 [J]. 中国行政管理，2010 (6).

[44] 杨宝. 政府购买公共服务模式的比较及解释——一项制度转型研究 [J]. 中国行政管理，2011 (3).

[45] 杨雪冬. 责任政府：一个分析框架 [J]. 公共管理学报，2005 (2).

[46] 俞可平. 公众参与的几个理论问题 [N]. 学习时报，2006-12-18.

[47] 张成福. 责任政府论 [J]. 中国人民大学学报，2000 (2).

[48] 张海，范斌. 我国政府购买社会组织公共服务方式的历史演进与优化路径 [J]. 理论导刊，2013 (11).

[49] 张汝立，陈书洁. 西方发达国家政府购买社会公共服务的经验和教训 [J]. 中国行政管理，2010 (11).

[50] 邹东升，胡术鄂. 治安承包的绩效优势与边界限度——公共服务市场化的实证分析 [J]. 理论探索，2006 (6).

［51］詹国彬. 公共服务合同外包的理论逻辑与风险控制［J］. 经济社会体制比较，2011（5）.

［52］曾鹏. 法治视阈中的公共事业民营化及政府责任［J］. 贵州社会科学，2012（5）.

［53］郑苏晋. 政府购买公共服务：以公益性非营利组织为重要合作伙伴［J］. 中国行政管理，2009（6）.

［54］郑谦. 公共物品供应和生产的分离与“俘获”的发生——对地方“政绩工程”的另一种分析路径［J］. 上海行政学院学报，2011（11）.

［55］周俊. 政府购买公共服务的风险及其防范［J］. 中国行政管理，2010（6）.

［56］周俊. 在政府购买社会组织服务中建立责任结构［N］. 中国社会科学报，2010-05-20.

［57］周俊. 政府如何选择购买方式和购买对象？——购买社会组织服务中的政府选择研究［J］. 中共浙江省委党校学报，2014（2）.

［58］周正. 发达国家的政府购买公共服务及其借鉴与启示［J］. 西部财会，2008（5）.

［59］周志忍. 正确认识并强化公共服务中的市场机制［J］. 学习与探索，2010（1）.

［60］周黎安. 晋升博弈中政府官员的激励与合作：兼论我国地方保护主义和重复建设问题长期存在的原因［J］. 经济研究，2004（6）.

［61］邹东升. 公共服务市场化并非政府责任市场化——对公交民营化改革的审思［J］. 理论探讨，2009（4）.

［62］何华兵. 政府购买公共服务中的多元主体责任研究［J］. 地方财政研究，2018（4）.

［63］蒋梦惟. 管理新规敲定！北京已有 1.5 万家商户可刷养老助残卡［N］. 北京商报，2018-11-23.

［64］金可. 北京养老助残卡新规定啦！明年起，60-64 岁老人将享受这些优待［N］. 北京日报，2018-11-23.

［65］吴帆，周镇忠，刘叶. 政府购买服务的美国经验及其对中国的借鉴意义——基于对一个公共服务个案的观察［J］. 经济研究，2016（4）.

[66] 于静，李嘉瑞，李鸿雁. 居家养老服务券怎成购物券 [N]. 中国老年报，2009-12-24.

[67] 叶托，薛琬烨. 政府购买公共服务的责任风险与问责模式 [J]. 地方财政研究，2018（4）.

[68] 彭婧. 强化政府购买公共服务的责任关系 [J]. 中国社会科学报，2018-11-07.

[69] 彭婧. 如何避免政府购买服务成为公众“不称心的礼物”？——基于政府责任视角的分析 [J]. 中央民族大学学报（哲学社会科学版），2018（1）.

[70] 彭婧. 从市场价值优先到公共价值优先——政府购买责任研究的进展、不足与展望 [J]. 财政研究，2018（1）.

[71] 彭婧. 政府购买社会组织服务的责任模式研究——以北京市为例 [J]. 中国非营利评论，2018（1）.

[72] 彭婧. 公共服务购买中的政府责任研究—— 一个分析框架 [J]. 甘肃行政学院学报，2017（3）.

[73] 吉鹏，李放. 政府购买养老服务满意度指标构建与实证评价——基于江苏三市的调研数据 [J]. 人口与发展，2017（3）.

[74] 储亚萍，何云飞. 政府购买居家养老服务满意度的影响因素研究——基于国内四市的调查 [J]. 东北大学学报，2017（7）.

[75] 滕萱，黄廷权，吴小红. 重庆市公众对于政府购买公共卫生服务的知晓及满意度调查 [J]. 中国卫生事业管理，2018（5）.

[76] 叶托，薛琬烨. 政府购买公共服务的责任风险与问责模式 [J]. 地方财政研究，2018（4）.

[77] 马瑾倩. 今起北京市养老助残卡制卡周期将缩短至一个月 [N]. 新京报，2019-06-20.

[78] 彭婧. 政府购买养老服务责任模式的转型研究——基于2009~2019年B市的实践 [J]. 云南民族大学学报（哲学社会科学版），2020（6）.

3. 学位论文

[1] 陈书洁. 社会本位：政府购买社会公共服务的转型及其障碍 [D]. 北京师范大学博士学位论文，2012.

［2］傅鹏. 我国公益性社会组织提供公共服务的问责逻辑［D］. 复旦大学博士学位论文，2012.

［3］何文盛. 政府绩效评估中的责任问题研究［D］. 兰州大学博士学位论文，2010.

［4］贺巧知. 政府购买公共服务研究［D］. 财政部财政科学研究所博士学位论文，2014.

［5］贾旭东. 基于扎根理论的中国城市基层政府公共服务外包研究［D］. 兰州大学博士学位论文，2010.

［6］刘伟明. 就业支持体系中的政府职能定位——以下岗失业小额担保贷款为例［D］. 北京师范大学博士学位论文，2014.

［7］吕纳. 公共服务购买中的政府与社会组织互动关系研究［D］. 上海大学博士学位论文，2013.

［8］孙建军. 我国基本公共服务均等化供给政策研究［D］. 浙江大学博士学位论文，2011.

［9］王春婷. 政府购买公共服务绩效及其影响因素的实证研究——基于深圳市与南京市的调查分析［D］. 华中师范大学博士学位论文，2012.

［10］隗苗苗. 公众参与与政策执行——以北京市政府购买养老服务为例［D］. 北京师范大学博士学位论文，2013.

［11］魏中龙. 政府购买服务的运作与效率评估研究［D］. 武汉理工大学博士学位论文，2011.

［12］吴兴智. 公众参与、协商民主与乡村公共秩序的重构——基于浙江温岭协商治理模式的研究［D］. 浙江大学博士学位论文，2008.

［13］姚华平. 国家与社会互动：我国社会组织建设与管理的路径选择［D］. 华中师范大学博士学位论文，2010.

［14］姚贱苟. 公共服务中的责任机制［D］. 中央民族大学博士学位论文，2013.

［15］苗红培. 政府向社会组织购买公共服务的公共性保障研究［D］. 山东大学博士学位论文，2016.

［16］彭婧. 公共服务购买中的政府责任研究——以 B 市为例［D］. 北京师范大学博士学位论文，2016.

［17］赵紫光．玛纳斯县养殖户对政府购买动物防疫服务满意度调查［D］．石河子大学硕士学位论文，2019.

4. 国外文献

［1］Acar M，Robertson P. Accountability challenges in networks and partnerships：Evidence from educational partnerships in the United States［J］. International Review of Administrative Sciences，2004，70（2）.

［2］Alcian A，H. Demsetz. Production，information，costs and economic organizations［J］. American Economic Review，1972，62（5）.

［3］Barbara S. Romzek，Jocelyn M. Johnstom. State social services contracting：Expolring the determinants of effective contract accountability［J］. Public Administration Review，2005，65（4）.

［4］Christopher Hood. A public management for all reasons［J］. Public Administration，1991，69（1）.

［5］Decio Coviello，Mario Mariniello. Publicity requirements in public procurement：Evidence from a regression discontinuity design［J］. Journal of Public Economics，2014，109（2）.

［6］Dean Neu，Jeff Everett，Abu Shiraz Rahaman. Preventing corruption within government procurement：Constructing the disciplined and ethical subject［J］. Critical Perspectives on Accounting，2014，3（12）.

［7］Dunn D，Legge J U S. local government managers and the complexity of responsibility and accountability in democratic governance ［J］. Journal of Public Administration Research and Theory，2001，11（1）.

［8］E W. Anderson，C Fornell. Foundations of the American customer satisfaction index［J］. Total Quality Management，2000，11（7）.

［9］Gordon J. Campbell，Elizabeth McCarthy. Conveying mission through outcome measurement：Services to the homeless in New York city［J］. Policy Studies Journal，2000，28（2）.

［10］Janna J. Hansen. Limits of competition：Accountability in government contracting［J］. The Yale Law Journal，2003，112（8）.

[11] J A Kay, D J Thompson. Privatization: Problems and priorities [J]. The Economic Journal, 1996, 106 (3).

[12] Jocelyn M. Johnston, Barbara S. Romzek. Contracting and accountability in state medicaid reform: Rhetoric, theories, and reality [J]. Public Administration Review, 1999, 59 (5).

[13] John Donahue. The privatization decision: Public ends, private means [J]. New York: Basic Books, 1989.

[14] Kimberly N. Brown. "We the people", constitutional accountability, and outsourcing government [J]. Indiana Law Journal, 2013, 88 (4).

[15] Koppel J. World rule: Accountability, legitimacy and the design of global gover-nance [M] . Chicago: University of Chicago Press, 2010.

[16] Lester M. Salamon. Rethinking public management: Third-party government and the changing forms of government action[J]. Public Policy, 1981, 29 (3).

[17] Pollitt. Managerialism and the public services: The anglo-American experience [M] . Oxford: Basil Blackwell, 1990.

[18] Schnequa N. Diggs, Alexandru V. Roman. Understanding and tracing accountability in the public procurement process [J]. Public Performance & Management Review, 2012, 36 (2).

[19] Stephen Page. Measuring accountability for results in interagency collaboratives [J]. Public Administration Review, 2004, 64 (5).

[20] The World Bank. World development report 2004: Making service work for poor people [M] . Washington: The World Bank Press, 2004.

[21] Bawole, J N, Adjei-Bamfo, P. Public procurement and public financial management in Africa: Dynamics and influences [J]. Public Organization Review, 2009 (1).

[22] Rees, J, Miller, R., Buckingham, H. Commission incomplete: exploring the new model for purchasing public services from the third sector [J]. Journal of Social Policy, 2017, 46 (1).

[23] Brown, K N. We the people, constitutional accountability, and outsourcing government [J]. Indiana Law Journal, 2013, 88 (4).

[24] Qi, Liheng, Guo, Jia. Understanding government purchasing public services in China: Case study of guangdong and Yunnan [J]. American Journal of Industrial and Business Management, 2017 (3).